INHALT

VORWORT 7

I. GESCHICHTE DES RECHTSRADIKALISMUS IM INTERNET 13

MAILBOX UND USENET 15
RECHTSRADIKALE WEBSITES 19
RECHTSRADIKALE ONLINESHOPS UND AUTONOME
    INFRASTRUKTUR 24
FOREN UND FRÜHE SOCIAL-MEDIA-PLATTFORMEN 26
DIE ANFÄNGE VON YOUTUBE, FACEBOOK UND CO. 28

II. DIE AKTEURE 31

RECHTSAUSSEN-PARTEIEN 33
RECHTSRADIKALE VEREINE UND GRUPPIERUNGEN 35
INFLUENCER 38

III. ANGST, HASS UND UNTERGANG NACH ANLEITUNG 41

DIE SPIELANLEITUNGEN DER RECHTEN 42
ES GEHT NICHT OHNE FEINDBILDER UND OPFERSTATUS 65
EMOTIONALISIEREN UND UMDEUTEN UM JEDEN PREIS 83

DESINFORMATION ALS STRATEGIE	93
»ALTERNATIVMEDIEN«: DAS GROSSE RAUNEN	103

IV. TECHNIK — 113

SOCIAL-MEDIA-PLATTFORMEN	114
SPIELEPLATTFORMEN UND ONLINE-GAMES	127
WIE RECHTSRADIKALE IHRE AKTIVITÄTEN FINANZIEREN	136
DARK SOCIAL	145
ALTERNATIVE PLATTFORMEN UND ALT-TECH	155

V. TERROR — 167

WIE SICH RECHTE TERRORISTEN IM NETZ RADIKALISIEREN	171
VORBEREITUNG UND INSZENIERUNG DER TAT	178
REAKTIONEN IM RECHTEN SPEKTRUM	182

VI. WAS TUN? — 189

POLITIK UND JUSTIZ	191
INTERNETKONZERNE	195
MEDIEN	198
ZIVILGESELLSCHAFT	201

DANK	203
ANMERKUNGEN	205
GLOSSAR	219

Karolin Schwarz

HASSKRIEGER

Karolin Schwarz

HASSKRIEGER

Der neue globale
Rechtsextremismus

FREIBURG · BASEL · WIEN

Der Lesbarkeit halber verzichtet die Autorin im Buch durchgehend auf gendergerechte Suffixe. Gemeint ist aber – wenn nicht dezidiert anders angegeben – stets die gesamte Gruppe, unabhängig vom Geschlecht.

Die Autorin bezieht sich an einigen Stellen auf Correctiv als Quellenangabe. Für dieses erste investigative, unabhängige und gemeinnützige Recherchezentrum im deutschsprachigen Raum ist die Autorin früher selbst als Faktencheckerin tätig gewesen.

Verlag Herder GmbH, Freiburg im Breisgau 2020
Alle Rechte vorbehalten
www.herder.de

Herstellung: CPI books GmbH, Leck
Printed in Germany

ISBN 978-3-451-39670-0
ISBN E-Book: 978-3-451-82001-4

VORWORT

Im März 2019 tötete ein australischer Rechtsterrorist im neuseeländischen Christchurch bei einem Anschlag auf zwei Moscheen 51 Menschen. Seinen Terrorakt übertrug er live auf Facebook. Zur Erklärung hinterließ er ein Dokument mit Fragen und Antworten, vieles ist irreführend, einige »Insiderwitze« erscheinen angesichts dieser Tat noch grotesker, als sie ohnehin schon sind. Seitdem haben sich Menschen zu regelrechten Fangemeinden zusammengeschlossen, die den Täter als Helden verehren.

Bereits kurz nach dem Anschlag versuchten Nachahmer, es ihm gleichzutun. Nur einen Monat später eröffnete ein 19-Jähriger in einer kalifornischen Synagoge das Feuer. Er tötete eine Frau, verletzte drei weitere Personen. Dass nicht noch mehr Menschen starben, war reines Glück. Auch er wollte seine Taten live übertragen, scheiterte aber letztendlich. Auch er veröffentlichte ein Dokument im Stil des Terroristen von Christchurch.

Im Juni 2019 starb der hessische Regierungspräsident Walter Lübcke durch einen Kopfschuss. Lübcke hatte sich für die Aufnahme von Flüchtlingen eingesetzt und war der Hetze gegen sie öffentlich entgegengetreten. Im August 2019 tötete ein Rechtsextremer 22 Menschen im texanischen El Paso. Er hatte es offenbar gezielt auf Mexikaner abgesehen. Am 9. Oktober erschoss ein 27-Jähriger in Halle zwei Menschen, als er einen antisemitisch und rassistisch motivierten Anschlag verübte. Als ich mit der Arbeit an diesem Buch begann, lagen diese drei Taten noch in der Zukunft.

Bereits vor den Morden in Neuseeland gab es auf der ganzen Welt rechtsterroristische Anschläge von überwiegend jungen Männern. Sie töten Muslime, Juden, People of Color, Politiker. Auch der 18-Jährige,

Vorwort

der im Juli 2016 neun Menschen im und um das Münchner Olympia-Einkaufszentrum erschoss, war getrieben von seiner rechtsextremen Ideologie. Er wollte Menschen erschießen, die er nach ihrem Erscheinungsbild auswählte. Die meisten rechten Terroristen vernetzten sich vor ihren Taten über das Internet mit Gleichgesinnten und gaben an, von Anders Breivik inspiriert worden zu sein. Der norwegische Rechtsterrorist tötete 2011 in Oslo insgesamt 77 Menschen. Auch er veröffentlichte vor seiner Tat ein Pamphlet.

Rechte und Rechtsradikale treffen sich schon längst nicht mehr nur bei konspirativen Treffen, Konzerten oder Demonstrationen. Sie treten im Internet ganz offen auf und schließen lose Bündnisse über nationale Grenzen hinweg. Sie alle nutzen ähnliche Methoden, setzen auf Guerilla-Aktionen und haben ihr Marketing im Netz längst perfektioniert. Die Strategiepapiere radikaler Gruppierungen und Medien auf der ganzen Welt ähneln sich. Immer mehr setzen sie auf lockere Strukturen statt straff organisierte Gruppen. Sie lernen voneinander. Und sie sind anpassungsfähig: Wird ihnen der Zugang zu einer Plattform versperrt, ziehen sie weiter auf die nächste oder bauen sich eigene Online-Infrastrukturen auf. Menschenverachtenden Äußerungen und Hetze im digitalen Raum folgen schließlich immer häufiger auch Gewalttaten im Analogen.

Das Portfolio ihrer Aktivitäten im Internet wächst stetig. Neben »Alternativmedien« und Auftritten auf allen denkbaren Social-Media-Plattformen besitzen viele von ihnen auch das nötige technische Equipment, um sich beispielsweise live von Demonstrationen zu Wort zu melden. Rechte Parteien verfügen über größere eigene PR-Abteilungen, sie produzieren Videos, die sie dann wiederum auf ihren eigenen Websites, auf YouTube und anderen Plattformen platzieren. Sie versuchen so, ihre Inhalte direkt zu ihren Anhängern zu bringen, ohne auf eine Berichterstattung in den etablierten Medien angewiesen zu sein. Ihre Nutzungsgewohnheiten passen sie dabei ihrem jeweiligen Ausspielweg an. In Chatgruppen und auf alternativen Plattformen ist ihre Rhetorik häufig noch deutlich radikaler als auf etablierten Plattformen wie Facebook, Twitter und YouTube, wo zumindest eine sichtbare, wenn auch immer wieder fehlerbehaftete Moderation erfolgt. Dieselben Politiker tragen ihr radikales Gedankengut aber auch in die Parlamente und Massenmedien. Islamfeindliche und antisemitische Verschwörungsmythen sind in der AfD ebenso zu finden wie bei US-Präsident Donald Trump, der österreichischen FPÖ und Ungarns Viktor Orbán.

Jahrelang konnten diese losen Netzwerke der Rechten im Internet wachsen, häufig wenig beachtet von Politik, Sicherheitsbehörden und Internetkonzernen. Nun versuchen sie alle, mal mehr, mal weniger träge, eine Art Operation am offenen Herzen durchzuführen, um dem globalen Rechtsradikalismus mitten in seinem Boom Einhalt zu gebieten. Zuletzt warnte der Verfassungsschutz im April 2019 in einer vertraulichen Analyse vor einer wachsenden Gewaltbereitschaft unter Deutschlands Rechtsextremen. Zunehmend würden sich, so die Analyse, Kleingruppen und Einzelakteure über das Internet vernetzen und radikalisieren. Ähnliche Erkenntnisse äußern britische und US-amerikanische Sicherheitsdienste über die Rechtsextremen in ihren Ländern.

Die Probleme sind so vielschichtig wie die dringend nötigen Lösungsansätze. So werden einige rechte Morde nach wie vor nicht als solche anerkannt. Über die Motivation hinter dem Anschlag auf das Münchner Olympia-Einkaufszentrum wurde über Jahre gestritten. Erst mehr als einhalb Jahre nach der Tat stufte das Bundesamt für Justiz die Tat als rechtsextremistisch motiviert ein. Noch länger dauerte der Prozess beim bayerischen Innenministerium, das die Einordnung des Anschlags als rechtsextrem motiviert erst im Oktober 2019 vornahm. Lange Zeit wollte man die Tat einzig als Rache für Mobbingerfahrungen des Täters erklären und blendete die klar belegte politische Komponente aus. In Polizei und Bundeswehr existieren rechtsextreme Netzwerke, die nur langsam aufgedeckt und oftmals nicht hinreichend untersucht und sanktioniert werden. Es fehlt an umfassender Aufklärung über diese Netzwerke, ebenso wie an einer Sensibilisierung, auch im Umgang mit Betroffenen rechtsextremer Gewalt. Präventionsprogramme im digitalen und analogen Raum erreichen längst nicht alle Menschen, die Gefahr laufen, rechtsextreme Weltbilder zu entwickeln und zu kultivieren. Viele Anhänger rechtsradikaler Ideologien wähnen sich in einem Krieg. Einige von ihnen greifen schließlich auch zu den Waffen. Auch wenn nicht jeder Rechtsextreme

Vorwort

Gewalt für die richtige Lösung hält: Sie propagieren und normalisieren aber entmenschlichende Ideologien und liefern den Nährboden für Gewalt und Terror.

Um rechtsradikale Agitation im digitalen Raum zu verstehen, lohnt ein Blick in die Vergangenheit. Seit den 1990er-Jahren lässt sich beobachten, wie Rechtsradikale sich alle möglichen neuen Technologien und Plattformen aneignen und zunutze machen. Mit dem Beginn der Ära der sozialen Medien stieg auch ihre Reichweite. Plötzlich ließen sich verschiedene Gesellschaftsschichten mit nur einer einzigen Facebook-Seite ansprechen. Heute lassen sich über die zahlreichen sozialen Medien rechtsradikale Botschaften ohne große Mühe an unterschiedliche Zielgruppen verteilen. Nicht nur im Wahlkampf alle vier bis fünf Jahre, sondern in jedem Jahr, in jeder einzelnen Woche, an jedem einzelnen Tag.

Das Spektrum der digitalen Handlungsfelder und Methoden Rechtsradikaler ist groß. Eine vollständige Darstellung im Rahmen dieses Buchs ist daher nicht möglich. Zumal sich die Situation auch ständig verändert: Einige Plattformen verlieren an Bedeutung, neue Plattformen gewinnen an Popularität, Regelungen werden korrigiert und auch innerhalb der globalen rechten Szene gibt es immer wieder neue Entwicklungen. Sie ist nicht als homogene Struktur zu verstehen. Immer mehr kommt es aber zu Kooperationen oder Zusammenschlüssen zu verschieden Anlässen. Die Demonstrationen nach dem tödlichen Angriff auf einen Chemnitzer im August 2018 sind ein Beispiel für einen solchen ideologischen Schulterschluss. Dort hatten Vertreter von Pegida, der AfD und der rechtsradikalen Bürgerbewegung Pro Chemnitz zu Demonstrationen aufgerufen. Auch wenn sie zum Teil unterschiedliche Ziele verfolgen, gibt es hinreichend Gemeinsamkeiten. Als ideologischer Kleister dient dabei fast immer ihre Islamfeindlichkeit, aber auch Antifeminismus, Rassismus und mal mehr, mal weniger offen formulierter Antisemitismus.

Auch wenn vor allem der digitale Raum ständigen Veränderungen und Erneuerungen ausgesetzt ist: Es gibt Muster und Taktiken, die sich ständig wiederholen und nach Bedarf angepasst werden. Und keine Gruppierung beschränkt sich mit ihrer Präsenz auf nur eine einzelne Plattform. Das würde auch dem erklärten Ziel der meisten Rechtsradikalen widersprechen, sich selbst und ihre Aktionen möglichst breit sichtbar zu machen. Auf allen Kanälen schwören Akteure alter und neuer rechter Bewegungen ihre Anhänger auf die Zukunft und den Kampf gegen all jene ein, die sie verabscheuen. Dieses Buch ist daher als Momentaufnahme zu verstehen, als Einblick in ein globales, rechtsradikales Ökosystem. Es soll Kontinuitäten und Entwicklungen rechtsradikaler Agitation und Gewalt beleuchten, die sich aus ihren digitalen Präsenzen ableiten lassen. Denn nur wenn die demokratische Gesellschaft versteht, wie Stimmungsmache, Rekrutierung und Radikalisierung in digitalen Räumen funktionieren, kann sie eine geeignete Antwort darauf finden.

I.

GESCHICHTE DES RECHTSRADIKALISMUS IM INTERNET

Geschichte des Rechtsradikalismus im Internet

Im Jahr 1998 warnte der deutsche Verfassungsschutz vor der Zunahme rechtsextremer Websites. Laut dem Inlandsnachrichtendienst lag die Zahl damals bei 320. Weltweit. Heute vermag wahrscheinlich niemand mehr die Anzahl rechtsradikaler Websites, Social-Media-Profile und sonstiger Online-Angebote weltweit zu schätzen. Um den Erfolg rechtsradikaler Akteure und Gruppen und ihr Agieren im Internet heute nachvollziehen zu können, ist der Blick zurück hilfreich. In den letzten 20 Jahren sind etliche Kontinuitäten auszumachen, die bis heute bestehen. Nicht zuletzt galt schon in den frühen Tagen des Internets: Je mehr Menschen Zugang zum Netz erhielten, desto mehr rechtsradikale Gruppierungen waren dort zu finden. Das Spektrum reichte von Parteien, Vereinen, einzelnen Geschichtsrevisionisten über Neonazi-Skinheads bis hin zu allen möglichen denkbaren Akteuren, wie YouTube-Stars aus der rechtsextremen und verschwörungsideologischen Szene. Und damals wie heute galt: Gibt es eine neue, populäre Technologie oder Plattform im Netz, werden Rechtsradikale sich diese anzueignen wissen.

Lange Zeit bezweifelten Rechtsextremismusforscher, dass das Internet großes Potenzial für die internationale Vernetzung unter Rechtsradikalen bieten könnte.[1] Als Begründung wurden oftmals der geringe Bildungsstand vieler Neonazis und Rechtsradikaler und ein Mangel an Sprachkenntnissen angeführt. Sie sollten allerdings schon bald eines Besseren belehrt werden. Für die interne Kommunikation der Rechten gewannen digitale Werkzeuge schon früh an Bedeutung. Genutzt wurde beispielsweise der Internet Relay Chat (IRC), ein Vorgänger heutiger Chatplattformen wie Slack und Discord. Geschlossene Foren etablierten sich in der Szene ebenso schnell. Später wurden sie dann abgelöst von geschlossenen Gruppen auf Plattformen wie Facebook oder Chatprogrammen wie WhatsApp und Telegram, die für die Nutzung am Smartphone optimiert sind. Heute gehören die sozialen Medien in allen Ausspielungsformen in vielen verschiedenen rechtsradikalen Bewegungen und unter einzelnen Akteuren zum Alltag. Über sie werden die – losen – internationalen Netzwerke und Kontakte, die häufig überhaupt erst durch das Internet zustande kamen, aufgebaut und gepflegt. Das betrifft vor allem Rechtsradikale in europäischen Ländern, den USA, Kanada und Australien. Auch Brasiliens rechtsradikaler Präsident Jair Bolsonaro ist mit seinem WhatsApp-Wahlkampf voller erfundener Fakten zumindest Inspiration für Rechte in weiten Teilen der Welt.

Im Jahr 2002 befand der frühere Verfassungsschützer Wolfgang Cremer in einem Vortrag, dass die neu entstandenen virtuellen Beziehungen »geeignet sind – zumindest teilweise –, die durch Organisationsverbote verlorengegangenen Strukturen der rechtsextremistischen Szene zu ersetzen.«[2] Zwischen 1990 und 2000 wurden in Bund und Ländern verschiedene als rechtsextrem eingestufte Vereinigungen verboten. Darunter waren auch die »Freiheitliche Deutsche Arbeiterpartei« (Verbot 1995) und das international agierende Netzwerk »Blood and Honour« (Verbot 2000). Cremer leitete die Abteilung für Rechtsextremismus beim Verfassungsschutz in den Jahren 1996 bis 2004. In diesen Zeitraum fallen auch fünf Morde des Nationalsozialistischen Untergrundes. Möglich wurden diese unter anderem auch wegen Fehleinschätzungen der rechtsradikalen Szene durch den Verfassungsschutz.[3] Mit seiner Beurteilung zur Bedeutung des Internets für die Entwicklung rechtsradikaler Strukturen sollte Cremer trotzdem recht behalten.

MAILBOX UND USENET

Rechtsradikale machten schon in den Kindertagen des Internets von den Möglichkeiten der digitalen Vernetzung Gebrauch. Waren die Zugänge zum Internet zunächst vor allem in Universitäten vorhanden, boten schließlich Mailboxen einen Weg, außerhalb vom akademischen Umfeld Internettechnologien zu nutzen. Mailboxen waren ein meist privat von den technisch bewanderten Nutzern betriebenes Rechnersystem, das mit seiner recht einfachen Technik zur Kommunikation und zum Datenaustausch genutzt werden konnte. Derartige Netze wurden in den USA schon Anfang der 1980er-Jahre aufgebaut und unter anderem vom Ku-Klux-Klan betrieben. In Deutschland wurden über Mailboxen Anfang der 1990er-Jahre erste Vernetzungen unternommen, die damals nur von einer überschaubaren Menge von Nutzern abgerufen werden konnten. Die Jungen Nationaldemokraten, die Jugendorganisation der NPD, betrieben ab 1993 die Mailbox »Widerstand BBS«, wobei BBS für *Bulletin Board System* steht, die Technologie hinter den Mailboxen. Über das im gleichen Jahr ins Leben gerufene Mailbox-System »Thule-Netz« waren dann zunächst vier dieser Mailboxen miteinander verbunden. Diese autonom betriebenen Netzwerke bestanden meist aus einer Reihe von Computern, auf die sich Nutzer über das Telefon einwählen und dann auf die entsprechenden Inhalte der Mailboxen zugreifen konnten.

Auch Neonazi Christian Worch, damals noch Kader der 1995 verbotenen Partei Nationale Liste, mischte früh mit. Unter anderem waren die NPD, die Republikaner und die neurechte Wochenzeitung *Junge Freiheit* im »Thule-Netz« vertreten. Die Mailboxen dienten den verschiedenen rechten Akteuren zur Vernetzung untereinander. Über das »Thule-Netz« knüpften Rechtsradikale auch international Kontakte, etwa mit Gleichgesinnten in den Niederlanden und Norwegen. Nach einigem öffentlichen Aufruhr waren viele Inhalte des »Thule-Netzes« nur noch für registrierte Nutzer zugänglich, um einem möglichen Verbot vorzugreifen. Wer sich registrieren wollte, musste damals Adresse und Telefonnummer angeben, eine Abschreckungsmaßnahme für diejenigen, die unerkannt im rechtsradikalen Spektrum recherchieren wollten. Um staatliche Überwachungsmaßnahmen zu umgehen, von denen damals unter anderem die Republikaner betroffen waren, wurden auch Tipps zur Nutzung von Verschlüsselungstechnologien ausgetauscht.[4] Am Aufbau des »Thule-Netzes« soll auch der Verfassungsschutz beteiligt gewesen sein. Nach Informationen der *Süddeutschen Zeitung* wurde der V-Mann Kai Dalek vom bayerischen Verfassungsschutz monatlich mit 800 D-Mark finanziell beim Aufbau des Netzwerkes unterstützt.[5] Dass Dalek V-Mann war, geht aus der Arbeit des NSU-Untersuchungsausschusses des Bayerischen Landtags hervor. Er soll zum Bekanntenkreis der NSU-Terroristen gehört haben. Ebenso war der Neonazi, ehemalige thüringische V-Mann und NSU-Helfer Tino Brandt regelmäßig Autor von Beiträgen im »Thule-Netz«. Der Brandenburger AfD-Chef Andreas Kalbitz wurde im »Thule-Netz« mindestens erwähnt. Dort schrieb jemand, er habe den »jungen Kameraden« Kalbitz bei einem »Grillfest nach buendischer Art« kennengelernt.[6] Ab Mitte der 1990er-Jahre versuchten sich rechtsradikale Hacker auch in Angriffen auf die Infrastruktur politischer Gegner. Unter anderem versuchte ein Hacker im Jahr 1995, die linke Mailbox »Nadeshda« lahmzulegen, über die unter anderem Greenpeace und die Jusos kommunizierten.[7]

Im Jahr 1996 scheiterten die Betreiber des »Thule-Netzes« zunächst mit einem ersten Versuch, an das öffentliche Internet angeschlossen zu werden. Das Netz hatte damals nach Schätzungen der Sicherheitsbehörden etwa 250 Nutzer. Der Serviceprovider, der damals für den Anschluss an das Internet zuständig war, kappte den Zugang nach Hinweisen von Kunden auf die dort verbreiteten Inhalte. Wenig später war das »Thule-Netz« schließlich dennoch allen Internetnutzern weltweit zugänglich. Aus dem privat betriebenen Netzwerk war eine Website geworden, die inzwischen allerdings nicht mehr existiert und unter den vielen rechtsradikalen Angeboten schnell an Bedeutung verlor.

Die Mailboxen dienten auch zur Steuerung rechtsradikaler Aktivisten. Die damals formulierten Strategien finden bis heute in sozialen Medien und den Kommentarspalten etablierter Medien Anwendung. In der Erlanger Mailbox »Widerstand BBS« formulierte jemand im Jahr 1997 folgenden Aufruf:

Also hinein in die Datennetze, sprecht Euch auf Euren Haeusern ab, erlernt die Rituale und dann forsch drauf los. Entwickelt eine Diskussionsstrategie, die vorerst darauf gerichtet sein muss, bekennende oder bekannte Antifa-Zecken und Schalom-Litaneienschreiber madig zu machen. Wenn diese sich wehren, muessen wir auch schreien oder besser schreiben. Wir werden sie dadurch isolieren. Wir als scheinbar entschiedene Demokraten aus der rechten Mitte verstehen dann ueberhaupt nicht, warum die Antifas gegen uns die Keulen schwingen und zu uns so intolerant sind. Liberale Scheisserchen verteidigen uns, wenn wir nur geschickt genug argumentieren, fuer uns die Freiheit der Netze verteidigen. So ziehen wir sie und die lesende Mehrheit auf unsere Seite. Die Arbeit, die Antifas aus den Netzen zu ekeln, uebernehmen diese Toleranz-Trottel gerne für uns. Eines ist besonders wichtig, bestaetigen wir uns gegenseitig mit kleinen Differenzen, es genuegen fuenf Aktive pro Forum und wir beherrschen inhaltlich Themenstellung und Diskussionsverlauf. Wenn's dann so weit ist, koennen wir die Katze aus dem Sack lassen, ueber Vertreibung, alliierten Bombenterror, Ueberfremdung etc. Diskussionen einleiten.[8]

Neben den Mailboxen nutzten Rechtsradikale zu Beginn der 1990er-Jahre auch das »Usenet«, ein eigenständiges, weltweites Online-Netzwerk, über das sich Gleichgesinnte und Interessierte in zahllosen Newsgroups zusammenfanden. Die Newsgroups funktionierten wie schwarze Bretter, an den Diskussionsforen in reiner Textform konnte grundsätzlich jeder teilnehmen. Deutsche Rechtsradikale folgten in ihrer Agitation im »Usenet« auch einer Strategie, die der US-Neonazi Milton Kleim im Jahr 1995 ins Netz gestellt hatte.[9] Kleim, der der rechtsextremen Organisation »National Alliance« angehörte, war der Meinung, dass das »Usenet« Potenzial für die Verbreitung rechtsradikalen Gedankenguts bot, weil es zunächst weitestgehend unbehelligt von Strafverfolgungsbehörden geblieben war. Er rief dazu auf, die Inhalte auch außerhalb der einschlägigen Newsgroups (alt.politics.nationalism.white, alt.politics.white-power, alt.revolution.counter, alt.skinheads und alt.revisionism) zu verbreiten und diese so im politischen Mainstream zu verankern.

Die Online-Aktivisten sollten antisemitische Verschwörungsideologien verbreiten, wie zum Beispiel, dass die Medien unter der Kontrolle von Juden stünden und Firmen zur Abgabe einer Steuer zur Herstellung koscherer Nahrungsmittel gezwungen würden. Allerdings sollten sich die Rechtsradikalen immer am Thema der jeweiligen Gruppen orientieren, um eine Sperrung zu vermeiden. Über Bezugswege für rechtsradikale Schriften sollten sie in Waffengruppen aufklären. In einer Gruppe, die sich mit Funk und Radio beschäftigte, sollte der Programmplan des Radiosenders der »National Alliance« verbreitet werden. Offener Rassismus sei außerhalb der eigenen Gruppen zu vermeiden, ebenso wie unproduktive Debatten mit politischen Gegnern. Die könnten potenzielle Anhänger nur unnötig verwirren. Interessierte Neulinge sollten umgehend von rechten »Usenet«-Nutzern aufgenommen und betreut werden. Kleim rief außerdem dazu auf, die eigenen Parolen und Themen immer und immer wieder zu wiederholen und – wegen der zu erwartenden Beobachtung durch Strafverfolgungsbehörden oder Organisationen wie der Anti-Defamation League (ADL) oder dem Simon Wiesenthal Center – auf das Befürworten illegaler Aktionen zu verzichten. Wenig überraschend: Tipps wie diese lassen sich so oder in ähnlicher Form auch in Strategiepapieren heutiger rechtsradikaler Gruppierungen finden.

RECHTSRADIKALE WEBSITES

Mit der Popularisierung des Internets zum Jahrtausendwechsel wurde es immer einfacher, selbst Websites zu erstellen. Damals boomten Serviceanbieter, die kostenlose Website-Baukästen und Domains gegen Werbeeinblendungen zur Verfügung stellten. Die vielfältigen neuen Möglichkeiten des World Wide Web nutzten auch zahlreiche Rechtsextreme. Waren es 1998 noch 320 Seiten mit rechtsextremen Inhalten, zählte Jugendschutz.net ein Jahr später schon 330 Websites, drei Jahre darauf gab es bereits etwa 1000. Seitdem ist die Zahl kontinuierlich gestiegen. Rechtswidrige Inhalte waren von Beginn an keine Seltenheit.

Viele Websites wurden auf Servern in den USA gespeichert. Dort ist beispielsweise die Leugnung des Holocausts kein Straftatbestand. Auf etwa 80 der 330 rechtsextremen Websites, die im Jahr 1999 am Netz waren, identifizierte der Verfassungsschutz Straftatbestände wie Aufrufe zur Gewalt, Volksverhetzung oder die Verbreitung von Kennzeichen verfassungswidriger Organisationen, etwa dem Hakenkreuz. Die Nutzung im Ausland ansässiger Serviceprovider schützte zwar nicht generell vor einer Strafverfolgung in Deutschland. Allerdings wurde die Identifikation der Seitenbetreiber auf diese Weise erschwert oder unmöglich gemacht. Über Jahre wurde deshalb immer wieder über zwischenstaatliche Zusammenarbeit auf diesem Gebiet nachgedacht. Letztlich ist es aber weitestgehend bei der Praxis geblieben, dass deutsche Strafverfolgungsbehörden an Website-Betreiber und andere Dienstleister sowie Social-Media-Konzerne herantreten und die Löschung justiziabler Inhalte erbitten.

Während Rechtsradikale das Internet immer mehr für sich entdeckten, fehlte es bei einigen Providern zugleich am nötigen Problembewusstsein. Im Jahr 2000 konnte die Domain www.heil-hitler.de ohne Mühe beim Serviceanbieter Strato und der zuständigen deutschen Registrierungsstelle Denic registriert werden. Erst nach Medienberichten und der Ankündigung des Verfassungsschutzes, den Sachverhalt prüfen zu wollen, widerrief die Denic die Registrierung und löschte die Webadresse. Die Domain war im Namen eines Oberfeldwebels der Bundeswehr, der in Mecklenburg-Vorpommern stationiert war, beantragt worden. Vier Jahre später kassierte die Denic dann die Domain sieg-heil.de ein. Beide Adressen leiten heute auf eine Website des Vereins Zukunft und Erinnerung weiter, der dort unter anderem über die Verbrechen der Nationalsozialisten aufklärt.

Nach und nach ersetzte und ergänzte das Internet ältere rechtsradikale Infrastrukturen. So präsentierten sich auch die Nationalen Infotelefone Anfang der 2000er-Jahre mit eigenen Internetauftritten. Bei den Infotelefonen handelte es sich im Prinzip um Anrufbeantworter, die von den Betreibern mit Neuigkeiten für Rechtsradikale besprochen wurden. Ein relativ einfacher, aber effektiver Weg, allerlei Informationen, Spendenaufrufe und Ankündigungen für Demonstrationen an möglichst viele Leute zu verteilen. Nationale Infotelefone gab es unter anderem in Wiesbaden, Berlin, Mainz und einigen weiteren Regionen und Städten. Auf den Websites der Infotelefone wurden neben den Telefonnummern auch die Abschriften der Telefonansagen archiviert.

Im Angebot vieler Websites waren neben verschiedenen Propagandaschriften vor allem auch Musik: menschenverachtende, rassistische, antiziganistische und antisemitische, zum Teil auch indizierte Titel. Sie wurden in Form von mp3-Dateien zur Verfügung gestellt, die der geneigte Rechtsradikale relativ problemlos herunterladen konnte, wenn er über einen geeigneten Internetanschluss verfügte. Musik sollte vor allem ein jugendliches Publikum, den potenziellen rechtsradikalen Nachwuchs ansprechen. Im Jahr 2004 scheiterten zunächst Rechtsextremisten aus dem Umfeld der Freien Kameradschaften und dann die NPD mit der Verteilung der sogenannten Schulhof-CDs. Die Tonträger mit einschlägiger Musik sollten zu Rekrutierungszwecken auf Schulhöfen verteilt werden. Im Fall der Freien Kameradschaften mündete der Versuch in einer Verbotsverfügung. Letztendlich wählten sie den einfacheren Weg: Sie stellen die Musikstücke als Download im Netz frei zur Verfügung. Nicht nur auf den Websites rechter Akteure, auch auf den damals beliebten Filesharing-Diensten wurden entsprechende Titel angeboten. Die Aktion fand im sogenannten »Project Schoolyard« wenig später auch Nachahmer in den USA.

Im Internet riefen rechtsextreme Seitenbetreiber über sogenannte Anti-Antifa-Listen zu Gewalt gegen politische Feinde auf und verbreiteten zum Teil auch Anleitungen zum Bau von Bomben. Auf den Seiten der rechtsextremen Kameradschaft Gera zum Beispiel erschien im Jahr 2000 ein Steckbrief des damaligen IG-Metall-Jugendsekretärs. Die Kameradschaft selbst ließ verlautbaren, dass der Steckbrief nicht als Aufruf zu Gewalt verstanden werden sollte. Das Thüringer Oberlandesgericht untersagte die Veröffentlichung dennoch. Medienberichten zufolge weigerte sich die Polizei in Gera zunächst, die Anzeige des betroffenen Gewerkschafters aufzunehmen.[10]

Bis heute werden einzelne Personen angegriffen und ihre privaten Daten, wie Adressen und Telefonnummern, im Internet veröffentlicht. Damit sollen engagierte Politiker, Aktivisten, Journalisten und andere Menschen, die ins Visier der Rechtsradikalen geraten, eingeschüchtert und bedroht werden. Eine Distanzierung von Gewalt ist dabei nur als Versuch zu werten, sich im Falle einer Strafverfolgung auf diesen Hinweis zu berufen und damit selbst zu schützen. Solche Listen und Steckbriefe von Personen, die von Rechtsradikalen zu Feinden erklärt wurden, gab es früher schon, etwa in den Mailboxen. Auch vor der Popularisierung von Internettechnologien war die Veröffentlichung von Personendaten ein Mittel der Einschüchterung und Bedrohung. Weil sie aber nur in einschlägigen Magazinen abgedruckt werden konnten, war ihre Verbreitung deutlich eingeschränkter.

Im Übrigen wich man auch mit den Druckerzeugnissen schon auf Kontaktadressen und Druckereien im Ausland aus. Absender eines 1993 erschienenen Anti-Antifa-Pamphlets mit dem Titel »Der Einblick«, in dem über 200 Adressen und Autokennzeichen politischer Feinde aufgeführt waren, war beispielsweise eine Postfach-Adresse in Dänemark, die einem dänischen Neonazi zuzuordnen war. Enthalten waren Daten von Politikern, Journalisten, Gewerkschaftsfunktionären, aber auch ein Jugendzentrum, Buchhandlungen und Gaststätten. Auch in diesem Pamphlet erfolgte die wenig glaubwürdige Distanzierung von Gewalt: »Wir werden es hier tunlichst vermeiden, zur Gewalt im Sinne von Körperverletzungen, Tötungen usw. gegenüber unseren Gegnern aufzurufen. Jeder von uns muß selbst wissen, wie er mit den ihm hier zugänglich gemachten Daten umgeht. WIR HOFFEN NUR, IHR GEHT DAMIT UM!!!«[11] Zwei verantwortliche Herausgeber, zwei Mainzer Neonazis, konnten ermittelt werden. Sie wurden zu Freiheitsstrafen, einer mit und einer ohne Bewährung, verurteilt. Über das Nationale Infotelefon Mainz wurde unter Angabe der dänischen Bezugsadresse ebenfalls zum Sammeln von Adressen linker Aktivisten aufgerufen. Auch der bayerische V-Mann Dalek soll an der Veröffentlichung des Pamphlets beteiligt gewesen sein.

Bereits in den 1980er-Jahren veröffentlichte der Neonazi Christian Worch eine Liste mit mehr als 40 Namen von Beamten, Richtern, Schöffen und anderen Personen, mit denen er im Zusammenhang mit einer Haftstrafe zu tun hatte. Er antizipierte, dass die Liste als Feindesliste verstanden werden würde, und distanzierte sich vorsichtshalber mit den Worten: »Es ist nur eine Dokumentation.«[12] Beim früheren niedersächsischen Vorsitzenden der inzwischen verbotenen Freiheitlichen Deutschen Arbeiterpartei, dem Österreicher Karl Polacek, wurde Anfang der 1990er-Jahre eine Diskette mit Namen von mehreren hundert »Feinden« gefunden. Der Kampf gegen gemeinsame Gegner einte schon damals verschiedene rechtsradikale Akteure und Gruppen.

In den späten 1990er- und frühen 2000er-Jahren waren die sogenannten Webringe populär. Die Idee bestand darin, thematisch verwandte

Webseiten miteinander zu verlinken. Der Webring-Besucher erhielt den Blick auf mehrere Seiten zum gleichen Thema, ohne etwa eine Suchmaschine zu benutzen, die damals ohnehin noch nicht so sehr zum Alltag der Internetnutzer gehörte wie heute. Beim Durchklicken der verschiedenen Websites innerhalb eines Webringes konnte man außerdem immer wieder auf die Website zurückgehen, bei der man begonnen hatte. Auch Neonazis und Rechtsradikale gründeten solche Webringe. Sie dienten damals schon einer auch internationalen Vernetzung. In Linklisten wie skadi.net oder der-weisse-wolf.de konnten Seitenbetreiber ihre eigenen Seiten einfach eintragen lassen. Dementsprechend tauchten dort rechtsradikale und neonazistische Websites und Onlineshops aus allen möglichen Ländern Europas sowie aus den USA auf. Außerdem gab es Webringe, die sich an bestimmte Personengruppen innerhalb des rechtsradikalen Spektrums, beispielsweise Frauen oder Anhänger des Ku-Klux-Klans, richteten. Insgesamt verfügten viele Websites über Linklisten, die zumindest auf Sympathien, oftmals aber auch auf Kontakte untereinander hinwiesen.

Die NPD war in den frühen Tagen des World Wide Web äußerst aktiv und unterhielt eine Vielzahl von Websites, die zum Teil eigens für kleinere Verbände oder zur Bewerbung von Demonstrationen erstellt worden waren. Außerdem gab es ein großes Angebot geschichtsrevisionistischer Seiten, die laut Jugendschutz.net eine Zeitlang bei Suchmaschinen sehr prominent und in Überzahl in den Suchergebnissen auftauchten. Wer damals nach Informationen zum Zweiten Weltkrieg und zum Holocaust suchte, landete schnell auf einer dieser Websites. Dazu gehörte beispielsweise auch die »Zündelsite«, die Website des damals in Kanada ansässigen deutschen Holocaustleugners Ernst Zündel.

Zu den wichtigsten Plattformen für deutsche Neonazis und Rechtsradikale gehörte lange Zeit der deutsche Ableger der »Altermedia«, einem ursprünglich in Frankreich gegründeten Online-Sammelbecken für Rechtsextreme. Die deutsche »Altermedia«-Seite ging 2003 ans Netz. Dort wurden neben eigens für die Seite geschriebenen Texten auch die Inhalte der rechtsradikalen Website stoertebeker.net und anderer Seiten übernommen. Jahrelang war die Seite eine wichtige Instanz für Rechtsradikale aus der Bundesrepublik, auch wenn dort nicht alle Gruppierungen vertreten waren und teilweise auch interne Streitereien offen ausgetragen wurden. Erst Anfang 2016 wurde »Altermedia« durch das Bundesinnenministerium verboten. Die Gerichtsurteile vom Februar 2018 sind inzwischen fast alle rechtskräftig, darunter auch die Haftstrafe gegen den Betreiber Ralph-Thomas K. Der Gründer der deutschen »Altermedia«, Axel M., war bereits 2011 zu einer Haftstrafe verurteilt worden. Für die Betreiber waren Beiträge, in denen der Holocaust geleugnet wurde, kein Problem. Nicht geduldet wurden hingegen kritische Beiträge gegenüber Wladimir Putin – die Seite lag auf einem russischen Server und russische Gesetze sollten beachtet werden.[13] Eine weitere wichtige einschlägige Website war etwa auch widerstand.info, ein Portal aus der Szene der freien Kameradschaften und Autonomen Nationalisten.

RECHTSRADIKALE ONLINESHOPS UND AUTONOME INFRASTRUKTUR

Die Zahl rechtsradikaler Onlineshops stieg ab Ende der 1990er-Jahre kontinuierlich. Viele der Shops hatten ihren Sitz in den USA oder den skandinavischen Ländern. Häufig versandten die Händler auch Produkte aus dem Ausland nach Deutschland, deren Besitz hierzulande illegal war. Einschlägige Musik wurde zu Beginn der 2000er-Jahre mitunter auch auf den großen mp3-Verkaufsplattformen gehandelt. Zudem wurden zahlreiche Onlineshops an den Start gebracht, die neben rechtsradikaler Musik aller möglichen Genres auch Kleidung, Flaggen und sonstiges Material verkauften.

Die rechtsradikale »National Alliance« aus den USA betrieb beispielsweise einen Onlineshop, in dem sich die Kunden auch mit deutschsprachiger Musik eindecken konnten. »National Alliance«-Gründer William Pierce verfügte nach eigenen Angaben über gute Kontakte zur NPD und nahm auch an Veranstaltungen der Partei in Deutschland teil. Pierce, der im Jahr 2002 verstorben ist, war auch Autor des in Deutschland indizierten rechtsradikalen Standardwerks Turner Diaries, in denen ein »Rassenkampf« herbeibeschworen wird. Mehrere rechtsextreme Mörder nahmen bei ihren Taten Bezug auf den Roman. Darunter auch der norwegische Rechtsterrorist Anders Breivik und die deutsche Terrorzelle NSU. Auf der Website der »National Alliance« wurde deren Propaganda auch in deutscher Sprache zur Verfügung gestellt.[14]

Die NPD erkannte das Potenzial des E-Commerce ebenfalls früh und ging schon zu Beginn der 2000er-Jahre mit einem eigenen Shop sowie einem eigenen Providerservice an den Start. Diesen Weg beschritten mehrere Gruppierungen, weil bestehende Serviceprovider einschlägige Seiten häufig sperrten. NSU-Unterstützer Ralf Wohlleben war ebenfalls Serviceanbieter. Über die Seite netzspeicher24.de bot er in den 2000er-Jahren einer Reihe neonazistischer Websites den Speicherplatz. Erwirtschaftete Überschüsse sollten »selbstverständlich wieder in die politische Arbeit« investiert werden.[15] Wohllebens Service wurde mehrfach von linken Hackern angegriffen, woraufhin die Websites eine Zeitlang nicht mehr erreichbar waren und Kundendaten mehrerer rechtsradikaler Onlineshops öffentlich wurden. Im Jahr 2008 waren zwölf dem rechten Spektrum zuzuordnenden Webhoster bekannt.[16]

Ein bis heute bestehender Provider ist das Portal LOGR, das mutmaßlich von Neonazis aus Dortmund betrieben wird. LOGR bot anfangs unter anderem einer ganzen Reihe von Websites aus dem Umfeld der Autonomen Nationalisten den nötigen Speicherplatz. Zudem waren auch E-Mail-Dienstleistungen im Angebot, die sich an die Neonazi-Szene richteten. Über den eigenen E-Mail-Dienst sollte ein zusätzlicher Schutz, beispielsweise vor Ermittlungsbehörden, geboten werden. Nach wie vor werden die von LOGR betriebenen Websites auf Servern in den USA gespeichert. Ein Premium-Angebot führt auf die Seiten des Anbieters First Amendment Hosting, ebenfalls auf Servern in den USA. Für Spender bietet LOGR auch anonyme Bezahlwege an. Mit dem starken Aufkommen sozialer Medien verloren diese rechten Ausweichprovider jedoch an Bedeutung.

FOREN UND FRÜHE SOCIAL-MEDIA-PLATTFORMEN

Diskussionsforen im Internet, zum Beispiel das »Freie Forum« aus der Kameradschaftsszene oder das »Nationale Forum Deutschland« der NPD, erfreuten sich bei Rechtsradikalen lange Zeit großer Beliebtheit. Deutsche Rechtsradikale nutzten außerdem das bis heute bestehende US-Forum »Stormfront«. Aus dem Webring skadi.net ging später ein gleichnamiges Forum hervor, dessen deutschsprachiger Unterbereich später in das Forum thiazi.net ausgegründet wurde. Dort waren mehr als 20.000 Nutzer registriert. thiazi.net wurde nach einer Reihe von Hausdurchsuchungen bei mehreren Verantwortlichen schließlich im Juni 2012 abgeschaltet. Mehr als ein Dutzend Beteiligte wurden wegen ihrer Rolle im Forum inzwischen verurteilt.

Schon seit Anfang der 2000er-Jahre gab es auch konzertierte Aktionen Rechtsradikaler, die über Foren herfielen und die Diskussionen förmlich kaperten. Als Skinheads im Juni 2000 in Dessau den aus Mosambik stammenden Alberto Adriano ermordeten, eröffnete das Magazin *Stern* ein Diskussionsforum unter dem Titel »Stop dem braunen Mob«. Es ist bekannt, dass im Forum eines rechten Nationalen Infotelefons über eine geeignete Strategie beraten wurde, wie die Diskussionen im Forum des *Stern* gestört werden könnten.[17] In der Folge erschienen dort Forderungen, über »Ausländerkriminalität« und den bis heute populären Mythos der »Überfremdung« zu diskutieren, mit dem Ziel, von dem rassistisch motivierten Mord an Alberto Adriano abzulenken. Als die *Stern*-Moderatoren eingriffen und besonders heftige Beiträge entfernten, folgten Beschwerden über eine angebliche Beschränkung der Meinungsfreiheit oder man erklärte sich selbst zum Opfer, das wegen seiner nationalen Gesinnung verfolgt werden würde wie jüdische Menschen in den 1930er-Jahren. Auch Forumsteilnehmer, die den rechten Pöblern widersprachen, wurden etwa als »Blockwarte« bezeichnet.[18] Der in Halle registrierte Betreiber der Website »Oikrach« gab freudig bekannt, dass sich etwa »30 Kameraden« an dem Störversuch beteiligt hatten, und gab Tipps für Aktionen dieser Art.[19] Ein frühes Beispiel für konzertierte Hasskampagnen, wie es sie noch heute gibt.

Rechtsextreme bedienten und bedienen sich immer auch bei den Plattformen, die sich allgemein unter Internetnutzern großer Beliebtheit erfreuen. Insgesamt haben Rechtspopulisten und Rechtsextreme ihr Angebot mit dem Aufkommen sozialer Medien noch mal deutlich diversifiziert und an eine ganze Reihe weiterer Zielgruppen angepasst. Es überrascht wenig, dass Rechtsradikale auch auf den inzwischen mehr oder weniger aus der Mode gekommenen sozialen Netzwerken StudiVZ und Myspace sowie dem einst extrem populären Musiknetzwerk Last.fm vertreten waren. In der NPD-Zeitung *Deutsche Stimme* erschien im Jahr 2010 ein Ratgeber, was beim Anlegen von Profilen in sozialen Medien zu beachten sei. Danach sollten die Nationalisten darauf achten, als möglichst offene Menschen »mit Humor, Beruf, Hobbys, ernst zu nehmenden Interessen, Literatur- und Musikgeschmack« aufzutreten und nicht mit der braunen Tür ins Haus zu fallen.[20] Dort wurden auch grundlegende Funktionen von Netzwerken wie StudiVZ erklärt. Noch im gleichen Jahr verwarf die nordrhein-westfälische NPD im Landtagswahlkampf ihre Strategie, nicht mit offenem Visier aufzutreten, wieder. Spitzenkandidat Claus Cremer forderte damals in einer Rundmail: »Jetzt gilt es, die virtuelle Maske fallen zu lassen und in den letzten Wahlkampftagen ganz offen für die NPD zu werben, auch wenn dies zu vorübergehenden Streichungen bei den Netzwerken führt.«[21] Nach der Wahl könne man sich mit einem neuen, »unpolitisch anmutenden Profil« auf den Plattformen anmelden.

Im Jahr 2011 waren bei der VZ-Gruppe, die die Seiten StudiVZ, SchülerVZ und MeinVZ mit insgesamt 16 Millionen Mitgliedern betrieb, etwa 30 Menschen mit der Moderation von Inhalten beschäftigt, die im Bedarfsfall von bis zu 100 weiteren Mitarbeitern unterstützt wurden.[22] Eines der beliebtesten Features von StudiVZ und Co. waren die Gruppen, denen viele Nutzer nur wegen ihrer aussagekräftigen Namen beitraten, etwa »Ich drück die Fernbedienung fester, wenn die Batterien leer sind« und »Ich habe keine Lösung, aber ich bewundere das Problem«. Aber auch Gruppen wie »Bockwurst statt Döner«, »Umweltschutz ist Heimatschutz« oder der Ruf nach der »Todesstrafe für Kinderschänder« waren dort zu finden. Zum Teil wurde den StudiVZ-Nutzern nicht auf den ersten Blick klar, dass es sich um Gruppen Rechtsradikaler handelte. Gerade die Forderung nach einer Todesstrafe für Kinderschänder ist seit Jahren ein beliebtes Agitationsfeld Rechtsradikaler, die versuchen, die Entrüstung über Verbrechen an Kindern für ihre Zwecke zu instrumentalisieren. Über längere Zeit wurde die Präsenz der NPD auf StudiVZ kritisiert. Zahlreiche Nutzer forderten, die Partei im Netzwerk nicht zu dulden. Eine NPD-Gruppe wurde kurzerhand regelrecht übernommen, indem mehr Kritiker als Partei-Anhänger dieser Gruppe beitraten und deren Gründung kritisierten.[23]

Auf Myspace sah es ganz ähnlich aus: Dort waren zwischenzeitlich auch Freie Kameradschaften und die NPD vertreten. Es wurden User, die den Namen Adolf Hitler für ihre Profile wählten, gesichtet. Im Herbst 2018 verbreiteten sich alte Fotos der Berliner AfD-Abgeordneten Jessica Bießmann. Sie hatte auf einigen Fotos ihres mutmaßlich längst vergessenen Myspace-Profils in mindestens drei verschiedenen Outfits vor einigen Flaschen Wein mit Hitler-Etiketten posiert. Bießmann wurde daraufhin von der Berliner AfD-Fraktion ausgeschlossen, ist aber weiterhin Mitglied der Partei.

DIE ANFÄNGE VON YOUTUBE, FACEBOOK UND CO.

Auf den heutigen Social-Media-Riesen waren Rechtsradikale ebenfalls schon früh vertreten. YouTube spielte zunächst vor allem für die Verbreitung rechtsextremer Musik von Bands wie Landser und Störkraft eine Rolle. Auch Reden von verurteilten Holocaustleugnern wie Horst Mahler und Ursula Haverbeck wurden und werden immer wieder dort hochgeladen. Im Jahr 2011 sorgten die »Unsterblichen« auf YouTube für Aufsehen. In einem gut produzierten Videoclip suggerierten sie, im sächsischen Bautzen habe eine – optisch – eindrucksvolle nächtliche Demonstration stattgefunden. Etwa 200 fackeltragende, weiß vermummte Demonstranten beschworen den Mythos vom aussterbenden deutschen Volk auf Transparenten und in Begleittexten. Sie verzichteten aber weitestgehend auf klassische rechtsradikale Symbolik und gaben sich den Anschein einer jugendlichen, popkulturell angehauchten Bewegung. Darauf folgten weitere Demonstrationen der »Unsterblichen«, die jeweils aber nur wenige Minuten gedauert haben dürften und bei denen es weniger darum ging, vor Ort Präsenz zu zeigen, als vielmehr um die Inszenierung für Filmmaterial weiterer YouTube-Videos. Die Szenen erinnern an spätere Aktionen der Identitären Bewegung – nur dass diese meistens mit noch weniger Personen vor Ort ist. Hinter den Demos steckten die »Spreelichter«, die die Idee ein paar Jahre zuvor entwickelten und Kontakte zum Helfernetzwerk des NSU pflegten.[24] Ein Aufruf zur Nachahmung trug Früchte: Etwa 50 solcher Aktionen wurden in der Folge im Bundesgebiet gezählt. Die »Spreelichter« wurden Mitte 2012 schließlich vom Brandenburger Innenministerium verboten.[25]

Die Videos der »Unsterblichen« wurden auf Facebook ebenfalls verbreitet. Dort äußerten in den frühen Tagen des Netzwerks auch deutsche Nutzer ihren Rechtsradikalismus noch recht unverhohlen. Auch die rechtsradikale Kampagne »Todesstrafe für Kinderschänder« wurde auf Facebook verbreitet. Bereits ab 2013 traten dort die »Nein zum Heim«-Seiten in Erscheinung, die zum großen Teil in sächsischen Gemeinden und Städten ins Leben gerufen wurden.[26] Auf diesen lokal verorteten Seiten machten vermeintlich »besorgte Bürger« Stimmung gegen die Unterbringung von Asylsuchenden in ihrer Nachbarschaft. Tatsächlich steckten hinter diesen Seiten aber meist organisierte Rechtsradikale.[27]

Heute sind Rechtsradikale überall im Netz vertreten. Mit wachsender Beliebtheit der sozialen Medien verlagerte sich ihre Aktivität zunächst vor allem auf einige wenige Plattformen. Durch neue Regeln auf den Social-Media-Plattformen veränderte sich das Auftreten extrem rechter Akteure jedoch. Sie sind nach wie vor noch in unübersichtlichen Mengen auf Facebook, YouTube, Twitter und Co. vertreten. Zunehmend setzen sie aber auch wieder auf eigene Websites sowie Messenger, alternative Plattformen und die sogenannten Alt-Tech-Unternehmen. Die Entstehungsgeschichte vieler dieser alternativen Plattformen ist ähnlich wie die der rechtsradikalen Webhoster. Sie entstanden, weil rechtsradikale Akteure von Plattformen wie Facebook, Twitter und YouTube gesperrt wurden. Als Reaktion darauf entstanden Social-Media-Plattformen, die sich die Wahrung der »Meinungsfreiheit« auf die Fahnen schreiben, sich aber vor allem an ein rechtsradikales Publikum richten. In einigen anderen Fällen haben Rechtsradikale sich bestehende Websites und Social-Media-Seiten angeeignet. Dazu gehört beispielsweise vk.com, das Facebook sehr ähnlich ist und sich allgemein an Russisch sprechende Internetnutzer richtet.

II.

DIE AKTEURE

Die Akteure

Rechtsradikale Milieus sind oft nicht streng organisiert. Das ist nicht neu und gehörte schon zur Strategie der rechtsextremen Freien Kräfte und Autonomen Nationalisten im Deutschland der 1990er-Jahre. Es gibt aber, vor allem in Europa und Nordamerika, einige mehr oder weniger informelle Führungsfiguren und tonangebende Vereine sowie die rechtsradikalen Parteien, die enorm wichtig für das rechtsradikale Spektrum sind, weil sie beispielsweise neue Anhänger ansprechen oder Themen setzen können. Hinter den einzelnen Akteuren und Gruppen sammelt sich eine Anhängerschaft, die durchaus bereit ist, immer wieder neue Meinungsmacher in ihre Mitte aufzunehmen. Dazu gesellt sich noch eine Reihe loser Gruppierungen, die sich häufig eigens zu verschiedenen Anlässen bilden. Dazu gehören einige Demonstrationsbündnisse, aber auch sogenannte Trollnetzwerke, die sich zusammenfinden, um die öffentliche Meinung zu beeinflussen. Zu diesen zählte auch die rechtsradikale Trollfabrik »Reconquista Germanica«, die vor der Bundestagswahl 2017 künstlich Stimmung für die AfD erzeugen wollte.[1]

Bei diesen losen Gruppierungen handelt es sich allerdings nicht um homogene Gruppen und Streitigkeiten kommen regelmäßig vor. Ihr gemeinsamer Nenner sind in der Regel ihre antimuslimischen Ressentiments, die sie mit den Legenden einer »Islamisierung« und dem »großen Austausch« – die Mehrheitsgesellschaften Europas würden ausgetauscht und durch eine Bevölkerung ersetzt, die durch Eliten angeblich besser beherrschbar sei – verbinden. Immer wieder fallen diese Erzählungen durch mehr oder weniger subtile antisemitische Bezüge auf. Die verschiedenen Netzwerke sind nicht immer klar voneinander getrennt. Es gibt Verbindungen untereinander. Zwischen Parteien und Stiftungen oder Vereinen sowieso, aber letztere pflegen auch Beziehungen zu Trollen oder weisen personelle Überschneidungen auf.

RECHTSAUSSEN-PARTEIEN

Rechtsradikale Parteien sind in Deutschland schon lange online. Das galt lange vor allem für die NPD. Der frühere NPD-Vorsitzende Udo Voigt bezeichnete den Aufbau von Netzwerken über das Internet sowie die Nutzung des Internets als Kommunikationsmittel schon im März 1996 als eines der Hauptanliegen der Partei.[2] Und dem folgte die Partei auch. Schon früh waren zahlreiche Landes- und Regionalverbände der Partei mit einer eigenen Website vertreten. In Foren und auf den ersten Social-Media-Netzwerken wie StudiVZ und Myspace ging die NPD ebenfalls rasch online. Auf Facebook trat die Partei mal mehr, mal weniger offen auf. Sie steckte beispielsweise hinter einer Reihe lokaler Anti-Asyl-Seiten, auch wenn das nicht eindeutig kommuniziert wurde. Die Facebook-Seite des Bundesverbandes der NPD erreichte schnell ähnliche Reichweiten wie die der Volksparteien. Das gilt bis heute. Die NPD hat sogar mehr Facebook-Fans als die FDP.[3] Inzwischen ist die Partei nur noch in Kommunalparlamenten vertreten, macht aber immer wieder auch im Netz auf sich aufmerksam. Etwa wenn Vertreter ihrer selbsternannten Bürgerwehren auf Facebook zelebriert werden. Dabei handelt es sich meist nicht wirklich um tatsächlich patrouillierende Bürgerwehren, sondern viel eher um einen für das Internet inszenierten PR-Gag.

Inzwischen hat die Alternative für Deutschland (AfD) der NPD allerdings den Rang abgelaufen. Die einstige eurokritische »Professoren-Partei«, in der schon früh rechte Ressentiments geschürt wurden, stellt heute bei Wahlen Rechtsradikale als Spitzenkandidaten auf. Auf Facebook hat die Bundespartei im Schnitt deutlich mehr als die doppelte Anzahl an Likes im Vergleich zu den anderen im Bundestag vertretenen Parteien. Auch wenn immer wieder zu Recht über die Authentizität dieser Zahlen und mögliche Manipulationen ihrer Reichweiten spekuliert wird: Die AfD hat eine digitale Fangemeinde, die sehr aktiv und sichtbar ist. Das gilt gerade im Vergleich mit den anderen Parteien. Die Partei setzt außerdem auf eine Vielzahl von Social-

Media-Auftritte für Lokal- und Regionalverbände sowie für einzelne Politiker. Unterstützung bekommt sie von einigen einflussreichen rechten Social-Media-Promis, Vereinen und einer Vielzahl sogenannter Alternativmedien, die immer wieder für die AfD werben. Hinzu kommt ein stabiles Netzwerk aus rechten Parteien in Europa. Allerdings wird rund um die AfD auch immer wieder eine künstliche Unterstützerschaft durch »Fake-Accounts« aufgebaut.

Die Partei bedient im und abseits des Internets in der Regel nur einige wenige Themen. Auf Facebook und Co. sind das vor allem solche, die wütend machen sollen: Asyl, Migration, innere Sicherheit, die EU und der Euro oder Inhalte für geneigte Klimawandelskeptiker. In den sozialen Medien reagieren Nutzer vor allem auf Inhalte, die Emotionen auslösen.

Dazu gehören neben positiven Reaktionen, etwa auf Videos von niedlichen Katzen oder rührenden Familiengeschichten, vor allem auch Inhalte, die Wut, Angst oder Trauer auslösen. Einer Untersuchung von Josef Holnburger zufolge reagieren Anhänger der AfD auf Facebook vor allem wütend.[4] Im Untersuchungszeitraum wertete der Politikwissenschaftler 1,8 Millionen Reaktionen auf den Facebook-Seiten der im Bundestag vertretenen Parteien aus. Facebook-Nutzer können auf Posts und Inhalte mit einem Herz, einem lachenden, einem traurigen, einem überraschten oder eben dem wütenden Emoji reagieren. Bei der AfD fielen 56,3 Prozent der Reaktionen wütend aus. Dahinter folgte mit deutlichem Abstand Die Linke mit 30,7 Prozent wütenden Reaktionen. Auch andere Untersuchungen zeigen, dass Wut und Hass in sozialen Medien besonders erfolgreich und sichtbar sind. Davon profitiert keine andere Partei wie die AfD, die ihre Anhänger mit solchen Inhalten regelrecht dauerbeschallt.

Hinzu kommen einige Kleinstparteien, die zeitweise ebenfalls Einfluss auf öffentliche Debatten nehmen. Darunter ist die lokale Bürgerbewegung Pro Chemnitz mit ihrem Chef Martin Kohlmann, der nach dem mutmaßlich von Flüchtlingen verursachten gewaltsamen Tod eines Chemnitzers als Organisator und Stichwortgeber bei rechtsradikalen Demonstrationen in der Stadt auftrat. Damals verbündeten sich verschiedene rechtsradikale Milieus und demonstrierten gemeinsam. Weitere kleine Neonazi-Parteien sind etwa Die Rechte oder der III. Weg.

RECHTSRADIKALE VEREINE UND GRUPPIERUNGEN

Eine ganze Reihe von Vereinen hat das Internet über die Jahre als ihren wichtigsten Aktionsraum entdeckt. Dazu gehört vor allem auch die Identitäre Bewegung (IB), die sich in erster Linie an ein junges, eher männliches Publikum richtet. Die in Frankreich gegründete Organisation ist in mehreren Ländern, beispielsweise in Österreich, Deutschland, Großbritannien und den USA, aktiv. Mit öffentlichkeitswirksamen Aktionen wie dem Beklettern des Brandenburger Tors machen sie immer wieder auf sich aufmerksam. Ihre Protestformen erinnern immer wieder an Greenpeace. Die Rechtsradikalen sagen selbst auch, dass sie sich von Aktionen linker Gruppen haben inspirieren lassen. Ihre Ausrichtung ist jedoch rechtsradikal, und vor allem islamfeindlich, allerdings ohne Bezug auf die NS-Zeit. In Deutschland und Österreich haben die Identitären nicht sonderlich viele Mitglieder und werden deshalb auch immer wieder als »Scheinriesen« bezeichnet. Das rührt auch daher, dass die Aktionen der IB immer nur von einer geringen Anzahl Menschen durchgeführt werden und auch Demonstrationen nicht sonderlich viele Teilnehmer anziehen.

Im Internet sind sie allerdings gut vertreten und erreichen sehr viele Menschen, weit über ihre Anhängerschaft hinaus und in unterschiedlichen Ländern. Ihr Einfluss sollte auf keinen Fall unterschätzt werden. Gerade ihre Affinität zu den sozialen Medien hat in der Vergangenheit immer wieder dafür gesorgt, dass über ihre Aktionen in zahlreichen Medien berichtet wurde. Sie sind in der Lage, innerhalb der rechtsradikalen Szene Themen zu setzen und darüber unterschiedlichste Akteure zu mobilisieren. Im Jahr

2018 machte die Identitäre Bewegung gemeinsam mit anderen Rechtsradikalen massiv und irreführend Stimmung gegen den Globalen Pakt für sichere, geordnete und reguläre Migration, kurz UN-Migrationspakt. In der Folge zogen mehrere Staaten, darunter auch Polen, Tschechien, Ungarn und Österreich, ihre Unterstützung für die internationale Vereinbarung zurück oder enthielten sich in der Abstimmung.

Im Kontrast zu den sogenannten Autonomen Nationalisten, die sich in den 1990er- und 2000er-Jahren als Antwort auf Verbote rechtsextremer Organisationen in Deutschland formierten, ist die Identitäre Bewegung streng hierarchisiert. Wie man aus einem in Österreich beschlagnahmten älteren Dokument weiß, war die Organisation zunächst noch in Ränge nach griechischen Vorbildern, etwa den »Hopliten« an der Spitze und den ihnen unterstellten »Spartiaten«, unterteilt. Rechte und Pflichten der Mitglieder waren demnach klar geregelt. Mit der Gründung von weiteren Gruppen wurden außerdem die Posten der Landesleiter, Regionalleiter und Koordinatoren eingeführt. Die Gruppierung orientiert sich mehr und mehr an einer zivilgesellschaftlichen Organisation mit hauptamtlichen Mitarbeitern.

Die Identitäre Bewegung versteht sich als »metapolitische« Organisation, die abseits von klassischen Parteistrukturen und parlamentarischen Prozessen agiert. Für sie steht der Aktivismus im Vordergrund, der über Demonstrationen, Publikationen und in sozialen Medien kommuniziert wird. Persönlicher Kontakt zu politischen Amtsträgern ist für die Aktivisten dennoch wichtig. Man stellt sich aber weitestgehend nicht selbst zur Wahl, sondern pflegt Kontakte zu Parteien wie der FPÖ und der AfD, die der Bewegung in Teilen freundlich gegenüber eingestellt sind. Die IB schreibt in den ebenfalls beschlagnahmten Strategiepapieren von der Notwendigkeit einer identitären »Reconquista der Metapolitik und der Politik«. Man hält außerdem den Kontakt zu rechten Medien und tritt als Interviewpartner auf, beispielsweise im AfD-nahen *Deutschland-Kurier*, dem österreichischen *Wochenblick* oder dem rechtsradikalen Portal *Info Direkt*. Neben klassischen Treffen der Mitglieder untereinander stehen vor allem der digitale Aktivismus sowie die Präsentation ihrer Aktionen in sozialen Medien im Mittelpunkt. Die Identitäre

Rechtsradikale Vereine und Gruppierungen

Bewegung selbst distanziert sich immer wieder öffentlich von Gewalt. Allerdings sind diverse gewalttätige Übergriffe von identitären Aktivisten bekannt und viele von ihnen waren zuvor in anderen einschlägigen rechtsradikalen Strukturen aktiv.[5]

Ideologisches Fundament der IB ist der »Ethnopluralismus«. Im Grunde auch nur ein Euphemismus für eine rassistische Weltsicht, nach der Kulturen bestimmten geografischen Räumen zuzuordnen sind und dort verbleiben oder dorthin zurückkehren sollen. Eine »Vermischung« der Kulturen lehnen die Identitären ab. Zuwanderung oder die Aufnahme von Geflüchteten, vor allem von Muslimen, verstehen sie als den »Großen Austausch«, eine Verschwörungsideologie, nach der die weiße Bevölkerung Europas durch Nichtweiße oder Nichtchristen ersetzt werden soll. Diese Ideologie, die auch AfD-Politiker und andere Akteure des rechtsradikalen Spektrums immer wieder bedienen, gehörte auch zur Weltsicht des Attentäters, der im März 2019 bei einem Anschlag auf zwei Moscheen im neuseeländischen Christchurch 51 Menschen tötete und 49 verletzte.

Der neurechte Verein Ein Prozent für unser Land fällt in der breiten Öffentlichkeit vor allem im Vorfeld von Wahlen auf. Es gibt zahlreiche Überschneidungen zur Identitären Bewegung, für die der Verein auch als Spendennehmer und Finanzier auftritt. Zuletzt konzentrierte man sich dort vor allem auf den Wahlkampf in Brandenburg und Sachsen im Herbst 2019. Der Verein schürt vor Wahlen regelmäßig die Angst vor einem großangelegten Wahlbetrug zulasten der AfD und ruft in rechtsradikalen Kreisen zur Wahlbeobachtung auf. Ein-Prozent-Chef Philip Stein tauchte in diesem Zusammenhang in der Woche vor der Landtagswahl auch bei der montäglichen Demonstration von Pegida in Dresden auf, im Übrigen ebenso wie identitäre YouTuber aus Nordrhein-Westfalen. Außerdem schaltete der Verein Zeitungsanzeigen, einen Werbespot im Radio und mietete Werbeflächen in Brandenburg und Sachsen an.

Hinzu kommt ein ganzes Geflecht weiterer Vereine und Stiftungen, die zum Teil auch Wahlkampf für die AfD betreiben. Dazu gehören die Desiderius-Erasmus-Stiftung und der Verein zur Erhaltung der Rechtsstaatlichkeit und bürgerlichen Freiheiten, dessen Vorsitzender David

Bendels ist, der wiederum auch »Chefredakteur« der vom Verein herausgegebenen Zeitung *Deutschland-Kurier* ist, für die auch AfD-Politiker, beispielsweise die Europa-Abgeordneten Guido Reil und Maximilian Krah, als Autoren auftreten.

INFLUENCER

Influencer gibt es nicht nur im kommerziellen Marketing, sondern auch in rechtsradikalen Bewegungen und Parteien. Influencer sind meist junge Fürsprecher, die in der Lage sind, ein breites Publikum aus Jungen und Alten anzusprechen. Viele von ihnen repräsentieren einen erneuerten Rechtsradikalismus, der vor allem in Europa und Nordamerika bestens vernetzt ist.

Akteure wie der österreichische Identitären-Chef Martin Sellner sind Vermittler. Sie erschließen ihren Nutzern im Internet Inhalte aus unterschiedlichen Quellen und vernetzen unter anderem die deutschsprachigen und englischsprachigen Rechten, beispielsweise in Großbritannien, den USA, Österreich und Deutschland, aber auch in weiteren Ländern. Sellner ist nicht nur für seine Identitäre Bewegung wichtig, sondern erreicht auch auf seinen Kanälen ein rechtsradikales Massenpublikum. Er unterhält Kanäle auf Twitter, YouTube und dem Messenger-Dienst Telegram und sendet mindestens einmal wöchentlich auch live auf YouTube und anderen Videoplattformen.

Der YouTuber Henryk Stöckl macht in erster Linie dadurch auf sich aufmerksam, dass er regelmäßig rechtsradikale Demonstrationen besucht und anschließend Berichte auf Facebook und YouTube hochlädt. Inzwischen ist er, ebenso wie Sellner, auch auf Telegram recht aktiv und erfolgreich. Dort erreicht er knapp 5700 Abonnenten – mehr als auf Facebook. Auf YouTube haben ihn mehr als 36.000 Menschen abonniert. Allein dort unterhält er drei Kanäle. Regelmäßig verbreitet Stöckl, der eigentlich Immobilienkaufmann ist, auf seinen Kanälen Falschmeldungen und wettert gegen die Medien. Dabei nutzt er eine besonders irritierende Tonalität, die sich irgendwo im Feld zwischen Boulevard-Journalismus und extrem schlechten Clickbait-Headlines, also reißerischen Überschriften als »Klickköder«, bewegt. Immer wieder veröffentlicht Stöckl auch Namen von Staatsanwälten, Richtern und Polizisten auf Fotocollagen und behauptet, sie würden Gewalttaten von Nichtdeutschen verharmlosen oder ignorieren. Zusätzlich veröffentlicht er seit einiger Zeit selbst geschriebene, groteske Kriminalitätsgeschichten aus der Perspektive realer Mordopfer, vor allem junger Frauen aus mehreren europäischen Ländern. Wird Stöckl von Internetnutzern oder der Polizei darauf hingewiesen, dass er mal wieder eine Falschmeldung verbreitet hat, korrigiert er sie oft nicht, sondern lässt sie stehen, sodass sie sich unkorrigiert weiter verbreiten kann. Im nächsten Augenblick greift er dann wieder die Medien wegen angeblicher Vertuschungen oder Lügen an, deren Beweise er allerdings schuldig bleibt.

Zusätzlich gibt es für die jüngere Zielgruppe auch einige wenige junge Frauen, die entweder der Identitären Bewegung, der AfD oder beiden nahestehen. Auch sie unterhalten eigene YouTube-Kanäle. Die 18-jährige Naomi Seibt zum Beispiel abonnierten in nur etwas mehr als drei Monaten mehr als 30.000 Menschen auf YouTube. Ihr Kanal wird unter anderem von der AfD beworben. In Sprache und Argumentation bedient sie sich des Vokabulars von Menschen, das eher an rechte Demonstranten ihrer Großvätergeneration erinnert als an eine Jugendliche. Sie dreht Videos über die Lieblingsthemen der Rechten: Meinungsfreiheit, Migration und den Klimawandel, über den man angeblich nicht diskutieren dürfe.

Dazu kommen einige ältere rechtsradikale Meinungsmacher, die vor allem auf YouTube ihre digitale Heimat gefunden haben. Dazu gehört auch der emsige Kommentator Tim Kellner, der 2017 auch mal als Pressesprecher einer Rockergruppe agierte, die in einer Stadt in Niedersachsen als eine Art Bürgerwehr auftrat und Falschmeldungen über angebliche »Grapsch-Attacken« verbreitete.[6] Der ehemalige Polizist und Frühpensionär Kellner ist inzwischen allerdings auf YouTube gesperrt und hat eine eigene Videoplattform gegründet. Regelmäßig verbreitet er nun dort populäre Verschwörungsmythen.

Die Akteure

Auch rechtsradikale Aktivisten außerhalb Deutschlands und Österreichs haben Einfluss in Deutschland. Der mehrfach vorbestrafte britische Rechtsradikale Stephen Yaxley-Lennon, der unter dem Namen Tommy Robinson auftritt, hat einige Anhänger in Deutschland und versuchte zeitweise, einen britischen Ableger der islamfeindlichen Pegida-Bewegung aus Dresden zu etablieren. Pegida-Gründer Lutz Bachmann zeigt auf seinen Social-Media-Kanälen immer wieder Fotos von sich und Yaxley-Lennon. Bei einem Auftritt bei Pegida in Dresden übersetzte Götz Kubitschek, einer der einflussreichsten Vordenker der sogenannten Neuen Rechten, den Redebeitrag von Yaxley-Lennon. Der Brite, der in der Vergangenheit auch andere Pseudonyme benutzte, ist Gründer und früherer Anführer der English Defence League. Im Jahr 2018 verbrachte er mehrere Monate im Gefängnis. Um seine Festnahme entspann sich ein Geflecht von Falschmeldungen, in denen er zum politischen Gefangenen erklärt wurde. Dass er bewusst gegen eine Nachrichtensperre des Gerichts im britischen Leeds verstoßen hatte und deshalb festgenommen wurde, passte dabei nicht so recht in die Erzählung. Yaxley-Lennon hatte teilweise unerlaubt im Gericht gefilmt und seine Anhänger aufgefordert, den Angeklagten in einem Prozess wegen Kindesmissbrauchs zu Hause aufzulauern. Der Protest gegen die Inhaftierung Yaxley-Lennons fand Unterstützer in zahlreichen europäischen Ländern, in denen teilweise Kundgebungen für ihn abgehalten wurden. Die Finanzierung für den Protest in Großbritannien und die Anwaltskosten kam unter anderem von einem Thinktank aus Philadelphia, dem »Middle East Forum« (MEF).[7] Das MEF trat zumindest zeitweise auch als Geldgeber für eines der populärsten »Alternativmedien« in Deutschland auf, den rechten Blog *Journalistenwatch*.

III.
ANGST, HASS UND UNTERGANG NACH ANLEITUNG

Die Methoden der Rechten sind in vielerlei Hinsicht schon seit langem die gleichen. Rechte Stimmungsmacher sind angewiesen auf Feindbilder, seien es Juden, Muslime, People of Color, Feministinnen oder Linke. Über die Jahre passen sie sich den jeweiligen gesellschaftlichen und technologischen Gegebenheiten an. Grundsätzlich gilt unverändert: Je mehr Erfolge Rechte zum Beispiel bei Wahlen feiern, desto offener werden Ressentiments auch geäußert. Vieles bleibt gleich: Oft wechseln sich Opfer- und Heldenerzählungen ab. Propaganda und Falschmeldungen gehören ebenso zum Standardrepertoire rechtsradikaler Akteure wie Einschüchterungsversuche. Durch das Internet ist es jedoch um ein Vielfaches einfacher geworden, die Strategien zu verbreiten, zu erlernen und sie beständig anzupassen. Längst tauschen sich Vereine, Gruppierungen und auch einzelne Figuren aus der Szene im Netz aus, überregional und international.

DIE SPIELANLEITUNGEN DER RECHTEN

In den vergangenen Jahren hat eine ganze Reihe von Strategiepapieren rechter Gruppierungen ihren Weg ins Netz gefunden. Sie lesen sich nicht selten wie Anleitungen und Handlungsanweisungen. In vielen dieser Fälle erfolgte die Veröffentlichung ohne Einverständnis der Autoren, sie wurden geleakt. In einigen wenigen Fällen wurden Papiere gezielt veröffentlicht, etwa um Gleichgesinnte anzusprechen.

Solche Papiere sind in erster Linie als Verschriftlichungen bereits bestehender oder geplanter Strategien zu betrachten, die nicht die gesamte Bandbreite der tatsächlichen Vorgehensweise abbilden. Ohnehin sind gerade die Vorhaben besonders extremer Akteure immer wieder auch Änderungen und Anpassungen unterworfen, etwa weil Social-Media-Plattformen ihre Community-Richtlinien anpassen oder bestimmte Tools nicht mehr genutzt werden können. Besonders radikale Strategien werden auch nicht zwangsweise in schriftlicher Form festgehalten. Dennoch geben die bekannt gewordenen Anleitungen verschiedener radikaler rechter Parteien, Aktivisten und Medien einiges an Aufschluss über Gemeinsamkeiten und Unterschiede in ihrem Umgang mit Propaganda und digitalen Technologien.

Trotz offensichtlicher Gemeinsamkeiten ist nicht belegt, dass eine Gruppierung ihre Strategie von einer anderen kopiert haben könnte. Viel wahrscheinlicher erscheint ein informeller Wissenstransfer, der jedoch nicht zwangsweise auf persönlichen Kontakten beruhen muss, sondern auch über die Beobachtung der Vorgehensweisen anderer rechtsradikaler Gruppierungen zustande kommen kann.

Die AfD-Strategie

Im Januar 2017 wurde ein Strategiepapier des Berliner AfD-Politikers Georg Pazderski und eines weiteren Autors öffentlich, das der damalige AfD-Bundesvorstand Ende 2016 beschlossen hatte.[1] Das neun Kapitel umfassende Dokument enthält die wichtigsten Punkte der AfD-Strategie für den Bundestagswahlkampf 2017. Das erklärte Ziel: »Die AfD ist am 31. Dezember 2017 als dauerhafte politische Kraft in Deutschland etabliert.« Bei den Bundestagswahlen solle die Partei drittstärkste Kraft werden. Ein Ziel, das sie am Wahlsonntag erreichen sollte. Die angepeilte Mitgliederzahl von 30.000 zum Ende des Wahljahres verfehlte die Partei mit 29.000 Mitgliedern.[2]

Das Papier nennt fünf Zielgruppen der AfD:

- die Euro- und Europaskeptiker, die in allen sozialen Schichten und Altersgruppen verortet werden
- Bürgerliche mit »liberal-konservativer Wertorientierung«, die der AfD in Fragen der Zuwanderung, Besteuerung, Bildung, Familienpolitik, sozialer Gerechtigkeit und Genderfragen (hier: »Genderwahn«) Kompetenzen beimessen
- Protestwähler, die von einer vermeintlich vorherrschenden »political correctness« genervt sind
- Nichtwähler, die sich in der AfD, nicht aber in anderen Parteien wiederfinden

Angst, Hass und Untergang nach Anleitung

- Arbeiter und Arbeitslose, deren Einkommen unter dem Durchschnitt liegt und die der Behauptung der AfD zustimmen, es gäbe einen »Trend zur Ausnutzung von staatlichen Transferleistungen« in »prekären Stadtteilen«

Bei allen Maßnahmen solle immer mindestens eine der Zielgruppen angesprochen werden. Alle anderen Wählergruppen werden nicht angesprochen: »Sie sind eher Zielscheiben als Zielgruppen der AfD.«[3]

Das Strategiepapier sieht im Hinblick auf das Image, eine Partei für Rechtsextreme zu sein, eine deutlichere Abgrenzung nach Rechtsaußen vor. Gleichzeitig dürfe die bestehende Wählerschaft nicht durch eine Annäherung an die politische Mitte verprellt werden. Die Lösung, so das Dokument, liegt in einer durchdachten Wortwahl: »Man kann relativ ›radikale‹ Forderungen erheben, wenn man sie gut begründet und in sachlicher Sprache und Ton vorträgt.« Beispiele für solche Forderungen und ihre angemessene Kommunikation bleibt das Papier schuldig. Bis zur Fertigstellung des Buchs im Winter 2019/2020 war die innerparteiliche Auseinandersetzung darüber, ob Mitglieder mit einer rechtsextremen und geschichtsrelativierenden Gesinnung dem Image der Partei schaden könnten, noch nicht abgeschlossen. Statt einer Abgrenzung wird eher eine Annäherung vollzogen. Gauland sagte nach der Wahl in Thüringen beispielsweise, Björn Höcke stehe in der Mitte der Partei.[4] Zugleich bedienen sich führende Parteimitglieder nach wie vor regelmäßig einer radikalen Wortwahl.

Die AfD benennt neun wesentliche »Kompetenzfelder« der Partei:

- Zuwanderung und Asyl
- Rolle des Islams in Deutschland
- Bekämpfung von Kriminalität und Innere Sicherheit
- Fehlentwicklungen in der EU
- Fehlentwicklungen in der Währungsunion (»Eurokrise«)
- Engagement für die Interessen Deutschlands
- Sorge um die nationale Identität
- Direkte Demokratie und Bürgerbeteiligung
- Fehlentwicklungen im politischen System Deutschlands

Zu diesen neun Themen dürfte sich außerdem noch die massive Abwehr der Klimaschutzforderungen von den Grünen und der Schülerbewegung »Fridays for Future« gesellt haben. Neben einigen weiteren Themenfeldern wie der »Meinungsfreiheit«, der Forderung nach der Wiedereinführung der Wehrpflicht – bei gleichzeitiger Ablehnung militärischer Interventionen und einer »Militarisierung« der Außenpolitik – sollen, so das Strategiepapier, vor allem die Kernthemen kontinuierlich aufgegriffen werden. Insbesondere die Themen, bei denen eine Schnittmenge der Zielgruppen erreicht und eine Spaltung vermieden werde. Bei Themen, die Differenzen innerhalb der Wählerschaft sichtbar machen könnten, müsse die Partei Gemeinsamkeiten unter den Wählern betonen oder »Querverbindungen« zwischen den Schwerpunkten aus den Kompetenzfeldern und »spalterisch wirkenden Themen« ziehen. Es verwundert daher auch nicht, dass die AfD in Redebeiträgen in den Parlamenten oder als Reaktion auf aktuelle Ereignisse immer wieder auf Migration, Islam oder die Asylpolitik der Bundesregierung und insbesondere Angela Merkels zu sprechen kommt. Das Gros dieser Reden und Pressemitteilungen wird außerdem relativ zügig auf den Social-Media-Kanälen der Partei verbreitet und so der Anhängerschaft ohne Umwege zur Verfügung gestellt. So erklärte der hessische AfD-Bundestagsabgeordnete Martin Hohmann nach dem mutmaßlich rechtsextrem motivierten Mord an Walter Lübcke: »Hätte es die illegale Grenzöffnung durch Kanzlerin Angela Merkel ... mit dem unkontrollierten und bis heute andauernden Massenzustrom an Migranten nicht gegeben, würde Walter Lübcke noch leben.«[5]

Im Hinblick auf lösungsorientierte oder fachliche Diskussionen hingegen zeigt sich die Partei, die immer wieder als »Professorenpartei« bezeichnet wird, eher ablehnend. Schließlich könnten die anderen Parteien »mit ihrem Zugriff auf Experten und den Regierungsapparat brillieren«, so das Papier. Erfolg versprechender, als »sich in einer Expertendiskussion um Lösungsvorschläge zu verheddern«, sei die ständige Wiederholung der bekannten Positionen.

Provokationen und Tabubrüche gehören zum Werkzeugkasten der Partei. Mit Äußerungen, die »politisch inkorrekt« sind, will die Partei beispielsweise erreichen, dass die anderen Parteien einen Austausch mit der AfD ablehnen. So können sie sich im Gegenzug als gesprächsbereite, aber isolierte Opfer der »Altparteien« und politischen Gegner inszenieren: »Deren negative Reaktion muss daher ganz bewusst von der AfD einkalkuliert werden.« Die wiederholten verbalen Tabubrüche von AfD-Politikern in sozialen Medien überraschen daher nicht. Sie sind Teil der Inszenierung der AfD und entsprechen der beschlossenen Strategie. Oft genug verfängt sie: Viele Tweets und Facebook-Posts der stellvertretenden AfD-Fraktionsvorsitzenden Beatrix von Storch, dem rheinland-pfälzischen AfD-Fraktionschef Uwe Junge und anderen AfD-Politikern erzeugen immer wieder Berichte in den etablierten Medien. Das ist Kalkül: »Je klarer und kontroverser die AfD sich positioniert, desto weniger können die Medien sie ignorieren.« Demnach wertet die Partei jede Berichterstattung über einen Tweet oder Facebook-Post als einen Erfolg.

Die Führung der Bundespartei forderte in ihrem Strategiepapier dazu auf, in der kalkulierten Provokation »Klamauk, Negativismus um jeden Preis und Hetze« zu vermeiden. Ob diese Vorgehensweise seit dem Publik werden des Strategiepapiers geändert wurde oder sich einige Parteimitglieder schlicht nicht daran halten, ist nicht bekannt. Denn immer wieder fallen Politiker der AfD durch Beleidigungen und Falschbehauptungen auf. Auf dem Twitter-Account des Dresdner Bundestagsabgeordneten Jens Maier etwa erschienen in der Vergangenheit rassistische Beleidigungen, die an Noah Becker, den ältesten Sohn Boris Beckers, gerichtet waren. Maier soll sich außerdem verständnisvoll in Bezug auf die Taten des norwegischen Rechtsterroristen Anders Breivik geäußert haben. Das Landgericht Berlin verurteilte den Dresdner Juristen in der Causa Becker zu einem Schmerzensgeld.[6]

Der AfD-Politiker Dubravko Mandic, wie Parteikollege Maier ausgebildeter Jurist, fiel ebenfalls immer wieder durch Provokationen in sozialen Medien auf. Eine Fotomontage, in der Politiker der Grünen und der SPD in Aufnahmen der Nürnberger Kriegsverbrecherprozesse hineinretouchiert wurden, brachte ihm eine Verurteilung wegen Beleidigung in fünf Fällen ein.[7] Im Juli 2019 wurde eine Facebook-Seite des frisch gewählten Freiburger Stadtrats Mandic gesperrt. Er hatte zuvor seine Solidarität mit einem verurteilten britischen Rechtsradikalen erklärt sowie

Die Spielanleitungen der Rechten

einen privaten Fahndungsaufruf gestartet, indem er ein Video einer Demonstration teilte und behauptete, die Demonstranten hätten gegen das Versammlungsgesetz verstoßen. Die Polizei warnt regelmäßig vor solchen privaten Fahndungsaufrufen.

In ihrer Öffentlichkeitsarbeit setzt die AfD auf den Kontakt zu »Alternativmedien« und eigene Publikationswege, wie Pressemitteilungen, Blogs und die Social-Media-Kanäle. Ein AfD-eigenes Medium, wie etwa ein Fernsehstudio, ein Radiosender oder eine Zeitung oder Zeitschrift, gehörte schon Ende 2016 zu den Zukunftswünschen der Partei. Lange Zeit war von einem eigenen »Newsroom« die Rede, der in den Räumlichkeiten der Bundestagsfraktion aufgebaut werden sollte. Zwar arbeitet man inzwischen auch im Videobereich mit Interview- und reportageähnlichen Formaten, im Großen und Ganzen hält sich die Masse solcher Veröffentlichungen aber in Grenzen. Andere Parteien haben sich dieser Entwicklung inzwischen auch angeschlossen. Beispielsweise verfügt die SPD über eine Presseabteilung, die sie zwischenzeitlich als »Newsroom«[8] bezeichnete, und CDU-Parteichefin Kramp-Karrenbauer sagte über ein Werkstattgespräch der Partei, zu dem keine Journalisten zugelassen wurden: »Wir waren Herr über die Bilder, wir haben die Nachrichten selbst produziert.«[9] Diese Entwicklung ist insofern bedenklich, weil die Abwesenheit von Medienvertretern bei Veranstaltungen dann dazu führt, dass die Partei die Einschätzung der Veranstaltung übernimmt und sich keinerlei kritischen Fragen mehr stellt. Der politische Spin, also die Darstellung einer Situation oder von Fakten in einer Weise, die die Einstellung eines Politikers oder einer Partei wiedergibt, gehört zum politischen Alltag. Journalisten werden durch solche Ausschlüsse aber der Möglichkeit beraubt, Politiker mit ihren Strategien und Aussagen zu konfrontieren und nachzuhaken. Das allerdings ist notwendig, um etwa Widersprüchen, Ungenauigkeiten oder auch Manipulationen auf den Grund zu gehen. Bei der SPD wird der Begriff »Newsroom« für die Kommunikationsabteilung als Reaktion auf die Kritik inzwischen nicht mehr verwendet.[10]

Immer wieder greift die AfD die Grünen oder einzelne grüne Politiker an. Besonders mit dem Beginn der Demonstrationen von »Fridays for Future« und den damit einhergehenden breiten Debatten um die deutsche Klimapolitik intensivierten sich die Angriffe noch einmal. Dem Strategiepapier nach sind die Grünen »der eigentliche politische Gegner der AfD«. Neben Angela Merkel und der Asylpolitik der Bundesregierung widmen die AfD-Politiker vor allem den Grünen ihre Aufmerksamkeit, denn die »Grünen sind anders als CDU/CSU, SPD und Linkspartei keine direkten Konkurrenten für die AfD, dienen aber hervorragend zur Abgrenzung vom rot-grünen Zeitgeist«, so das AfD-Papier. Und weil beide Parteien nicht um dieselben Wählergruppen konkurrieren, solle man »sie noch stärker als bisher frontal angehen«. An diesen kalkulierten Angriffsmanövern hat sich nichts geändert. Im Gegenteil: Die Attacken auf die Grünen sind eher noch radikaler geworden. Die AfD setzt ganz bewusst Angriffe und diskriminierende Beleidigungen in sozialen Medien, die häufig weit über ihre Formulierungen in Strategiepapier und Parteiprogramm hinausgehen. Dazu gehören die rassistische Beleidigung des Bundestagsabgeordneten Maier gegenüber Noah Becker ebenso wie eine Äußerung Alexander Gaulands, man müsse Aydan Özoğuz, die frühere Integrationsbeauftragte der Bundesregierung, »in Anatolien entsorgen«.[11]

Anleitung für identitäre Aktivisten

Von der Identitären Bewegung sind gleich mehrere interne Strategiepapiere bekannt. Eine Sammlung von Dokumenten offenbart Strategien, die unter anderem während einer »Sommerakademie« im Jahr 2015 in Workshops vermittelt wurden und die Entwicklung der Gruppierung in Schwaben betreffen. Mitglieder der IB ließen die Unterlagen liegen, als sie sich im Februar 2017 im schwäbischen Memmingen trafen und dort überrascht und fotografiert wurden.[12] Weitere Strategiepapiere wurden im Rahmen eines Ermittlungsverfahrens in Österreich sichergestellt. Dort wurden unter anderem die Wohnungen von IB-Chef Martin Sellner und seinem Vize Patrick Lenart durchsucht.

Aus den Dokumenten aus Schwaben geht hervor, dass die IB sich zunächst Ziele bis zum Beginn des Jahres 2017 steckte. Neben einer

Die Spielanleitungen der Rechten

Anleitung für die sichere Nutzung des Messengers Threema sind auch Verhaltensregeln für den Fall einer Festnahme oder Hausdurchsuchung enthalten. Als wichtigste Zielgruppe benennt die Gruppierung ein junges und studentisch geprägtes Milieu sowie Menschen, die aktuell oder potenziell in der Zukunft über Einfluss in der Gesellschaft verfügen. Unter diesem Personenkreis sind »Cliquen«, Vereine, Politiker und Lehrkräfte subsumiert. Als »natürliches Publikum« gelten junge, europäische Männer. Da die Bewegung ihre Ideologie anschlussfähig gestalten will, gelten Regeln für öffentliche Auftritte und für publizierte Inhalte im Netz und auf Flyern. Dazu gehört, dass Text und Bilder gut verständlich sein sollen. Die Aktivisten sollen sich außerdem an folgendem Szenario orientieren: »Stell dir vor, du bist ein Typ aus dem Mainstream, der eine IB-Aktion an seinem politisch korrekten Arbeitsplatz verteidigt. Die Parole und die Bilder müssen so gestaltet sein, dass er sich nicht dafür schämt, für uns Partei zu ergreifen.«

Als mögliche Kontakte für eine weitere Vernetzung werden die AfD und ihre Jugendorganisation, die Junge Alternative, eine Burschenschaft, »patriotische Gruppen«, der neurechte Verein Ein Prozent und andere identitäre Ortsgruppen benannt. Und in der Tat gibt es auch 2019 noch Belege für Kontakte und Überschneidungen zwischen der Identitären Bewegung und der AfD. Immer wieder sympathisieren AfD-Politiker und Identitäre auch öffentlich miteinander, obwohl die Vereinigung bereits seit 2015 auf der Unvereinbarkeitsliste der Partei steht. In einem Beschluss vom Juni 2016 heißt es: »Der Bundesvorstand stellt fest, dass es keine Zusammenarbeit der Partei Alternative für Deutschland und ihrer Gliederungen mit der so genannten ›Identitären Bewegung‹ gibt.«[13]

Gerade in Hessen sind die Verbindungen zwischen der IB und der AfD aber gut sichtbar. Die Aktivisten unterhielten in Halle ein Hausprojekt, in dem auch einige von ihnen wohnen. Gekauft wurde das Haus durch die in Hessen ansässige Titurel-Stiftung, für die der AfD-Landtagsabgeordnete Andreas Lichert als Bevollmächtigter auftrat.[14] In diesem Haus mietete der sachsen-anhaltinische AfD-Landtagsabgeordnete Hans-Thomas Tillschneider zeitweise Büroräume an.[15] Und Jens Mierdel, hessischer Vize-Vorsitzender der AfD-Jugendorganisation, war in den Jahren 2014 und 2015 Regionalleiter der Identitären Bewegung.[16] Der hessische AfD-Nachwuchs wird vom dortigen Landesverfassungsschutz als Verdachtsfall geführt. Neben Mierdel gibt es auch bei anderen führenden Jungpolitikern einen Bezug zur Identitären Bewegung. Zwei von ihnen beteiligten sich an einer Veranstaltung des neurechten Thinktanks »Institut für Staatspolitik« (IfS), das bekannt für seine engen Verbindungen zur IB ist.[17] Zur »Sommerakademie« des IfS in Schnellroda waren im September 2019 auch Parteichefin Alice Weidel und der AfD-Europaabgeordnete Maximilian Krah als Redner eingeladen. Weidel sprach bei der Veranstaltung auch über den Versuch der AfD, den Begriff »bürgerlich« für die Partei im Rahmen der Landtagswahlen in Brandenburg und Sachsen zu besetzen.[18] Der Dresdner Jurist Krah beschäftigte in Brüssel zuletzt einen Assistenten, der 2007 eine Regionalgruppe der französischen Identitären in Marseille begründet hatte. Er war zuvor vom Rassemblement National, der Partei um die französische Rechtsaußen-Politikerin Marine Le Pen, wegen eines Fotos, auf dem er in antisemitischer Verkleidung posierte, von seiner bisherigen Stelle in Brüssel entlassen und aus der Partei ausgeschlossen worden.[19]

Die Öffentlichkeitsarbeit der Identitären ist wie die Gruppierung als Ganzes einer Hierarchisierung unterworfen. Aus den in Schwaben gefundenen Unterlagen der IB geht beispielsweise hervor, dass neue Flugblätter vor Drucklegung von einem nationalen Leitungsmitglied kontrolliert werden sollen. Auch Bildmaterial, das zur Veröffentlichung bestimmt ist, soll in Hinblick auf »Inhalt und Qualität mit der Regional-/Bundesleitung« abgestimmt werden. Es geht aus den Papieren hervor, dass Bildmaterial das wichtigste Propagandamittel der Gruppierung ist. Daher enthalten sie auch eine ganze Reihe von Empfehlungen für die Aufnahme von Bildern. Als Inspiration für ikonische Bilder dient dabei Material von Greenpeace, »weinende Kinder in Vietnam« oder Aufnahmen vom Tianamen-Platz. Fotos von Aktivitäten sollen Emotionen auslösen und möglichst eine von vier Symboliken bedienen: Macht, Trotz, Zuneigung und Spott. Fotos von Identitären, die von der Polizei zurückgedrängt werden, gehören konsequenterweise nicht dazu, dafür aber Bilder von großen Treffen, »Fahnen auf Bergspitzen oder Gebäuden«. Bilder von wenigen Aktivisten, die entschlossen einer »Masse an Feinden« gegenüberstehen, funktionieren demnach ebenso gut wie Bilder von sozialen Aktionen und »kulturellen Veranstaltungen mit jungen Menschen (Frauen)«. Hauptsache menschlich. Hochauflösende Fotos von einem Austausch mit lächelnden Passanten sind also erwünschtes Bildmaterial. Politische Gegner hingegen sollen möglichst gedemütigt, wütend oder entsetzt abgebildet werden.

Was zählt, ist, wie die Bilder nach der Aktion eingesetzt werden können. Die unmittelbare Wirkung auf das direkte Umfeld während der Aktion ist bestenfalls zweitrangig. Bei einer angeblichen »Besetzung« der Berliner SPD-Zentrale im Juni 2015 waren also die Fotos, die die Aktivisten auf dem Balkon des Willy-Brandt-Hauses zeigten, höher zu bewerten als die Tatsache, dass allerhöchstens der Balkon im ersten Stockwerk besetzt wurde, der von außen mit einer Leiter erreichbar war.

Der kalkulierte Tabubruch gehört, wie bei der AfD, zur erklärten Strategie. Die Identitären beziehen sich ausdrücklich auf das Konzept des Overton-Fensters: Der Theorie nach lässt sich der Rahmen des Sagbaren verschieben, wenn Äußerungen sich immer in dessen Grenzbereich bewegen. Ihre Sprache erzeugt Empörung und beleidigt. Allerdings verzichtet man auf Begriffe etwa aus der Zeit des Nationalsozialismus. Die Provokationen der Identitären beziehen sich vor allem auf den Islam, Flucht und Migration. Eine Parole wie »Ausländer raus« soll jedoch ausdrücklich vermieden werden. Obwohl hier, wie die IB schreibt, das bevorzugte Schema von »Problem« und »Lösung« in aller Kürze bedient wird, sei sie vereinfachend und »ausgelutscht durch häufige Verwendung von alten Rechten«. Auch ein Aufruf zum Handeln und Alliterationen, Wortspiele und Reime sollen integriert werden. Nur nicht zu gewollt, »oder es wirkt absurd.«

In einem Ratgeber für Debatten, der auch zu den Unterlagen aus Schwaben gehört, geben die Identitären eine Reihe von Tipps, wie Diskussionen zu manipulieren sind. Auch hier soll wieder ganz auf Emotionen gesetzt werden. Durch Anführung von persönlichen Schicksalen und Tragödien soll der Gesprächspartner verwirrt oder zu einer Überreaktion verleitet werden. Auch Marketingstrategien wurden in das Diskussionsrepertoire aufgenommen: In der »Bejahungskette« sortieren sie die Argumente nach »Salonfähigkeit«. Nach der Logik eines geübten Versicherungsvertreters werden zunächst Argumente aufgeführt, denen der Diskussionspartner noch zustimmen kann, um dann beim letzten, heftigeren Argument so unter Druck zu geraten, dass auch diesem zugestimmt wird. Argumente des Gegners sollen bestenfalls nicht widerlegt, sondern ad absurdum geführt werden. Als Anregung beschreiben sie folgenden Dialog: »Wenn er z. B. sagt, ›Wir brauchen weichere Einwanderungsgesetze‹, sagst du, ›Du willst also die Grenzen öffnen und alle reinlassen.‹« Mit dieser Strategie sind die Aktivisten nicht allein. »Wir können sie nicht alle reinlassen« gehört im Prinzip zu den Top 10 der Argumente gegen Asyl und Migration in Deutschland. Auch wenn niemand je ernsthaft gefordert hat, »alle« aufzunehmen.

Für den Umgang mit Medien haben die Identitären ebenfalls eine klare Strategie. Die Aktivisten setzen zwar vor allem auf ihre eigene Inszenierung im Netz. Die Berichterstattung über sie in den Medien verschafft ihnen dann aber deutlich mehr Reichweite und sorgt für Relevanz dieser eigentlich recht überschaubaren Vereinigung. Aktionen sollen demnach nur in Ausnahmen an Wochenenden stattfinden, damit mehr Journalisten vor Ort sein können. Diese sollen außerdem im Vorfeld einer Aktion mehrfach auf den Termin hingewiesen und sogar angerufen werden. Auch Interviews sollen auf Wunsch der IB klar reguliert sein. Ein eigens geschaffenes Dokument in Vertragsform, das Journalisten vorgelegt werden sollte, regelt unter anderem, dass der IB Einsicht in die resultierende Publikation gewährt werden soll. Ob wirklich einmal ein Journalist ein solches Formular unterschreiben sollte, ist allerdings fraglich. Aus den in Österreich beschlagnahmten Unterlagen geht zudem hervor, dass es Zuständigkeiten zur »Verhinderung unerwünschter Interviews« gibt.

Die Dokumente aus Österreich enthalten darüber hinaus ein Strategiepapier für eine Kampagne gegen die von der IB herbeibeschworene »Integrationslüge«. In ihrem Kampf gegen Zuwanderung und Aufnahme von Asylsuchenden wählen die Aktivisten eine militärische Sprache; so ist etwa die Rede von zeitlich begrenzten »Info-Feldzügen« im Rahmen einer »Grand Strategy« – ein Begriff, der schon im alten Griechenland eingesetzt wurde – und dem Aufbau von Personen als Feindbildern, weil sie für die von den Identitären bekämpfte Weltsicht oder Politik stehen.

»Info-Feldzüge« können einerseits der Verbreitung der Propaganda der IB (»Bewusstseinsänderung und Steigerung der Aktivkräfte in Qualität und Quantität«) oder andererseits dem Ziel einer politischen Veränderung (»Gesetzesänderung, Rücktritt, Einlassung auf ein ›Gespräch‹ mit Aktivisten, Geste«) dienen. Schlechte Publicity ist keine Option: »Die Kampagne muss IMMER mit einem Erfolg enden (bzw. als solcher verkaufbar sein)«.

Nach den »Info-Feldzügen« folgt die »Finale Kampagne«. Sie wird ausgelöst bei einer von drei möglichen Gegebenheiten:

- »sobald Aktivkräfte und Gegenöffentlichkeit stark genug sind«
- einem »Anlass« (»Terroranschlag, Massenvergewaltigung, Mord etc.«)
- Existenz eines »Autoritätsvakuum«, beispielsweise bei Neuwahlen

Im Gegensatz zum »Info-Feldzug« ist ein Scheitern einer solchen »Finalen Kampagne« möglich, ebenso wie der »Verlust« einiger Aktivisten, auf welchem Wege auch immer. Zu möglichen Aktionen werden die Errichtung eines dauerhaften Protestlagers und Besetzungen, beispielsweise von Medien (»Zentren der Metapolitik«), gezählt. Hier werden vor allem explizit Maßnahmen abseits des Internets aufgeführt.

Insgesamt gibt es jedoch immer weniger öffentlichkeitswirksame Aktionen der Identitären im öffentlichen, analogen Raum. Stattdessen konzentrieren sich die Aktivisten zunehmend auf ihre digitalen Auftritte, darunter vor allem ihre Kanäle auf YouTube und Telegram. Im deutschsprachigen Raum ist die IB inzwischen eher eine Art Influencer-Bewegung, die auf eine Handvoll sehr sichtbarer Akteure setzt. Man muss schon etwas länger suchen, um – abseits von sporadischen Demonstrationen und größeren Treffen – ein Bild zu finden, auf dem mehr als fünf Aktivisten zu sehen sind.

Angst, Hass und Untergang nach Anleitung

Das Trollhandbuch

Die Aktivistengruppe »Hooligans gegen Satzbau« (HoGeSatzbau) machte Anfang 2018 ein Handbuch für Trolle öffentlich, das zuvor in rechtsradikalen Kreisen verbreitet worden war. Als Troll bezeichnet man einen Internetnutzer, der seine Zeit damit zubringt, andere zu provozieren oder anzugreifen, um eine emotionale Reaktion auszulösen. Meist wollen sie Empörung, Wut oder Trauer erzeugen. Auch Drohungen, die bei den Betroffenen Angst auslösen, gehören zu ihrem Repertoire. Der Begriff »Troll« klingt in diesem Zusammenhang fast schon verharmlosend. Internettrolle gibt es nicht nur im rechtsradikalen Spektrum. Hier treten sie allerdings seit Längerem immer aggressiver auf. Ihre Ziele sind alle möglichen Feindbilder der Rechten, dazu gehören Menschen mit Migrationsgeschichte, Muslime, Juden, Feministinnen, Journalisten, Politiker, linke Aktivisten und andere.

Die »Hooligans gegen Satzbau«, bekannt für ihren Einsatz gegen Rechtsradikale, wollten damit auf die von Rechten verwendeten Methoden aufmerksam machen. Ursprünglich wurde das Handbuch in vier Teilen auf einer anonymen, relativ unbekannten rechten Website namens *D-Generation* veröffentlicht.[20] Wenig später allerdings wurden die Links zu diesen Anleitungen unter anderem auch auf der Website von Identitären-Chef Martin Sellner und in einem Chat der rechten Trollgruppierung »Reconquista Germanica« verbreitet. »Reconquista Germanica« versuchte in den Monaten vor der Bundestagswahl 2017, Einfluss auf den Wahlkampf zu nehmen. In den Chatkanälen der Gruppierung waren zeitweise über 7000 Nutzer angemeldet. Neben zahlreichen anonymen Aktivisten hatten sich auch Aktivisten der Identitären Bewegung, Mitglieder der Jungen Alternative und rechtsradikale YouTuber registriert.

Im ersten Teil des Trollhandbuchs machen sich Nachwuchstrolle mit der Kunst des »Shitpostings« vertraut. Dabei gilt es ihnen zunächst, den geeigneten Gegner auszusuchen. Wie schon bei der AfD werden auch hier die Grünen zum bevorzugten Gegner in der Parteienlandschaft erklärt. Außerdem seien bekannte Feministinnen, liberale Prominente, Medien und zivilgesellschaftliche Organisationen geeignete Ziele. Junge

Frauen, die laut Trollhandbuch zumeist hinter den Social-Media-Konten von Institutionen vermutet werden, sind für sie »klassische Opfer«, die man »ziemlich einfach auseinandernehmen« könne. Es folgt der Aufruf: »Sag ihnen die Meinung, verwickelt sie in Diskussionen, markiere ihre Lügen als #fakenews und trolle den Fick aus ihnen heraus.« Wichtig sei, immer das letzte Wort zu haben. Im besten Fall sollen Angreifer außerdem als Gruppe auftreten und gemeinsam auf ihr Ziel losgehen.

In meinen Workshops zum Umgang mit Hass-Kommentaren erzähle ich immer wieder, dass man nicht nur mit dem Gegenüber, sondern auch für die stillen Mitlesenden in einem Forum diskutiert, die sich ihrer Sache nicht unbedingt sicher sind. Rechte Trolle nutzen diese Strategie auch. Allerdings geht es nicht um den Austausch von Argumenten oder »darum, wer Recht hat, sondern wer vom Publikum Recht erhält.« Es zählt also letztlich nur der Eindruck, der beim Leser erzeugt wird, nicht, ob eine Seite die besseren Argumente hatte. Neben dem Schaden, den sie bei den Angegriffenen anrichten, soll es auch darum gehen, »Wackelkandidaten« zu erreichen und für sich zu gewinnen.

In ihren Diskussionen sollen sich die Trolle laut Anleitung an der Eristischen Dialektik orientieren. Die Eristik geht auf Arthur Schopenhauer zurück und beinhaltet eine Liste mit 38 rhetorischen Mitteln, die dem Gewinn von Diskussionen dienen sollen. Dabei geht es weniger um Wahrheitsfindung als um die Manipulation des Gegenübers. Sollte die Eristik ihre Wirkung nicht entfalten, kennt der Troll nur eine Konsequenz: beleidigen. »Und da ziehe jedes Register. Lass nichts aus. Schwacher Punkt ist oftmals die Familie.« Als »Ultima Ratio« sollen Gegner auch als fett oder hässlich bezeichnet werden. Es gibt allerdings auch für die Trolle Grenzen. Man solle keine strafrechtlich relevanten Aussagen machen und auf Drohungen, die man nicht einhalten kann, verzichten. Sowieso sei von Gewaltandrohungen abzusehen. Vielmehr solle der Gegner dazu gebracht werden, zu drohen oder zu beleidigen, denn »dann kannst Du ihn melden und evtl. sperren lassen.« Sollte der Angegriffene von der Blockierfunktion von Plattformen wie Twitter und Facebook Gebrauch machen, sei das als Sieg anzusehen: »Sammel Blockaden wie Orden.«

Das Trollhandbuch benennt eine ganze Reihe verschiedener Sorten von Fake-Accounts. Um zu demütigen und zu diskreditieren, wird beispielsweise zu einem Fake-Account geraten, der unter Nutzung von Daten und Bildern des Gegners angelegt wird und über den anschließend obszöne Inhalte verbreitet werden können. Gefälschte Konten sollen ebenfalls genutzt werden, um eine »Armee von Sockenpuppen« aufzubauen, wenn keine Freunde vorhanden sind, die zu Trollaktionen überredet werden können. Für solche Fake-Accounts gibt es eine Reihe von Ratschlägen: Man solle sie erstmal individuell gestalten und dann unverfänglich mit anderen Twitter-Nutzern in Kontakt treten, bis ein paar Follower und ausreichend Postings vorhanden sind, damit Tweets des Kontos auch in Suchanfragen auftauchen und für die Messung von Hashtags relevant sind. Durch diese Maßnahmen vermeiden Trolle, bei Twitter als Spam-Accounts eingeordnet zu werden: Sie lassen ihr Konto wie das eines durchschnittlichen Internetnutzers aussehen. In sogenannten Raids kommen die Sockenpuppen dann zum Einsatz, um Quantität vorzugaukeln. Dabei stürzen sich die Trolle beispielsweise auf ein Thema oder einen Hashtag und versuchen, die Diskussion zu dominieren. Die Fake-Profile helfen dabei, sie wie eine große Gruppe wirken zu lassen. Auch bei Angriffen auf Personen oder Organisationen wird diese Taktik angewandt. Von automatisierten Konten oder Social Bots ist wohlgemerkt nicht die Rede. Als Social Bots bezeichnet man Social-Media-Konten, die automatisiert betrieben werden, aber den Eindruck erwecken, ein Mensch aus Fleisch und Blut würde Inhalte liken und verbreiten und auf andere Nutzer antworten. Die Fake-Accounts sollen laut Anleitung alle händisch betrieben und die Tweets aus vorbereiteten Textdokumenten gespeist werden. Allerdings gibt es in dem Dokument noch einen nicht weiter ausgeführten Punkt mit der Überschrift »Deep Learning«, der auf die Verwendung technischer Hilfsmittel für den Internetkrieg der Trolle hinweist.

Politisch unauffällige Fake-Konten sollen genutzt werden, um »die Filterblasen der Durchschnittsbürger zu infiltrieren«. Diese Konten sollen daher zunächst über unverfängliche Themen wie Tiere oder Reisen twittern, Hauptsache nichts Negatives. Auch die Trollfabrik »Internet Research Agency« mit Sitz in Sankt Petersburg bereitet ihre Social-Media-Sockenpuppen nach Aussagen ehemaliger Mitarbeiter und investigativer Journalisten auf diese Weise auf ihren Einsatz vor. Anschließend sollen beliebige Twitter-Nutzer in zufällige Diskussionen verwickelt werden, etwa unter Tweets von Medien. Hier sollen wieder die »Wackelkandidaten« erreicht werden, keine Personen, die dem linken Spektrum zuzuordnen sind. Mit Humor und »Fakten« sollen diese dem Weltbild der Trolle zugeführt werden. Um eine Art Wissensdatenbank zu Themen wie der Seenotrettung, dem öffentlich-rechtlichen Rundfunk und andere Lieblingsthemen der Rechten aufzubauen, schließen sich Trolle zu Gruppen zusammen. Des Weiteren sollen »Satire«-Accounts angelegt werden. Als Inspiration dienen gefälschte Antifa-Profile aus den USA. In Deutschland wären Fake-Konten etwa in Bezug auf die Grünen oder die Antifa möglich. Solche Konten nutzen Trolle für sogenannte False-Flag-Aktionen: Sie verbreiten empörende Inhalte unter falscher Flagge, in dem Fall unter der Vortäuschung, das Konto gehöre dem politischen Gegner.

Diese Taktik setzten auch Unbekannte im Sommer 2019 ein, um Hass und Gewaltdrohungen zu provozieren. Im Juli stieß ein Mann eine Mutter und ihren achtjährigen Sohn auf die Gleise des Frankfurter Hauptbahnhofes. Der Junge wurde von einem Zug überrollt und starb. Festgenommen wurde ein gebürtiger Eritreer. Auf dem Twitter-Konto einer vermeintlich linken jungen Frau wurden noch am selben Abend Tweets veröffentlicht, die sich in äußerst abfälliger Form über den getöteten Jungen lustig machten.[21] Zugleich wurde Partei für den Verdächtigen ergriffen. Man könne dem Mann »neue Perspektiven aufzeigen«. Es handelte sich dabei um eine False-Flag-Aktion: Dem Fake-Konto wurde eine politische Weltsicht zugedichtet, unter anderem um Hass gegen Linke zu schüren. In einer Stimmung, die angesichts der brutalen Tat von Wut und Fassungslosigkeit geprägt war, wurde so eine Welle mit hasserfüllten und drohenden Reaktionen ausgelöst. Hinter den Tweets wurde eine unbeteiligte junge Mutter vermutet, die Drohungen von unbekannten, wütenden Internetnutzern erhielt. Die Bilder des Kontos waren allerdings von einer anderen Nutzerin kopiert worden. Auch die Sprache, die zuweilen in den Posts genutzt wurde, ließ zumindest auf eine gewisse Vertrautheit mit rechtsradikalen Troll-Kontexten schließen.

Immer wieder stiften Trolle mit solchen False-Flag-Aktionen Unruhe. Auch rund um die sächsische Landtagswahl im September 2019 tauchten wieder Tweets dieser Art auf, in denen erfundene junge Frauen in erfundenen Geschichten von dramatischen Reaktionen auf das Wahlergebnis unter Geflüchteten in Sachsen berichteten.[22]

Im Trollhandbuch werden Überlegungen zu verschiedenen Twitter-Hashtags angestellt, die zum Beispiel zur Vortäuschung von Relevanz dienen könnten. Der Hashtag #grüneversenken, der vor der Bundestagswahl von rechten Akteuren aller Art, inklusive Kandidaten der AfD, genutzt wurde, sei zwar super gewesen, schreibt der unbekannte Autor, würde aber nicht dazu führen, dass Grünen-Anhänger nicht mehr die Grünen wählen. Unter dem Hashtag #aufwachen könne man stattdessen unentschlossene mit einigermaßen unverdächtigen Tweets wie »#aufwachen ist nicht schwer, aber Du bist nicht allein« ansprechen. Da das Schlagwort »aufwachen« ohnehin ein Begriff in rechten und verschwörungsaffinen Kreisen ist, lässt sich unter dem Hashtag zwischen dem Veröffentlichungsdatum im Juli und der Bundestagswahl Ende September 2017 keine nennenswerte Kampagne ausmachen.

Dass ein Hashtag-Trend keine große Mühe macht, haben aber auch die Trolle längst erkannt. Während man laut Handbuch in den USA etwa 20.000 Tweets pro Stunde benötige, um einen Hashtag zum Trenden zu bringen, seien in Deutschland nur 1000 Tweets pro Stunde nötig. Die passende Rechnung ist auch enthalten: Man benötige nur etwa 20 Twitter-Konten, die 50 Tweets pro Stunde veröffentlichen. Der Datenanalyst Luca Hammer geht davon aus, dass das stimmt: Je nach Tageszeit könnten schon etwa 1000 bis 2000 Tweets – die Zahl versteht sich inklusive Retweets – ausreichen, um auf Platz eins der deutschen Twitter-Trends zu landen.

Unter dem Titel »Schlage deine Gegner mit ihren eigenen Waffen« findet sich im Trollhandbuch der Tipp, dem Gegenüber Rassismus und Antisemitismus zu unterstellen oder ihre Gesichter in Bilder aus dem Dritten Reich einzufügen. An dieser Stelle sei an den AfD-Politiker

Mandic erinnert, der wegen einer Fotomontage aus Gesichtern von Mitgliedern der Grünen und SPD und den Nürnberger Kriegsverbrecherprozessen verurteilt wurde.

Geschmacklich wird dem Trollanwärter auch keine Grenze nach unten vorgegeben. Man könne zum Beispiel ein Foto des Gegners in pornografisches Material hineinretouchieren oder sich von bekannten rechtsradikalen Memes wie Pepe dem Frosch inspirieren lassen. Aus dem unverfänglichen grünen Comic-Frosch, der bereits in den 2000ern Teil der Netzkultur wurde, wurde vor der Präsidentschaftswahl 2016 das Symbol der US-amerikanischen Alt-Right. Memes sind ein wichtiger Teil der Internetpopkultur. Damit bezeichnet man etwa Bilder, aber auch Videos oder andere digitale Inhalte, die oftmals einen humoristischen Inhalt transportieren sollen, aber auch als Insiderwitze und -referenzen in verschiedenen Netzmilieus verbreitet werden.

Die Herkunft der Troll-Anleitungen kann man getrost als dubios bezeichnen. Die vier Teile der Trollstrategie wurden zwischen Mitte Mai und Ende Juli 2017 veröffentlicht – kurz vor der Bundestagswahl im September. Auf dem Blog *D-Generation* werden außerdem weitere Posts veröffentlicht, die zum Beispiel antirassistische Initiativen verächtlich machen oder angreifen. Die Website steht im Zusammenhang mit zwei weiteren Seiten. Alle drei Seiten verwenden dasselbe Konto auf dem Analysedienst Google Analytics, mit dem Websitebetreiber etwa die Anzahl ihrer Websitebesuche messen und Nutzungsdaten erheben. Die beiden anderen Websites werden ebenfalls anonym betrieben. Beide erwecken den Anschein eines »alternativen« Mediums. Wie schon *D-Generation*, dem Blog auf der das Trollhandbuch erschien, veröffentlicht auch die zweite Seite, *Planet News Network*, bereits seit 2017 keine neuen Inhalte mehr.[23] Neben antiliberalen Texten aller Art und Angriffen auf zivilgesellschaftliche Organisationen wurden beim *Planet News Network* auch immer wieder Artikel von einer der anderen beiden Seiten kopiert. Neben rechtsradikalen Verschwörungsmythen über den Nationalsozialistischen Untergrund, den »Großen Austausch« und angebliche geheime Einwanderungspläne für Deutschland erschien dort auch ein Bericht über die Philippinen, der von der US-Seite *Your Newswire* übernommen wurde. Inzwischen wurde *Your Newswire* in *News Punch* umbenannt. Die Seite ist berüchtigt für ihre vielen veröffentlichten Falschmeldungen. Außerdem wurden auf *Planet News Networks* Links zu vertrauenswürdigen Medien neben Artikeln eines inzwischen verstorbenen deutschen Holocaustleugners, Donald Trumps Lieblingssendung *Fox News*, dem russischen Staatsmedium Sputnik und dem Kopp-Verlag, der eine ganze Reihe Bücher rechtsradikaler Autoren im Sortiment hat, gestreut.

Die letzte der drei Websites läuft unter dem Namen *Kizer Media* und veröffentlichte als einzige der drei auch im Juli 2019 noch sporadisch Artikel.[24] Dabei handelte es sich um eine Mischung aus Texten über Bitcoin und andere Kryptowährungen und Angriffen auf Regierung, Presse und die angebliche Zensur in sozialen Medien. Deutlich aktiver war lange Zeit das mit der Website verknüpfte Twitter-Konto, das regelmäßig durch Beleidigungen und rechtsradikale Inhalte auffiel. Dabei wurde auch vor Begriffen wie »Asphaltpresse« als Beleidigung gegenüber Journalisten etablierter Medien nicht haltgemacht. Der Begriff gehörte zum Wortschatz der Nationalsozialisten. Das Konto wurde zwischenzeitlich von *Kizer Media* in Kizer Institut für Medienforschung umbenannt. Sämtliche Tweets wurden gelöscht.

Rechtsextreme Strategen aus den USA: Daily Stormer

Der *Daily Stormer* wurde im Sommer 2013 als Nachfolger der Website Total Facism ins Leben gerufen. Die Nähe des Namens zum antisemitischen Kampfblatt *Der Stürmer* ist natürlich kein Zufall. Seitenbetreiber Andrew Anglin und seine Autoren leugnen den Holocaust, befürworten einen Genozid an den Juden und bedienen auch sonst alle diskriminierenden und menschenfeindlichen Ressentiments der extremen Rechten. Der *Daily Stormer* rechnet sich selbst der Alt-Right in den Vereinigten Staaten zu. Unter diesem Sammelbegriff, eine Abkürzung für »alternative right«, werden neben Neonazis wie Andrew Anglin auch rechtsradikale Akteure zusammengefasst, die selbst nicht durch einen derart offen zur Schau getragenen Antisemitismus und Vernichtungswillen auffallen, auch wenn sie Antisemiten, Rassisten und Frauenfeinde sind. Die unterschiedlichen Gruppierungen und Akteure der Alt-Right haben gemeinsam, dass sie den Konservatismus von Politikern wie George W. Bush ablehnen und sich weit rechts von ihnen positionieren. Die Bürgerrechtsorganisation Southern Poverty Law Center nannte den *Daily Stormer* Anfang 2017 die »Top Hassseite in Amerika«.[25] Die Seite publiziert neben Englisch auch Inhalte in spanischer, italienischer und griechischer Sprache.

Die amerikanische *Huffington Post* veröffentlichte im Dezember 2017 Anglins interne Richtlinien für Autoren.[26] Das 17-seitige Dokument, das unter anderem im internen Chat des *Daily Stormer* verbreitet wurde, enthält neben stilistischen Regeln für Links, Bilder und Artikel auch Vorgaben für antisemitische und sonstige Hetze. Anglin erklärt in dem Dokument den Zweck der Seite: »verbreiten der Botschaften von Nationalismus und Antisemitismus«. Zielgruppe sind Menschen, die vorher nicht allzu viel Kontakt zu rechtsradikalen Ideologien hatten. Die Sprache soll möglichst einfach und unakademisch, auf dem Level der 8. Klasse gehalten werden. Damit sich Meinungen und Ressentiments verfestigen, sollen die gleichen Dinge »immer und immer und immer und immer wieder« wiederholt und je nach aktuellen Geschehnissen angepasst werden. Der Theorie nach verbleiben Leser des *Daily Stormer* zunächst wegen ihrer Neugier über den »bösen Humor« auf der Seite und internalisieren die Ideologie nach und nach.

Juden sind der erklärte Hauptfeind des *Daily Stormer*. Mehrere Feinde würden die Menschen nur verwirren, merkt Andrew Anglin an und bezieht sich dabei auf Hitlers Mein Kampf. Sie sollen für alles verantwortlich gemacht werden. In Artikeln über Frauen soll »jüdischer Feminismus« zum Sündenbock gemacht werden. Auch das Fehlverhalten von Nichtweißen, Armut, Krieg und die Zerstörung des Regenwaldes sollen ihnen zugeschoben werden.

Nach der Anregung, sich einen eigenen Ordner mit Memes und lustigen GIFs anzulegen, folgen im Handbuch Tipps für diskriminierende Beleidigungen von schwarzen Menschen, Latinos, Juden, Menschen asiatischer Herkunft, Schwulen und Frauen. Schimpfworte mit Bezug auf

Exkremente sind beim *Daily Stormer* hingegen nicht erlaubt. Die Veröffentlichungen sind nicht in jedem Fall mit entmenschlichenden Beleidigungen gespickt. Benutzt werden sollen sie überwiegend in den Artikeln, die in »halb scherzhaftem« Ton geschrieben wurden. In ernsthaften Artikeln sollen die Autoren auf Beleidigungen verzichten. Wütende Hasstiraden würden die Leute eher abschrecken, heißt es im Strategiepapier. Auch stereotype Witze über hasserfüllte Rassisten sind deshalb erwünscht. Menschen sollen nicht auf den ersten Blick erkennen können, ob etwas ernst gemeint ist oder nicht. Ihren Hass verschleiern die Autoren unter dem Deckmantel eines diskriminierenden »Humors« und rassistischer Witze, die für sie anschlussfähig sind. Ganz unrecht mag Anglin mit diesem Gedankengang nicht haben. Zumindest halten immer weniger Republikaner rassistische Bezeichnungen für schwarze Amerikaner für beleidigend.[27]

Um Glaubwürdigkeit zu erlangen, empfiehlt Anglin in allen Artikeln des *Daily Stormer*, ein etabliertes Medium zu zitieren und zu »kommentieren«. Anglin erhofft sich durch einen kommentierenden Charakter der Artikel auch, dass die Inhalte des *Daily Stormer* nicht von Facebooks Faktencheck-Partnern als Falschmeldungen markiert und damit in ihrer Reichweite eingeschränkt werden. Als Beispiele für solche Medien nennt Anglin die Nachrichtenagenturen *Associated Press (AP)* und *Reuters* sowie *Fox News*, *RT* und *Breitbart*. Vor allem das international ausgerichtete russische Staatsmedium *RT* und *Breitbart* als eines der wichtigsten Nachrichtenportale der amerikanischen Rechten sind laut dem *Daily-Stormer*-Chef dem Spin der Rechtsradikalen bei vielen Themen näher als andere.

Die Autoren werden angehalten, regelmäßig Nachrichten aus dem Ausland aufzugreifen. Sie sollen daher immer wieder auch nach Nachrichten über die nationalistischen Parteien Europas und Themen wie Rassismus, sexuellen Übergriffen, Gruppenvergewaltigungen, Israel oder Politikern wie Erdoğan und Putin suchen. Auch Bezüge zu Deutschland gibt es im Regelwerk des *Daily Stormer*. Sollte jemand für Berichte über Deutschland zuständig sein, könne er nach den folgenden Stichworten suchen: Germany, Merkel, AfD, NPD, Pegida.

Der *Daily Stormer* verfügt nach eigenen Angaben über eine »Trollarmee«, die mit Attacken reagiert, selbst wenn ein Autor nicht explizit dazu aufruft. Ein Link zu den Social-Media-Accounts reiche aus, um eine Attacke zu initiieren. Für den *Daily Stormer* ist das ein Weg, sich aus der Verantwortung zu ziehen. In einem diffamierenden Artikel über eine Person oder Gruppe reicht deren bloße Erwähnung, um sie implizit zum Ziel zu erklären. Dann folgen oftmals Anfeindungen und Bedrohungen. Potenzielle Ziele für solche Attacken seien Juden oder Frauen, vor allem Journalisten, Politiker oder Prominente, die im Falle eines Angriffs die Medien informieren würden.

Auch positive Inhalte sind erwünscht: Die Autoren sollen immer wieder behaupten, dass Rechtsradikale gerade gewinnen würden. Außerdem sollen alle nennenswerten Siege extrem groß angepriesen werden. Das erinnert an die Identitäre Bewegung, bei der selbst Niederlagen entsprechend ihres Handbuchs zu Erfolgen umgedeutet werden sollen. Extrem rechte Parteien und Aktivisten sollen zudem immer als heroisch und rechtschaffen porträtiert und auf keinen Fall kritisiert werden. Das gelte allerdings nicht für »Mainstream-Rechte« wie Marine Le Pen, für die Anglin keinerlei Sympathien hegt, weil sie versuche, sich und ihre Partei vom Antisemitismus ihres Vaters und Amtsvorgängers zu distanzieren. Oder für Viktor Orbán, der zwar gute Reden schwinge, aber nicht danach handle. Sie sollen zwar als gute Rechtsradikale beschrieben, aber unter Druck gesetzt werden, in Zukunft radikalere Wege zu gehen. Nach der Logik des ständigen Tabubruchs sei jegliche Berichterstattung durch Massenmedien über den *Daily Stormer* zu begrüßen, selbst wenn sie negativ ausfällt.

Im August 2017 starb die 32-jährige Heather Heyer, weil ein Mann sein Auto in eine Gruppe von Demonstranten steuerte, die zuvor an Protesten gegen einen Neonazi-Aufmarsch teilgenommen hatten. Der Todesfahrer hatte die »Unite the Right«-Demonstration zuvor selbst besucht. Die Veranstaltung brachte Vertreter der Alt-Right, des Ku-Klux-Klans und andere rechtsextreme Akteure zusammen. Anglin veröffentlichte kurze Zeit nach Heyers Tod einen Artikel, in dem er den tödlichen Angriff glorifizierte und das Opfer verhöhnte. Als Konsequenz beendete GoDaddy, der Webhoster des *Daily Stormer*, das Geschäftsverhältnis mit den Neonazis. Ein Umzug zu Google war anschließend nur von kurzer Dauer.[28]

Andrew Anglin gab als Ausrede für den Artikel über Heather Heyer zunächst an, der *Daily Stormer* sei gehackt worden. Das ist jedoch unglaubwürdig, denn im Handbuch der Seite heißt es explizit: »Es sollte den bewussten Plan geben, den Feind zu entmenschlichen, bis zu dem Punkt, an dem die Menschen bereit sind, über ihren Tod zu lachen.« Auf einer der letzten Seiten des *Daily-Stormer*-Handbuchs heißt es, es sei illegal, im Internet zu Gewalt aufzurufen oder diese zu begrüßen. Gleichzeitig sei es »total wichtig«, die Akzeptanz von Gewalt als Eventualität oder Unausweichlichkeit zu normalisieren. Daher sei auch Anders Breivik als heldenhafter Freiheitskämpfer zu bezeichnen. Anglin versuchte, sich nach dem Rauswurf des *Daily Stormers* bei GoDaddy eine Zeitlang weniger als Neonazi und mehr als »Patriot« zu vermarkten. Wenig später fand sich jedoch ein neuer Webhoster.

Im Juni und Juli 2019 wurde Anglin zu zwei Schadensersatzzahlungen in Millionenhöhe verurteilt. Anglin hatte in einem Fall einen Komiker mit palästinensisch-italienischen Wurzeln fälschlicherweise als Drahtzieher eines islamistischen Anschlags identifiziert. Die Strafe belief sich auf 4,1 Millionen US-Dollar. Wegen einer aggressiven, antisemitischen Kampagne wurde Anglin schließlich zu einer Strafe von 14 Millionen Dollar verurteilt. Das Ziel seiner Attacke, eine junge Frau, erhielt mehr als 700 beleidigende und drohende Nachrichten und verließ zeitweise aus Angst vor Angriffen ihre Wohnung nicht mehr. Obwohl Rechtsextremismusexperten deshalb – wie schon nach dem Vorfall in Charlottesville – das Ende des *Daily Stormers* beschworen, blieb die Website aber online. Nach dem rechtsterroristischen Angriff auf Latinos in El Paso war der *Daily Stormer* zunächst nur noch über das Darknet erreichbar. Da der *Daily Stormer* den gleichen Dienstleister wie das Imageboard 8chan nutzte, waren beide Seiten zeitweise offline. Auf 8chan hatte der Terrorist von El Paso sein rassistisches Pamphlet veröffentlicht. Einige Wochen später fand der *Daily Stormer* ein neues digitales Zuhause und setzte seine Attacken fort.

All den Strategiepapieren – sei es denen von AfD, Identitären oder Trollen –, aber auch generell allen rechtsradikalen Parteien, Vereinen und mehr oder weniger losen Gruppierungen ist gemein, dass der kalkulierte Tabubruch zu ihrem täglichen Handwerk gehört. Sie setzen auf Wiederholungen, klare Feindbilder und erklären sich notfalls auch zu Siegern, selbst wenn es dazu keinen objektiv nachvollziehbaren Grund geben sollte.

Es gibt aber auch Unterschiede: Im Playbook des *Daily Stormer* wird Antisemitismus ebenso wie die Normalisierung von Gewalt zur Strategie erklärt. Auch wenn antisemitische Bezüge in Teilen der AfD nachweisbar sind, äußern sie sich in der Regel in weniger offensiv zur Schau gestellter Form und sind auch nicht Teil einer verschriftlichten, von einem Gremium verabschiedeten Strategie. Das gilt auch für den Umgang mit Gewalt, selbst wenn einige AfD-Politiker in der Vergangenheit verständnisvolle Worte für rechte Terroristen gefunden und damit zu einer Verharmlosung ihrer Taten beigetragen haben.

ES GEHT NICHT OHNE FEINDBILDER UND OPFERSTATUS

Rechtsradikale haben sich eine ganze Reihe Feindbilder geschaffen. Das sind sowohl ganze Menschengruppen als auch konkrete Einzelpersonen, die symbolisch für das einstehen müssen, was die Rechten ablehnen. Im Grunde handelt es sich um die alten Feindbilder, die in neuem Gewand daherkommen. Der Antisemitismus ist in vielen rechtsradikalen Milieus in mehr oder weniger deutlich ausgeprägter Form vorhanden. Antiziganistische Einstellungen, also die Abwertung von Sinti und Roma, sind ebenso weiterhin vorhanden wie andere Formen von Rassismus. Die alte Ablehnung von Liberalen äußert sich heute im Hass auf Feministinnen, die Grünen und Menschen, die sich für Asylsuchende und Migranten starkmachen und gegen das Sterben der Geflüchteten im Mittelmeer einsetzen. Diese menschenfeindlichen Einstellungen werden mal mehr, mal weniger offen gepflegt, in ihrer Islamfeindlichkeit jedoch sind sich Rechtsradikale weitestgehend einig. Das ist ihr gemeinsamer Nenner.

Konkreter Hass trifft immer wieder auf Menschen, die in der Gesellschaft nicht über die größte Lobby verfügen. Frauen, queere Menschen und People of Color. Unbekannte, aber auch Prominente werden massiv angegriffen und herabgewürdigt. Oftmals erfährt die breite Öffentlichkeit von diesen Angriffen nichts, während rechtsradikale Trolle und Social-Media-Aktivisten neue Taktiken erproben. Manchmal steht der wütende Mob auch wegen eines einzelnen Social-Media-Posts oder -Kommentars vor der virtuellen Haustür.

Im Juli 2019 vernahm eine Frau im ICE vor Frankfurt eine Durchsage des Zugbegleiters: »Liebe Fahrgäste, unser Zug hat wegen der Entschärfung einer Bombe, die die Westalliierten auf die unschuldige Bevölkerung Frankfurts abgeworfen haben, zur Zeit fünfundvierzig Minuten Verspätung.«[29] So gab die Reisende die Durchsage in einem Post auf der Facebook-Seite der Deutschen Bahn wieder. Sie fragte: »Ist es im Sinne der Deutschen Bahn, dass Mitarbeiter politische Statements verbreiten?« In der Folge wurde sie auf der Facebook-Seite der Bahn und schließlich auf ihrem eigenen Profil massiv angegriffen und bedroht. Obwohl es der Frau eigentlich um die Verharmlosung des NS-Regimes gegangen war, behaupteten die Attackierenden, die Frau hätte das Abwerfen von Bomben auf Zivilisten begrüßt. An der Stimmungsmache beteiligte sich auch der Berliner AfD-Abgeordnete Gunnar Lindemann, dem immerhin kurze Zeit später zwei Ehrenurkunden für seinen »Kampf gegen den Faschismus« verliehen wurden – auf einem fragwürdigen »Internationalen Kongress der Antifaschisten« auf der Krim.[30] Anders als teilweise berichtet, hatte die Frau den Shitstorm weder »ausgelöst«[31] noch »geerntet«.[32] Sie wurde von Rechtsradikalen zur Zielscheibe erklärt, weil sie eine fragwürdige Aussage öffentlich kritisiert hatte.

Massive Angriffe treffen auch immer wieder prominente Frauen. Zum Beispiel, weil sie in der Neuauflage eines Filmklassikers mitspielen, in dem vorher vor allem weiße Männer die Hauptrollen übernommen hatten. Wie etwa die schwarze Schauspielerin Leslie Jones, die eine Hauptrolle in der Neuverfilmung von »Ghostbusters« übernahm und nach wüsten Beschimpfungen ihren Twitter-Account löschte. Oder weil die Rolle der Meerjungfrau Arielle in einer Verfilmung mit echten Schauspielern von einer schwarzen Sängerin verkörpert wird. Dann sind selbsternannte Ozeanforscher plötzlich der Meinung, dass eine Meerjungfrau weiß sein müsse. Das mag von außen betrachtet äußerst grotesk klingen. Für die Betroffenen wird es deshalb nicht unbedingt leichter, mit den ständigen Beleidigungen und Bedrohungen umzugehen, die sie in der Regel erwarten, sobald sie ihre Mails abrufen, ihre Social-Media-Kanäle überprüfen oder eine Suchmaschine bedienen.

In anderen Fällen werden Wissenschaftlerinnen angegriffen. Im April 2019 gelang der Weltraumforschung ein Durchbruch: Das erste Foto vom Schatten eines schwarzen Lochs wurde veröffentlicht. Möglich gemacht durch jahrelange Vorarbeit und ein großes Netzwerk aus Radioteleskopen. Zum Team gehörte auch die Informatikerin Dr. Katie Bouman, die von vielen Medien besonders beachtet wurde, weil sie auf Facebook ein Foto veröffentlicht hatte, das ihren Gesichtsausdruck beim Anblick des Bildes zeigte. Bouman selbst wies mehrfach darauf hin, dass sie Teil eines Teams war, das gemeinsam zu diesem Ergebnis gelangt war. In der Folge wurde Bouman von zahlreichen Trollen angegriffen. Auf allen denkbaren Plattformen im Internet wurden Boumans Beitrag zum Projekt und ihre Qualifikation infrage gestellt. Einige »Kritiker« drehten sogar Videos, in denen sie ihre eigenen Theorien vorstellten, luden diese auf Instagram und YouTube hoch und dominierten dort über die Suchergebnisse mit seriösen Inhalten. Auf YouTube beförderte die Suche nach »Katie Bouman« zwischenzeitlich unter den ersten Suchergebnisse ein Video mit dem Titel »Woman Does 6 % of the Work but Gets 100 % of the Credit: Black Hole Photo.« (»Frau erledigt 6 % der Arbeit und bekommt 100 % der Anerkennung: Foto vom Schwarzen Loch«) zutage. Darin wurde unter anderem behauptet, dass die öffentliche Beachtung eigentlich einem »heterosexuellen, weißen Mann« zustünde. Der habe mehr Zeilen des Codes am Algorithmus geschrieben, an dem auch Bouman mitgearbeitet hatte. Prompt meldete sich der genannte Wissenschaftler auf Twitter zu Wort, nannte das Video »schrecklich und sexistisch« und klärte nebenbei auch noch auf, dass er selbst schwul sei.[33] Die

Rechnung der Trolle ging auf. Ihre Aktion wurde von zahlreichen Medien aufgegriffen. Die frauenfeindliche Motivation hinter der Kampagne wurde meist alles andere als subtil zur Schau getragen. In Online-Communities von sogenannten »Männerrechtlern« wurde entsprechend oft auf Bouman hingewiesen.

Jahrelange Hasskampagnen

Diskriminierende Attacken werden von rechtsradikalen Milieus aller Art initiiert. In einigen Fällen pflegen sie ihren Hass in monate- oder sogar jahrelang andauernden Kampagnen. Seit dem Beginn der Demonstrationen von »Fridays for Future« wird massiv gegen die prominenteste Vertreterin der Bewegung, Greta Thunberg, gehetzt. Es ist äußerst irritierend zu sehen, wie vor allem ältere Herren aus der Fassung geraten und die inzwischen 17-Jährige aufs übelste beschimpfen. Dabei wird sehr häufig in behindertenfeindlichen Bemerkungen darauf angespielt, dass Thunberg Autistin ist. Nach sachlichen Argumenten gegen Thunbergs politische Arbeit muss man länger suchen. In der Regel wird Thunberg entweder als instrumentalisiertes, unmündiges Kind verunglimpft oder einfach nur beleidigt. Brandenburgs AfD-Chef Andreas Kalbitz bezeichnete Thunberg bei einer Veranstaltung mit Brandenburger Schülern vor der Landtagswahl 2019 als »zopfgesichtiges Mondgesicht-Mädchen«.[34] Frank Hensel, Berliner AfD-Abgeordneter und parlamentarischer Geschäftsführer seiner Fraktion, twitterte, sie sei von den Medien zur »Heiligen Jungfrau des #ÖkoDschihadismus« gemacht worden.[35] Für die AfD, die eine ganze Menge notorischer Leugner und Verharmloser des menschengemachten Klimawandels unter sich zu haben scheint, ist es auch in Ordnung, Klimaschützer in die Nähe von Islamisten zu rücken. Der immerwährende Kampf gegen die Grünen wird über die 17-jährige Aktivistin Thunberg ausgetragen. Das gilt auch nicht nur für Deutschland. Der Multimillionär Arron Banks, der 8,4 Millionen Britische Pfund für die Kampagne der Brexit-Befürworter spendete, kommentierte Thunbergs Segelreise in die USA auf Twitter: »Freak yachting accidents do happen in August ...« (»Schreckliche Segelunfälle geschehen im August ...«).[36]

Es geht nicht ohne Feindbilder und Opferstatus

Noch länger währen die Angriffe auf George Soros und die von ihm ins Leben gerufene Open Society Foundations (OSF) und auf die Amadeu Antonio Stiftung (AAS), insbesondere deren Gründerin Anetta Kahane. Soros, der in Ungarn geborene Philanthrop mit jüdischen Vorfahren, finanziert über seine Stiftungen eine ganze Reihe von zivilgesellschaftlichen Projekten weltweit und spendete unter anderem auch an Präsidentschaftskandidaten in den USA. Er ist eine Art Lieblingsbösewicht der internationalen Rechten, die ihn zum Mittelpunkt zahlreicher, vor allem antisemitischer Verschwörungsmythen machen. Ihm wird sogar unterstellt, er habe die Macht, Flüchtlingsbewegungen zu steuern, wahlweise von Afrika nach Europa oder von Lateinamerika in Richtung der USA. Soros ist ein Puzzlestück im Verschwörungsmythos vom »Großen Austausch«. Solche Behauptungen stellt auch der ungarische Präsident Viktor Orbán auf, der sich diese Aussage sogar eine Reihe von Werbeplakaten kosten ließ, auf denen Soros – ganz nach antisemitischem Stereotyp – als Marionettenspieler abgebildet war.[37] Unter Orbán, der Ungarn als eine »antiliberale Demokratie« verstanden wissen will, wurde auch die von Soros gegründete Central European University in Budapest per Gesetz geschlossen. Auch US-Präsident Donald Trump sagte im Zusammenhang mit einer Flüchtlingskarawane aus Lateinamerika auf die Frage, ob Soros daran beteiligt sei, es würde ihn nicht überraschen.[38] Der Stifter und seine Organisationen sind immer wieder das Ziel von Attacken und Drohungen: Im Herbst 2018 wurde ein Sprengsatz im Briefkasten seines Hauses in den USA gefunden.

Die Amadeu Antonio Stiftung und ihre Gründerin Anetta Kahane scheinen für Rechte so etwas wie das deutsche Äquivalent der Open Society Foundations und George Soros zu sein. Immer wieder wird der Stiftung vorgeworfen, für Zensurmaßnahmen in Social-Media-Netzwerken verantwortlich zu sein. Der Mythos geht aus der Mitgliedschaft der Stiftung in einer Taskforce zum Thema Hass in sozialen Medien hervor, die vom damaligen Justizminister Heiko Maas ins Leben gerufen wurde. Obwohl die Stiftung keine Inhalte auf Facebook und Co. entfernen oder sperren kann, hat sich dieses Narrativ eingeschliffen. Social-Media-Nutzer, deren Inhalte gelöscht oder Konten gesperrt wurden, behaupten regelmäßig, Kahane höchstpersönlich sei dafür verantwortlich. Regelmäßig wird die Stiftung in diesem Zusammenhang mit der Staatssicherheit (Stasi) verglichen.

Seit 2002 ist bekannt, dass Kahane zu DDR-Zeiten über acht Jahre lang als Inoffizielle Mitarbeiterin (IM) der Stasi geführt wurde. Im Jahr 2012 beauftragte Kahane einen unabhängigen Gutachter mit der Einschätzung ihrer Rolle in der Stasi. Das Gutachten lässt sich auf den Seiten der AAS abrufen. Bei den Verbalattacken wird aber in der Regel nicht etwa der Rücktritt Kahanes gefordert, sondern die gesamte Stiftung und ihre Mitarbeiter angegriffen. Dass die AfD-Fraktion im Bundestag mit Detlev Spangenberg einen ehemaligen Inoffiziellen Mitarbeiter der Stasi in ihren Reihen hat, kommt hingegen nicht ganz so oft zur Sprache.

Auch im bereits beschriebenen rechten Trollhandbuch taucht die Stiftung auf. Die dort als »Zensur-Schreibtischtäter« betitelte Stiftung wird unter der Überschrift »Suche dir die richtigen Gegner« neben einigen Medien, wie *ARD, ZDF* und dem *Spiegel*, aufgeführt. Auf Twitter gibt es Konten, die als Profilbild eine stereotyp antisemitische Karikatur Kahanes verwenden. Kahane ist Jüdin.

Auch die AfD und der rechtsradikale Autor Akif Pirinçci greifen die Stiftung regelmäßig an. Alice Weidel beispielsweise wiederholte den Mythos von der zensierenden Stiftung, als Facebook im April 2016 den Autor Imad Karim sperrte: »Maas und Kahane haben zugeschlagen à la DDR 2.0.«[39] Der AfD-Bundestagsabgeordnete Petr Bystron verbreitete 2018 eine antisemitische Karikatur, um gegen Kahane zu hetzen,[40] und sein Parteikollege Stephan Brandner vermutete die Stiftung mehrfach hinter den Meldungen seiner Tweets durch User, über die Twitter den gemeldeten Nutzer informiert.[41] Seit ihrem Einzug ins Parlament haben die Bundestagsabgeordneten der AfD Anetta Kahane auf ihren Facebook-Seiten insgesamt 81 Mal erwähnt (Stand Ende August 2019). Davon gehen allein 34 Posts auf das Konto des inzwischen abgesetzten Vorsitzenden des Rechtsausschusses im Deutschen Bundestag, Stephan Brandner. Die Zahl der Posts, in denen George Soros erwähnt wird, beläuft sich im gleichen Zeitraum auf 43. Der baden-württembergische AfD-Bundestagsabgeordnete und ehemalige Staatsanwalt Thomas Seitz, der Björn Höckes rechtsnationalem Flügel angehört, bezeichnete »Fridays for Future« als »Soros-Jugend« und implizierte damit, sie seien gekaufte Demonstrierende. Die Partei fordert, der Stiftung von Kahane keine öffentlichen Gelder mehr zukommen zu lassen. Die Projekte der Amadeu Antonio Stiftung widmen sich der Bekämpfung von Rechtsradikalismus, Rassismus, Antisemitismus und anderen Diskriminierungsformen.

Es bleibt nicht nur bei Verbalattacken und Drohungen im Internet und am Telefon. Im Sommer 2016 versuchten Mitglieder der Identitären, verkleidet als hauptamtliche Stasi-Mitarbeiter, in das Büro der AAS einzudringen. Sie wollten Anetta Kahane eine selbst gebastelte »Urkunde« überreichen, weil sie »einwanderungskritische Kommentare« zensiert hätte. Zuvor waren die Angreifer nachts vor dem Büro der Stiftung aufgetaucht und hatten diese mit Stickern und Paketband verklebt. Im Internet veröffentlichten die Identitären außerdem Namen von Stiftungsmitarbeitern unter dem Verweis »Alles Weitere ergibt sich selbst«.[42] Der mutmaßliche Rechtsterrorist und Bundeswehrsoldat Franco A., der sich als syrischer Geflüchteter ausgab, hatte es ebenfalls auf die Amadeu Antonio Stiftung abgesehen. Auf seinem Handy wurden Fotos vom Juni 2016 sichergestellt, die die Tiefgarage des Bürogebäudes, in dem sich die Stiftung befindet, zeigen.[43] Er soll, so glaubt die Bundesanwaltschaft, Anetta Kahane ausgekundschaftet haben – möglicherweise für ein geplantes Attentat.

Feindeslisten

Feindeslisten sind kein neues Phänomen in rechtsradikalen Milieus und lassen sich bis in die Zeit vor dem Internet zurückdatieren. Vor allem sogenannte Anti-Antifa-Gruppen sammelten Daten politischer Gegner. Im Jahr 2019 wurden die Listen wieder häufiger thematisiert. Sie kursieren in geschlossenen Gruppen und Chats, teilweise werden sie aber auch ganz offen im Internet verbreitet. Inzwischen ist die Existenz einiger Feindeslisten, die von terrorverdächtigen Personen oder Gruppen stammen, bekannt. Dazu gehört zum Beispiel auch der bereits erwähnte Franco A., der eine Liste mit möglichen Anschlagszielen geführt haben soll, darunter die Amadeu Antonio Stiftung, die Berliner Linken-Abgeordnete Anne Helm und Bundesaußenminister Heiko Maas. Für mögliche Anschläge sollten offenbar Asylsuchende verantwortlich gemacht werden. Auch in den Unterlagen des NSU wurde eine Auflistung potenzieller Mordopfer gefunden.

Eine Liste wird im Netz immer wieder und wieder verbreitet. Im Januar 2015 erbeuteten Hacker die Kundendaten des Onlineshops »Impact Mailorder«. Ein Bekennerschreiben wurde damals mit »Es grüsst der Nationale Widerstand« unterzeichnet.[44] Der Laden vertreibt allerlei Produkte für Punks und Menschen, die gern wie Punks aussehen möchten. Die Liste umfasst mehrere zehntausend Datensätze. Bereits einen Tag nach der Veröffentlichung erhielt eine Kundin über WhatsApp Drohungen von Rechtsradikalen. Die Frau hatte bei »Impact Mailorder« nach eigenen Angaben Jahre zuvor einen Kapuzenpullover für ihren Mann gekauft.[45] Die Mitglieder der Gruppe »Nordkreuz«, die aus sogenannten Preppern bestand, waren im Besitz dieser Liste. Prepper bereiten sich mit Vorräten und Überlebenstrainings auf einen Tag X vor, in manchen Fällen gehört dazu auch eine Bewaffnung. Die Gruppenmitglieder sollen etwa 200 Leichensäcke sowie Ätzkalk bestellt haben.[46] Viele »Nordkreuz«-Mitglieder stammen aus dem Umfeld von Polizei und Verfassungsschutz. Auch bei der mutmaßlich rechtsterroristischen Gruppierung »Revolution Chemnitz« wurde die Kundenliste gefunden. Der baden-württembergische AfD-Landtagsabgeordnete Heiner Merz verbreitete dieselbe Liste im Juli 2017 an Fraktionskollegen und Parteifreunde mit der Aufforderung, sie zu »speichern, verbreiten und verwenden«.[47] Merz gab an, dass es sich um eine Liste von Mitgliedern der Antifa, also extrem linker Gruppen, handele. Auch wenn die Hintergründe zur Herkunft des Datensatzes inzwischen längst geklärt sind, wird sie immer wieder als angebliche Liste antifaschistischer Aktivisten verbreitet.

Einige Feindeslisten werden heute, ganz dem Zeitgeist entsprechend, vom rechtsradikalen Schwarm erstellt. Die Website Judas Watch beispielsweise ruft unter dem Seitentitel »Dokumentation von anti-weißen Verrätern, Subversiven und Aufzeigen jüdischen Einflusses« auch dazu auf, neue Datensätze einzureichen. Auf der Seite sind Personen aus zahlreichen Ländern, die meisten aber aus den USA und aus Deutschland, verzeichnet. Anders als bei anderen Listen werden keine Adressdaten genannt, dafür aber persönliche Details. Jüdische Menschen oder Menschen, die als Juden eingeordnet werden, haben neben ihrem Eintrag in der Datenbank einen Davidstern. Außerdem verzeichnet Judas Watch, über welchen gesellschaftlichen Einfluss die genannten Personen vermeintlich verfügen. Ich wurde vor etwa zweieinhalb Jahren auf Judas Watch eingetragen. Zu meinem Bedauern liegt mein Einfluss immer noch im Bereich C, das steht für einen geringen Einfluss.

Der Umgang der Sicherheitsbehörden mit den Listen ist unterschiedlich. Seit Längerem wird darüber gestritten, ob die Landeskriminalämter die betroffenen Personen, deren Namen auf einer der Feindeslisten auftauchen, informieren sollen. Das Berliner LKA benachrichtigte die in Berlin wohnenden Personen auf Franco A.s Liste zwar, teilte ihnen dann aber zunächst keine weiteren Informationen mit. Das hessische LKA informierte rund 1100 Personen im Land, die auf einer der kursierenden Listen genannt wurden. Das Hamburger LKA gab Anfang August 2019 hingegen an, keine der aufgeführten Personen informieren zu wollen. Nach ihrer Einschätzung bestünde keine Gefahr.[48] Kurze Zeit später wurde dann aber doch eine Hotline eingerichtet, bei der Hamburger erfragen können, ob sie auf einer Liste genannt werden.[49] In Baden-Württemberg wurde eine 24-Stunden-Hotline für politisch bedrohte Personen eingesetzt, von der allerdings nur Mandatsträger und Personen des öffentlichen Lebens Gebrauch machen können.[50] Eine einheitliche Vorgehensweise hat sich bisher nicht etabliert. Im Jahr 2012 sorgte das LKA Berlin im Zusammenhang mit einer Feindesliste aus dem Umfeld der Freien Kräfte für Unmut. Betroffene Personen wurden damals zwar informiert, allerdings mit dem Hinweis, es bestünde keine Gefahr. Das war schlicht falsch, denn einige von ihnen waren bereits bedroht und angegriffen worden.[51]

Die Angriffe wirken

Die Feindeslisten der Rechtsradikalen dienen in erster Linie der Einschüchterung. Wer auf einer solchen Liste eingetragen ist, wird sich in den meisten Fällen fragen, ob eine konkrete Gefahr droht. Nach der Veröffentlichung von Listen folgen in einigen Fällen dann weitere Einschüchterungsversuche oder auch Angriffe abseits des Internets.

Ein ähnlich gelagerter Fall war die Erbeutung und anschließende Veröffentlichung Hunderter Datensätze von Politikern, Journalisten, Prominenten und YouTubern Ende 2018 und Anfang 2019. Es waren Politiker aller im Bundestag vertretenen Parteien außer der AfD betroffen. In den meisten Fällen handelte es sich um E-Mail-Adressen und Telefonnummern. Teilweise wurden aber auch Anschriften, private Dokumente und E-Mails veröffentlicht. Die Veröffentlichung privater Daten und Dokumente (Docs) nennt man auch Doxing. Oftmals steckt dahinter das Ziel, Menschen einzuschüchtern. Johannes S. oder »0rbit«, wie sich der junge Mann und mutmaßliche Hacker nannte, soll sich immer wieder abfällig über Asylsuchende, den Islam und »linksversiffte Gutmenschen« geäußert haben.[52] Schon zuvor hatte »0rbit« Daten verschiedener YouTuber veröffentlicht, allerdings damit nie so viel Aufmerksamkeit erzeugt. Auffällig ist, dass viele von den betroffenen YouTubern zuvor die Videos eines gewissen »Shlomo Finkelstein« kritisiert hatten. Der anonyme Rechtsradikale veröffentlichte eine Reihe islamfeindlicher, rassistischer und antifeministischer Videos auf seinem YouTube-Kanal »Die Vulgäre Analyse« und ist nach seiner Sperrung trotzdem noch immer eine feste Instanz in der rechtsradikalen Online-Welt. Auch in den Videos identitärer YouTuber ist »Finkelstein« häufiger zu Gast. Johannes S. soll ein »Shlomo«-Fan gewesen sein und sich von dem YouTuber beeinflusst haben lassen.[53] Wenige Wochen nach dem Tod Walter Lübckes veröffentlichte »Shlomo Finkelstein« ein Video mit dem Titel »Terrassen-Realismus ist realer Terrassismus«. Lübcke erwähnt er darin nicht, vielmehr macht er sich über Rassismustheorien lustig. Die Bezugnahme ist implizit, seine Anhänger verstehen aber selbstverständlich, was gemeint ist. Im Hintergrund läuft – wieder als Andeutung gemeint – ein Werbevideo für eine Kameralinse, die wie eine Gewehrkugel auf Objekte schießen kann, während sie dabei filmt. Früher produzierte »Finkelstein« eine Reihe von Videos, in denen im Hintergrund zu sehen ist, wie ein Koran mit Schweineblut übergossen und dann angezündet wird. Anschließend

Es geht nicht ohne Feindbilder und Opferstatus

wird auf der Flamme Schweinespeck gegrillt. Entsprechende Kritik an solchen Inhalten wird in aller Regel damit abgetan, es handele sich um Satire oder zulässige Gesellschaftskritik. Ähnlich wie beim *Daily Stormer* geht es am Ende aber darum, Menschenverachtung auf diese Weise an ein junges Publikum heranzutragen. In diesem Fall werden Muslime und nicht Juden zum wichtigsten Feind erklärt. Im Fall von Johannes S. hat das offenbar funktioniert.

Dass Personen des öffentlichen Lebens, Politiker, aber auch Privatpersonen immer wieder angefeindet werden, hat bereits das vorhergehende Kapitel gezeigt. Diese Attacken haben eine ganze Reihe von Konsequenzen. Sie bedeuten vor allem auch einen Angriff auf die Meinungsfreiheit. Der Autor Peter Pomerantsev nennt das »Zensur durch Lärm«.[54] Wer ständigen Anfeindungen ausgesetzt ist, meldet sich später vielleicht eher nicht mehr zu Wort, aus Angst vor weiteren Angriffen. Eine Untersuchung von Amnesty International zeigt, dass Angriffe auf Frauen über Twitter verschiedene Konsequenzen haben. Manche fingen an, sich selbst zu zensieren und über bestimmte Themen öffentlich nicht mehr zu schreiben. Einige achteten darauf, keine Angaben über ihren Aufenthaltsort mehr zu machen. Es kam auch vor, dass die Frauen ihre Präsenz auf Twitter ganz aufgaben und ihr Profil löschten.[55] Amnesty hat vor allem Frauen aus den USA und aus Großbritannien befragt, darunter Journalistinnen, Aktivistinnen, Politikerinnen und Frauen, die keine Personen des öffentlichen Lebens waren. Zur Gruppe gehörten nicht weiße ebenso wie queere Frauen, Musliminnen und Frauen mit Behinderungen. Gerade für marginalisierte Gruppen boten das Internet und insbesondere die sozialen Medien in den letzten Jahren eine Möglichkeit, ihren Stimmen mehr Gehör zu verschaffen. Amnesty International befand, dass Twitter durch einen Mangel an Reaktion auf den grassierenden Hass seiner Verantwortung zur Wahrung von Frauenrechten nicht nachkam: »Twitter kann für seine weiblichen Nutzerinnen ein toxischer Ort sein«. An einer vergleichbaren Untersuchung für den deutschsprachigen Raum fehlt es bisher, obwohl die Angriffe zur Bedrohung für die viel zitierte Meinungsvielfalt im Netz werden. Auch Menschen, die Hasskommentare und Angriffe auf andere Personen im Netz wahrnehmen, ist das in der Regel nicht gleichgültig. Bei einer Befragung des Instituts für Demokratie und Zivilgesellschaft (IDZ) gaben sieben Prozent der Befragten an, schon einmal persönlich von Hasskommentaren betroffen gewesen zu sein.[56] Insgesamt gaben aber auch 53 Prozent der Befragten, die alle aus Thüringen stammen, an, dass sie ihre politische Meinung wegen drohender Hasskommentare im Netz seltener äußern.

Oftmals werden Angriffe auf Personen oder Organisationen von einzelnen einflussreichen Akteuren gestartet oder zusätzlich befeuert. Dazu ist kein konkreter Aufruf zur Belästigung vonnöten. Meist reicht eine einfache Erwähnung in einem Social-Media-Post, garniert mit einem Kommentar, der beim Publikum Empörung auslösen soll. Dass sich die Anheizer – zu ihnen gehören Aktivisten, Politiker und auch einzelne Kolumnisten etablierter Medien – der Konsequenzen ihres Handelns nicht bewusst sind, kann im Jahr 2019 niemand mehr guten Gewissens behaupten. Diese Strategie des implizierten Aufrufs formuliert auch *Daily-Stormer*-Betreiber Anglin in seinem Handbuch.

Neben den Implikationen für den virtuellen Raum haben Hasskampagnen auch abseits davon Konsequenzen. In einer Amnesty-International-Befragung von Frauen in Dänemark, Italien, Neuseeland, Polen, Spanien, Schweden, Großbritannien und den USA gaben im Schnitt 23 Prozent an, im Internet mindestens einmal von Missbrauch oder Belästigung betroffen gewesen zu sein.[57] Von den Frauen, die angegeben hatten, von Angriffen im Netz persönlich betroffen gewesen zu sein, fühlten sich 41 Prozent mindestens einmal auch physisch bedroht. Mehr als die Hälfte der betroffenen Frauen berichtete von Stress, Angst, Panikattacken sowie Schlafproblemen.

Immer wieder haben die digitalen Hassmobs Erfolge zu vermelden. Veranstaltungen werden abgesagt, Einladungen zurückgenommen oder gar Produkte aus dem Sortiment von Läden entfernt. Im Februar 2019 stürzte sich der wütende Mob auf den französischen Sportartikelhersteller Decathlon, der eine Sport-Version eines Hijabs anbot. Als bekannt wurde, dass das Produkt in die Läden kommen würde, wurde die Firma massiv im Netz und vor den Geschäften angegriffen. Wegen eines Accessoires für muslimische Frauen, die sich für das Tragen eines Kopftuchs

Es geht nicht ohne Feindbilder und Opferstatus

entschieden haben. Nach Angabe eines deutschen Decathlon-Sprechers wurden auch Mitarbeiter bedroht, weswegen das Unternehmen entschied, den Hijab in Deutschland und Frankreich nicht zu verkaufen.[58]

Zuletzt verlief eine solche Kampagne im Sommer 2019 erfolgreich, als zwei Leipziger Kindertagesstätten aus Rücksicht auf die religiöse Vielfalt in ihren Einrichtungen Schweinefleischgerichte vom Speiseplan streichen wollten. Nach tagelang andauernden Hasskommentaren und Drohungen, befeuert auch von bekannten rechtsradikalen Politikern, revidierte der Kitaträger die Entscheidung. Den Schweineschnitzelkrieg haben die Hasskrieger vorerst gewonnen. Das von ihnen vielfach beschriene Schweinefleischverbot gab es allerdings überhaupt nicht. Schweinefleisch sollte lediglich nicht mehr auf dem Speiseplan auftauchen. Kinder, denen beispielsweise ein Mettbrötchen zur morgendlichen Verpflegung mitgegeben wurde, sollten nicht vom Kindergartengelände verbannt werden. Ein Blick in die Architektur dieser inszenierten Kulturkriege der Empörten lohnt sich also. Auch, um künftig vielleicht einen besseren Umgang damit zu finden.

Eine besonders heftige Form des Angriffs stellt das sogenannte Swatting da. Der Begriff stammt aus den USA. Dort kommt es seit Längerem immer wieder vor, dass insbesondere junge Gamer falsche Angaben über angebliche Notsituationen in den Wohnungen ihrer Gegenspieler machen. In vermeintlichen Bedrohungssituationen kommt dann die Spezialeinheit Swat zum Einsatz, die dafür bekannt ist, Häuser eher mit gezogenen Waffen zu stürmen als vorher anzuklopfen. Betroffen waren beispielsweise immer wieder Feministinnen.[59] In den USA hat es wegen eines solchen Swattings bereits einen Todesfall gegeben. Der Gamer, der 2017 einen Einsatz im US-Bundesstaat Kansas ausgelöst hatte, bei dem ein 28-Jähriger erschossen wurde, wurde mittlerweile zu einer Haftstrafe von 20 Jahren verurteilt. Die beiden Männer hatten sich nie persönlich kennengelernt und waren nur beim Zocken des Egoshooter-Spiels »Call of Duty: WWII« aufeinandergetroffen.

In Deutschland wurden in einem Fall mehr als hundert Feuerwehrleute und Polizisten in einen kleinen bayerischen Ort bestellt, weil zuvor falsche Angaben über einen Brand gemacht wurden. Das Ziel war das Haus eines YouTubers, der immer wieder im Internet und auch an seinem Wohnort Angriffen von vornehmlich jungen Männern ausgesetzt war und ist. Der Anrufer wurde unter anderem wegen dieses Falls zu einer Haftstrafe verurteilt. Zum Teil fielen Angreifer in Gruppen in das 50-Einwohner-Örtchen ein und behelligten dort auch die Nachbarn. Immer wieder werden aus den Reihen derer, die in den Wohnort des YouTubers fahren, auch menschenfeindliche Äußerungen getätigt. Im August 2018 musste die Polizei eine Demonstration von mehr als 600 Personen im Ort auflösen. Die Bilanz: Hunderte Platzverweise, ein kleinerer Brand und ein Einsatz des Unterstützungskommandos der bayerischen Polizei, das eigens von einem Fußballspiel abgezogen werden musste.[60] Der YouTuber selbst war in der Vergangenheit durch rechtsradikale Äußerungen in seinen Videos aufgefallen. Das erklärt diesen Fall gemeinschaftlichen, zum Event erklärten Mobbings, dem in der Öffentlichkeit erstaunlich wenig Beachtung geschenkt wird, allerdings nicht.

Wie Rechte sich selbst zu Opfern stilisieren

Rechte behaupten gern, dass niemand mehr miteinander und mit ihnen diskutieren würde. Jetzt ist es einerseits nicht gerade so, dass Deutschland das Land der Debattierclubs und konstruktiven Auseinandersetzungen im Abendprogramm ist. Andererseits werden einige Debatten seit der Popularisierung sozialer Medien viel stärker emotionalisiert geführt. Gerade Rechtsradikale machen davon reichlich Gebrauch. Oftmals blenden sie allerdings aus, dass die verschiedenen Parteien sehr wohl innerhalb und außerhalb der Parlamente diskutieren und streiten. Nicht selten werden auch Uneinigkeiten innerhalb der Parteien sichtbar. Etwa beim Streit der SPD um die Große Koalition nach der Bundestagswahl 2017 oder den Streitigkeiten innerhalb der Unionsparteien zwischen Kanzlerin Angela Merkel und ihrem Innenminister Seehofer in Migrations- und Asylfragen. Und weil das auch ab und zu mal gegenüber denen, die diese überprüfbaren Fakten verkennen wollen, angemerkt wird, sucht man sich dort dann eine neue Ausrede. Man behauptet etwa, dass auch die CDU zu einer linken Partei geworden sei. Das stimmt, trotz einiger progressiver Entscheidungen und der immer wieder angeführten Asylpolitik unter Angela Merkel, nicht. Ein Einheitsparteiprogramm gibt es nicht. Das lässt sich auch bei einem Blick in die Wahl-O-Mat-Antworten zu jeder beliebigen Wahl leicht ablesen. Wenn man es denn wissen möchte.

Immer wieder behauptet die AfD, sie würde nicht gefragt oder ausgeschlossen werden. Dabei sind AfD-Politiker seit ihrer Gründung regelmäßig in Talkshows und Nachrichten zu sehen, trotz ihrer ständigen Verbalattacken auf Journalisten. Nichteinladungen zu Veranstaltungen werden regelmäßig zu Sprechverboten erklärt. Dieses Narrativ hat bei einigen Politikern anderer Parteien aber auch bei manchem Journalisten verfangen und wird teilweise auch unhinterfragt von ihnen genutzt.

Auch im Alltag kann im Prinzip niemand ständig allen Diskussionen entgehen. »Niemand streitet mehr« heißt eigentlich: »Einige Leute weigern sich, mit Menschen zu diskutieren, die gern durch radikale Äußerungen auffallen und regelmäßig Menschen abwerten.« Damit lässt sich nur nicht so gut Politik machen. Im Alltag leben und arbeiten die wenigsten Menschen in politisch homogenen Umfeldern, in denen alle einer Meinung sind.

Die oft angeführte Einschränkung der »Meinungsfreiheit« ist letztlich einer der größten Umdeutungserfolge der Rechten. Das Recht auf Meinungsfreiheit schützt vor staatlicher Repression. Es ist nicht darauf angelegt, Rechtsradikale – oder irgendjemand anderen – vor Kritik und Widerspruch zu schützen oder jeder Äußerung an jedem Ort und zu jeder Zeit ein Forum zu bieten. Auch volksverhetzende, den Holocaust leugnende oder andere justiziable Äußerungen sind nicht vom Recht auf Meinungsfreiheit gedeckt. Fast jedes »Das darf man ja heute gar nicht mehr sagen« folgt auf eine Äußerung dessen, was man angeblich nicht mehr sagen darf. Das hat Prinzip und wird von den Rechten kontinuierlich genutzt. Dass Rechtsradikale umgekehrt immer wieder versuchen, andere Menschen zum Schweigen zu bringen, etwa durch Hasskampagnen oder Drohungen, wird dagegen immer wieder unter den Tisch fallen gelassen.

Einer der leidenschaftlichsten Kämpfe der Rechten ist seit Jahren der für das Recht auf die Nutzung rassistischer Beleidigungen für Schwarze, Sinti und Roma und andere diskriminierte Gruppen. Wenn marginalisierte Gruppen etwa fordern, auf Rassismen zu verzichten, erklären Rechte das gern zu einem »Sprechverbot« und erklären sich zu Kämpfern für die Meinungsfreiheit und gegen eine angeblich vorherrschende »Political Correctness«. Dieser Mythos wird ironischerweise immer wieder auch von denen bedient, die durch Fernsehtalkshows tingeln, Kolumnen und Kommentare schreiben oder deren Bücher in großen Tageszeitungen vorabgedruckt werden. Dabei ist der Einfluss dieser reichweitenstarken Autoren und Kommentatoren in der deutschen Medienlandschaft in der Realität um einiges größer als der vieler marginalisierter Gruppen. Kaum jemand hat es sich in dieser Rolle so gemütlich gemacht wie der ehemalige Berliner Finanzsenator Thilo Sarrazin, der inzwischen beruflich mit antimuslimischen und kulturrassistischen Thesen Erfolge feiert. Er nannte die Diskussion über eine mögliche Entlassung aus der Bundesbank nach seinen rassistischen Einlassungen damals eine Hexenjagd. Diesen Begriff hat sich 2018 auch Donald Trump zu eigen gemacht, um die Untersuchungen des Sonderermittlers Mueller zu kommentieren, der eine mögliche Zusammenarbeit Trumps mit Russland zu Zwecken der Wahlbeeinflussung prüfte.

Die Publizistin Ingrid Brodnig definierte diese wiederkehrenden Diskussionen als eine Ablenkungsstrategie derer, die andere offen angreifen: »Sie tun einfach so, als seien sie das wahre Opfer in der Auseinandersetzung.«[61] Eine beispielhafte Situation ergab sich während eines Besuchs von Angela Merkel in Mecklenburg-Vorpommern im Sommer 2019. Als die Kanzlerin bei einem Bürgerforum in Stralsund zu Gast war, meldete sich ein AfD-Lokalpolitiker zu Wort und beklagte: »Sie haben uns im Namen der Toleranz in eine Diktatur geführt.« Und als AfD-Mitglied genieße man in Deutschland keine Meinungsfreiheit mehr. Er wurde daraufhin aber nicht etwa von einer Geheimpolizei aus dem Saal getragen, sondern erhielt eine Antwort der Kanzlerin: Dass er mit seiner Frage nicht gefährdet sei, sei ein Ausdruck seiner Meinungsfreiheit. Ebenso wie die Tatsache, dass er vor jedem deutschen Gericht so behandelt würde wie jeder Bürger. Rechte versuchten anschließend dennoch, eine Verschwörungslegende zu stricken: Bei dem Mann handele es sich gar nicht um einen AfD-Politiker, sondern um einen linken Journalisten, was aber widerlegt werden konnte.[62]

Nicht die postulierte »politische Korrektheit« in der Gesellschaft oder das liberale Spektrum ist der Feind der Rechtsradikalen. Auch wenn sie durch jahrelange Umdeutungsarbeit einige Fürsprecher aus dem konservativen Spektrum und der politischen Mitte für sich gewinnen konnten. Es geht vielmehr darum, gegen die Sichtbarkeit und Inklusion von Mitgliedern der Gesellschaft vorzugehen, die die Rechten ausschließen wollen.

In einigen Fällen geht die Konstruktion des Opferstatus über die bloße Diskussion um die Meinungsfreiheit hinaus. Der rechtskonservative Publizist Roland Tichy erfreut sich, ebenso wie sein Magazin *Tichys Einblick*, unter anderem auch in rechtsradikalen Kreisen großer Beliebtheit. Der ehemalige Chefredakteur der *Wirtschaftswoche* hatte wegen eines Beitrags über das *Redaktionsnetzwerk Deutschland (RND)* eine Abmahnung erhalten. An der Mediengruppe Madsack, zu der das *RND* gehört, ist auch ein SPD-eigenes Unternehmen beteiligt. Das zu hinterfragen ist durchaus gerechtfertigt. Die Beteiligung war allerdings vor Tichys Beitrag auch kein Geheimnis. Die Abmahnung von Madsack bezog sich auf Tichys Behauptungen, die SPD bestimme den Inhalt der Berichterstattung und die Medien des Unternehmens seien »SPD-Medien«. Auf eine rechtliche Auseinandersetzung ließ es der Publizist dann aber nicht ankommen. Der Medienjournalist Stefan Niggemeier kommentierte Tichys Legende einer Zensur folgendermaßen: »Er geht einer juristischen Auseinandersetzung aus dem Weg, die eine Grenze ziehen könnte zwischen zulässiger Kritik und unzulässiger Verleumdung – und kann so die Illusion aufrechterhalten, es gebe eine solche Grenze gar nicht.«[63] Dann aber, so Niggemeier, gebe Tichy kampflos auf, um sich als Kämpfer präsentieren zu können.

In Sachsen-Anhalt erschuf ein AfD-Kreisverband eine Opfererzählung der besonderen Art: Die Partei war nämlich gar nicht gemeint. In einer Pressemitteilung, unterzeichnet vom Vorsitzenden des Kreisverbandes Mansfeld-Südharz, zeigte man sich empört über den bundesweiten Plakatwettbewerb »Bunt statt blau«. Das Ziel des Wettbewerbs, der auch an einer Berufsbildenden Schule in Sangerhausen beworben wurde, sei es, »die AfD und ihre gewählten Politiker zu diffamieren und der rechten Szene zuzuordnen.«[64] Auch der Name einer Lehrerin wurde in der Pressemitteilung erwähnt. Es ging nur gar nicht um Politik. Mit der Kampagne rief eine Krankenkasse unter dem Slogan »Kunst statt Komasaufen« an Schulen dazu auf, ein Zeichen gegen Alkoholmissbrauch unter Jugendlichen zu setzen. Ein veritables Eigentor.

Immer wieder bedienen sich Rechtsradikale schiefer historischer Vergleiche. Im Wahlkampf vor den Landtagswahlen in Brandenburg und Sachsen zogen die Spitzenkandidaten der AfD unter dem Slogan »Wende 2.0« immer wieder Vergleiche zwischen der Bundesrepublik im Jahr 2019 und der DDR. Björn Höcke, der aus Hessen stammende Begründer des völkisch-nationalistischen »Flügels« der AfD, konstatierte etwa bei einem Wahlkampftermin, dass es sich schon wieder anfühle wie in der DDR. Auf einer Kampagnenseite der AfD Brandenburg hieß es: »Wer heute ‚anders' denkt, wird genauso unterdrückt, wie es einst die Stasi tat.«[65]

Die Konstruktion der eigenen Opferrolle gipfelt in der Bezugnahme auf den Zivilisationsbruch. Die AfD, ebenso wie andere rechtsradikale Akteure, stellen regelmäßig Vergleiche zwischen sich selbst und der Judenverfolgung im Nationalsozialismus an. Um die Selbstverständlichkeit zu verdeutlichen, mit der diese Vergleiche gezogen werden, hier einige Beispiele:

Der ehemalige AfD-Politiker Uwe Wurlitzer verglich im Jahr 2016 die Kritik an einer SPD-Sprecherin wegen ihrer Ehe mit einem AfD-Politiker mit der von den Nationalsozialisten eingeführten Kategorie der »Mischehe«.[66] Im gleichen Jahr raunte man beim Krefelder Kreisverband der Partei auf Facebook in Anlehnung an die Judenverfolgung, dass die Parteimitglieder wohl bald einen »blauen Stern« tragen müssten.[67] Wurlitzer war damals Generalsekretär der sächsischen AfD und ist heute Mitglied von Frauke Petrys AfD-Splitterpartei »Die blaue Partei«. Die AfD Berlin verglich eine Liste von Twitter-Konten, die mutmaßlich einem rechtsradikalen Netzwerk angehörten, mit der Bücherverbrennung im Jahr 1933.[68] AfD-Chef Jörg Meuthen fühlte sich, weil er von einem Fitnessstudio als Kunde abgelehnt wurde, an die Erzählungen seiner Großmutter zur Judenverfolgung erinnert: »Wo, frage ich, ist der grundsätzliche Unterschied zwischen dieser damaligen Ausgrenzung aus dem gesellschaftlichen wie auch geschäftlichen Leben und der heutigen?«[69] Und Erika Steinbach, ehemalige CDU-Politikerin und heutige leidenschaftliche AfD-Fürsprecherin, kommentierte die Entscheidung einer Waldorfschule, das Kind eines AfD-Politikers nicht aufzunehmen, mit: »Kinder von AfD-Mitgliedern sind die neuen ›Judenkinder‹ und haben dort nichts verloren.«[70] Die Schule berief sich in der Begründung ihrer Ablehnung zwar auf die Parteimitgliedschaft des Vaters, allerdings wurden auch noch 109 andere Kinder abgelehnt. Laut Angaben der Schule hatte es 140 Anmeldungen auf nur 30 zu vergebende Plätze gegeben.[71] Und ein vorerst letztes Beispiel: Der rechtsradikale Shop-Betreiber Sven Liebich verkauft Sticker mit gelben Davidsternen, in denen das Wort »Jude« durch »Dieselfahrer« ausgetauscht wurde.[72]

Es ist richtig, dass beispielsweise AfD-Politiker und ihre Büros angegriffen werden. Das entschuldigt aber nicht, die Verbrechen der Nationalsozialisten derart zu verharmlosen. Im August 2019 wurde ein AfD-Politiker aus Nordrhein-Westfalen wegen des Vergleichs der AfD mit den verfolgten Juden vom Amtsgericht Augsburg zu einer Geldstrafe verurteilt.[73]

EMOTIONALISIEREN UND UMDEUTEN UM JEDEN PREIS

Als Martin Schulz im Juni 2016 eine Rede an der Hochschule für jüdische Studien in Heidelberg hielt, konnte er kaum ahnen, dass einer seiner Sätze zu einem geflügelten Wort unter rechtsradikalen Asylfeinden avancieren würde. Damals sagte Schulz: »Was die Flüchtlinge mit zu uns bringen, ist wertvoller als Gold. Es ist etwas, was wir in den letzten Jahren wohl irgendwo auf dem Weg verloren haben: Es ist die Überzeugung, ja der unbeirrbare Glaube an den Traum von Europa.«[74] Der damalige Präsident des Europäischen Parlaments hielt eine Rede über den Blick der Europäer auf ihren Kontinent.

Am rechten Rand wurde das Zitat auf »Wertvoller als Gold« zusammengestrichen und aus seinem ursprünglichen Kontext gerissen. Eine Phrase ist zum geflügelten Wort geworden und wird nun im Zusammenhang mit negativ auffallenden oder straffälligen Asylsuchenden verwendet. Innerhalb rechtsradikaler Kreise wird sie nun als ironische Bemerkung genutzt und soll auf die angebliche Naivität der SPD, aber auch der anderen Parteien, im Hinblick auf die Aufnahme von Geflüchteten verweisen. In diesem Kontext ist außerdem die Bezeichnung »Goldstücke« für Geflüchtete und Migranten zu verstehen. Der Begriff ist ebenso eine Referenz auf die Rede von Martin Schulz. Dass Martin Schulz bei seinem Auftritt kurz zuvor über die gemeinsame Verantwortung aller europäischen Länder in der Aufnahme und Versorgung Geflüchteter sprach, scheint sie nicht zu kümmern.

Ähnlich erging es Sigmar Gabriel, dem immer wieder vorgehalten wird, er habe Menschen, die die Asylpolitik der Regierung kritisieren, pauschal als »Pack« bezeichnet. Das hat er nicht getan. Als »Pack« bezeichnete Gabriel, der damalige Vizekanzler und SPD-Vorsitzende, diejenigen, die im sächsischen Heidenau unter massiven Ausschreitungen die Ankunft von Asylsuchenden verhindern wollten.[75] Man muss Gabriel nicht zu dieser Wortwahl gratulieren, sie wurde allerdings seitdem ständig aus dem Kontext gerissen. Die Rechtsradikalen haben sich diese Bezeichnung angeeignet.

Es erging auch dem im Juni 2019 erschossenen Walter Lübcke so, der über Jahre Ziel massiver Anfeindungen und Drohungen war. Als Regierungspräsident Hessens nahm er im Herbst 2015 an einer Versammlung in Lohfelden Teil, in der es um die Unterbringung Asylsuchender in einem ehemaligen Baumarkt ging. Als er immer wieder von Rechtsradikalen im Saal gestört und beleidigt wurde, adressierte er sie direkt und sagte, man müsse für Werte eintreten, und wer diese nicht vertrete, könne das Land verlassen. Dass damit die Störer gemeint waren, sollte später nicht erwähnt werden. Das rechtsradikale »Alternativmedium« PI-News veröffentlicht nur einen Ausschnitt der Szene und liefert auch noch die Büroadresse Lübckes mit. In der Zeit, die zwischen der Versammlung und dem tödlichen Schuss auf Walter Lübcke verging, wurde in Videos, Social-Media-Posts und Blogs immer wieder auf diese Äußerung verwiesen, immer wieder begleitet von Aufrufen zur Gewalt. Der kurze Ausschnitt wird auch nach dem Tod Lübckes immer wieder auch von etablierten Medien genutzt, ohne auf die Umstände, in denen der Satz fiel, hinzuweisen.[76] Auch das ist eine Taktik der Rechtsradikalen: Sie befeuern den Hass über Jahre. Die erste Hasswelle mag die sichtbarste sein, viele der Betroffenen sind aber monate- oder jahrelang das Ziel von Beleidigungen und Drohungen.

Mit Hans-Georg Maaßen, der als Präsident des Bundesverfassungsschutzes lange Zeit eines der wichtigsten Ämter im deutschen Sicherheitsapparat bekleidete, gesellte sich vor nicht allzu langer Zeit ein weiterer prominenter Mann in die Reihe der Umdeuter. Noch im Amt reagierte er auf ein Video, das die Ausschreitungen nach dem tödlichen Angriff auf einen Chemnitzer zeigt, mit Spekulationen. Er stellte die Authentizität eines Videos, in dem zu sehen ist, wie eine Gruppe von Männern Jagd auf nicht weiße Menschen macht, infrage: »Nach meiner vorsichtigen Bewertung sprechen gute Gründe dafür, dass es sich um eine gezielte Falschinformation handelt, um möglicherweise die Öffentlichkeit von dem Mord in Chemnitz abzulenken.«[77] Das Video wurde hingegen von mehreren Journalisten auf seine Echtheit überprüft und stellte sich als authentische Aufnahme heraus, die während der Ausschreitungen in Chemnitz gemacht wurde. Auch den Begriff der Hetzjagd, der in Politik und Medien benutzt wurde, lehnte Maaßen ab. In der Folge stritt Deutschlands politische Öffentlichkeit über Wochen über die Definition von Begrifflichkeiten wie Hetzjagd, Jagdszenen und anderen. Nicht erst seit dieser Debatte ziehen Rechte den Begriff immer wieder aus der Schublade, um auf vermeintliche Fehler in den Medien zu verweisen und so ihre pauschale Ablehnung Journalisten gegenüber zu erklären.

Die Diskussion lenkte ab. Zum Beispiel vom Angriff einer Gruppe aus 20 bis 30 Vermummten auf ein jüdisches Restaurant am gleichen

Tag. Oder von der Tatsache, dass der Lagebericht der Polizei über die Geschehnisse in Chemnitz folgenden Satz enthielt: »100 vermummte Personen (rechts) suchen Ausländer.«[78] Ende August 2019 wurden weitere Details aus einem vertraulichen Bericht des sächsischen Landeskriminalamtes bekannt. Auf überprüften Handys bekannter Rechtsradikaler, die Ende August 2018 an den Demonstrationen beteiligt waren, wurden Chats gefunden, die Verabredungen zur Jagd auf Menschen belegen.[79] Die Männer brüsteten sich außerdem mit tätlichen Angriffen auf Menschen, die sie als Asylsuchende identifiziert haben wollten. Maaßen wurde in den Ruhestand versetzt und legt seitdem immer wieder nach. Im Juli 2019 twitterte er, die *Neue Zürcher Zeitung* sei für ihn so etwas wie Westfernsehen und verglich damit die deutschen Medien in ihrer Gesamtheit mit denen der DDR.[80] Er verlinkte auf einen Artikel, in dem der Mythos von der aussterbenden Mehrheitsgesellschaft ohne Migrationsgeschichte in Deutschlands Städten bedient wird. In rechtsradikalen Milieus wurde der Text entsprechend goutiert.[81] Was diese nun zur Schau gestellten Einblicke in die Weltsicht Maaßens für die Arbeit des Inlandgeheimdienstes unter seiner Führung bedeutete, bleibt insgesamt noch aufzuarbeiten. Mehrere Hinweise darauf waren schon vor dem Streit von Chemnitz bekannt.

Der Kampf um Begriffe

Rechtsradikale arbeiten sich nicht nur an der Umdeutung des Begriffs der Meinungsfreiheit ab. Sie beanspruchen für sich selbst, definieren zu dürfen, wie Sprache zu sein hat und zu deuten ist. Regelmäßig werden Menschen abgewertet und angegriffen, wenn sie sich etwa für geschlechtergerechte Sprache oder gegen die Verharmlosung rassistischer Begriffe einsetzen. Immer wieder ist dann bei Rechten von »Neusprech« die Rede. Sie beziehen sich auf »1984«, George Orwells Klassiker der dystopischen Literatur. In diesem Roman bezeichnet »Neusprech« die Umgestaltung von Sprache, indem negative Tatsachen mit positiv klingenden Begriffen benannt werden. Dabei kämpfen Rechte selbst fortlaufend um Begriffe, arbeiten an der Umdeutung und Neuschaffung von Worten. Dass

Emotionalisieren und Umdeuten um jeden Preis

das manchmal auch ganz gezielt und strukturiert geplant wird, zeigt ein Beispiel aus Österreich.

Die Identitäre Bewegung dort hat die Umdeutung von Begriffen zu einem ihrer Ziele gemacht. Im Kontext von Asyl und Migration identifiziert sie einige Begriffe, die von Rechten schon erfolgreich angeeignet und umgedeutet wurden und bereits zu Abwehrreaktionen in Teilen der Bevölkerung führen. Dazu zählen »Fachkräfte aus dem Ausland«, »Einzelfall« im Kontext von Kriminalität, »Bereicherung«, »Vielfalt« und »bunte Gesellschaft«. Wie aus den in Österreich beschlagnahmten Dokumenten (siehe Kapitel II) hervorgeht, sollte eine einmonatige Kampagne unter dem Namen »Integrationslüge« dem Begriff der Integration zu ähnlich negativer Konnotation verhelfen. Die Integration von Menschen aus anderen Ländern widerspricht dem Ziel der Gruppierung, nach dem die geografische Trennung von »Kulturen« erwirkt werden soll. Eine Bekämpfung der Integrationsidee ist in ihrer Binnenlogik daher die Konsequenz. Neben der Umdeutung wird auf die Mobilisierung von Anhängern, auch in der Politik, und die Gewinnung neuer Sympathisanten abgezielt.

Eine Kampagne dieser Art folgt immer auch der Verteidigungslogik der Identitären Bewegung, nach der die Aufnahme von Asylsuchenden Teil eines »Multikulti-Totalitarismus« ist. Immer wieder schüren die Aktivisten so Ressentiments und rufen dazu auf, sich zu »verteidigen«. Sie selbst konstruieren ihren politischen Feind zum Aggressor, obwohl sie selbst die Angreifer sind. Dieser Ideologie vom Verteidigungskampf folgen weltweit immer wieder Gewaltakte.

Im konkreten Beispiel sollte für die Umdeutungskampagne möglichst ein Integrationsverein oder eine islamische Einrichtung ausgewählt und stellvertretend zum Feind erklärt werden. Dabei war das Ziel ausgegeben, eine Organisation auszuwählen, die auch von Nichtanhängern der Identitären ohnehin kritisiert oder abgelehnt wurde. Der Vorsatz: Dem Verein sollten die Fördergelder gekürzt oder ein Verbot erteilt werden. Die dazugehörige Lobbyarbeit zielte auf die FPÖ ab, zu der sich die Identitäre Bewegung in ideologischer Nähe sieht. Dazu zählten etwa »Fact-Sheets« mit allen Eckdaten, die den Politikern der Freiheitlichen

Partei zugeschickt werden sollten. Dieses Dokument mit der Auflistung von Antworten auf häufig gestellte Fragen wird im Konzept ironiefrei als »defensive Lenkwaffe« bezeichnet. Die Identitäre Bewegung und der österreichische Pegida-Klon sollten für den Aktivismus auf der Straße zuständig sein, während Sympathisanten ebenso wie FPÖ-Wähler besonders im Netz etwa durch Selfie-Kampagnen oder mit einer Petition in den politischen Kampf einbezogen werden würden. Parteien und Publikationen aus dem rechten Spektrum galten als potenzielle Multiplikatoren. Als mögliche Plattformen für die Verbreitung ihrer digitalen Kampagne identifizierte man beispielsweise die Facebook-Seite von Hans-Christian Strache, den YouTube-Kanal der FPÖ und das Rechtsaußen-Medium *Unzensuriert*. »Öffentliche Medien«, wie die IB etablierte Medien im Vergleich zur »Gegenöffentlichkeit« aus rechten Medien bezeichnet, sollten durch den Umfang der Kampagne zur Berichterstattung veranlasst werden.

Die Identitäre Bewegung unterteilt Aktionen nach dem Systemtheoretiker Niklas Luhmann in vier Phasen, die, wie im Fall der Anti-Integrations-Kampagne, zeitlich streng durchgetaktet sind: Vorangestellt ist eine eintägige »Vorbereitungsphase«, in der Analyse und Theorie im Mittelpunkt stehen. In einer einwöchigen »Latenzphase« erfolgt die Vorstellung der Kampagne bei allen möglichen anzusprechenden Personen und Lobbygruppen. Im Spektrum der rechten Medien wird eine breite Berichterstattung oder »maximale Fokussierung« vorbereitet, die FPÖ soll durch Anfragen und »politischen Druck« mit der Kampagne vertraut gemacht werden. Bereits in dieser Phase wird die Aktion außerdem im Internet angekündigt, etwa durch Teaservideos oder mit ersten gemeinschaftsbildenden Maßnahmen, wie einem Formular, in dem Interessierte ihre Bereitschaft erklären können, an der Kampagne teilzunehmen. Während der anschließenden zweiwöchigen »Durchbruchsphase« befeuern die Aktivisten ihre Kampagne durchgehend mit allen ihnen zur Verfügung stehenden Mitteln: Pressekonferenz, Pressemitteilungen, Videos, Vermarktung auf sozialen Medien, Berichterstattung in rechten und möglicherweise auch etablierten Medien sowie analogen Aktionsformen wie einer Besetzung oder Demonstration. Sie üben dabei auch emotionalen

Druck auf Sympathisanten aus und erzeugen eine Angst vor dem Verpassen, ein »jetzt oder nie«. Es folgt die mehrtägige »Modephase« mit weiteren Aktionen im öffentlichen Raum, etwa mit Plakatenthüllungen auf Statuen oder Werbetafeln. Social Media nimmt auch hier eine wichtige Position ein. Trendende Hashtags oder virale Memes gehören ebenso zum Ablauf wie eine Demonstration, die zur Adresse des auserwählten Gegners führen soll und alleine deshalb schon provozierend ist. Die Demo wird durch einen zusätzlichen symbolischen Akt weiter aufgeladen. Dazu zählen für die IB etwa das »Verbrennen eines Dokuments, Verlesen einer Erklärung, Übergabe eines Gegenstands« oder das Anbringen eines großen Banners. Zum Kampagnenabschluss folgt die »Ablebephase«, in der die Erfolge gefeiert werden, selbst wenn das eigentliche Ziel nicht erreicht wurde. Die Deutung allein zählt.

Im konkreten Aktionskonzept zur Umdeutung des Integrationsbegriffes heißt es: »Integration ist nicht möglich, wenn wir Minderheit im eigenen Land werden«. Die Identitäre Bewegung formuliert dabei nur die Idee eines Wahlplakats der NPD aus dem Jahr 2014 um: »Heute sind wir tolerant – morgen fremd im eigenen Land.« Diesen Satz eignete sich auch Alexander Gauland an und verwendete ihn 2016 bei einer Wahlkampfrede in Brandenburg.[82]

In der Tat werden die zuvor schon erwähnten Begriffe – »Fachkräfte aus dem Ausland«, »Einzelfall« im Kontext von Kriminalität, »Bereicherung«, »Vielfalt« und »bunte Gesellschaft« – in einigen Kreisen zur Verächtlichmachung von Asylsuchenden, Migranten und Sozialliberalen verwendet. Auf den Begriff Integration trifft das allerdings nicht zu.

Hinter Gewalt und Antisemitismus stecken immer die anderen. Oder es war nicht so schlimm.

Die Bestrebungen zur Umdeutung beschränken sich nicht auf Worte allein. Geht es um Themen wie häusliche und sexualisierte Gewalt oder Antisemitismus, sind in der Regel diejenigen Täter, die nach der Logik der Rechtsradikalen nicht zu Deutschland gehören. Selbst wenn sie einen deutschen Pass haben oder seit Jahren in Deutschland wohnen. Gewalttätige und antisemitische Übergriffe werden dann thematisiert, wenn die Täter nicht deutscher Herkunft oder muslimischen Glaubens sind. Sie sind Teil der rechtsradikalen Untergangserzählung. Manchmal gehen Rechtsradikale sogar so weit, Straftaten von Tätern nicht deutscher Herkunft pauschal zu politisch motivierter Gewalt umzuetikettieren, um sie politisch motivierten Straftaten Rechtsradikaler gegenüberzustellen. Auf diese Weise werden Hass und Gewalt externalisiert und zu etwas erklärt, das unter Deutschen nicht vorkomme. Auf vergleichbare Taten von deutschen Tätern ohne Migrationsgeschichte wird hingegen in der Regel nur im Zusammenhang mit einer überproportionalen Thematisierung nicht weißer Täter hingewiesen.

Eine andere Verteidigungstaktik der Rechten ist es, zu behaupten, ihre politischen Gegner würden die Augen vor Straftaten von Asylsuchenden und Antisemitismus unter Muslimen verschließen. Das macht aber niemand. Rechte berufen sich darauf, für die Sicherheit der (deutschen) Frauen und ihren Schutz vor sexualisierter Gewalt zu kämpfen. Allerdings beschränkt sich dieser Kampf auf Vorfälle, in denen die Täter nicht deutscher Herkunft sind. Es geht letztlich nur um ein weiteres Feld, in dem antimuslimische und rassistische Ressentiments ausgelebt werden können. Das zeigt sich auch daran, dass insbesondere Kritikerinnen – oder weiblichen Familienmitgliedern von Kritikern – immer wieder Vergewaltigungen gewünscht werden.

Rassistische Übergriffe hingegen werden von Rechtsradikalen regelmäßig verharmlost oder gänzlich umgedeutet. Immer wieder kommentieren sie zivilgesellschaftliches Engagement gegen Rechtsradikalismus abfällig als den »Kampf gegen räächts« oder »Wir brauchen mehr Mittel gegen räächts« (auch: »rääächts« oder »räääächts«). Diese Phrase ist Teil der Strategie, rechtsradikale Gewalt als Nichtigkeit abzutun, und wird unter anderem von Pegida-Gründer Lutz Bachmann, dem Blogger Don Alphonso (bürgerlich Rainer Meyer), den AfD-Bundestagsabgeordneten Petr Bystron und Stephan Brandner, mehreren AfD-Verbänden und anderen benutzt.

Die Fakten sprechen für sich: In Deutschland wurden seit der Wiedervereinigung mehr als 170 Menschen von Rechtsextremen getötet.

Nationalität und der Pressekodex

Dass Rechtsradikale kein Problem mit Zugewanderten und Deutschen mit Migrationsgeschichte hätten, die arbeiten und Deutsch sprechen, ist seit Jahrzehnten ein gern gepflegter Mythos. Dabei behaupten sie selbst immer wieder, dass Menschen, die keinen urdeutschen Namen haben oder nicht weiß sind, keine Deutsche sein können.

Seit geraumer Zeit werden etablierte Medien von Rechtsradikalen scharf angegriffen, wenn in der Berichterstattung über Straftaten keine Informationen zur Herkunft von Verdächtigen oder Tätern enthalten sind. Diese Vorwürfe betreffen zum Teil auch die Polizei. Diesem Druck gab als erste die *Sächsische Zeitung* nach. Seit Mitte 2016 nennt die Tageszeitung immer die Nationalität von Verdächtigen und Straftätern. Den Schritt begründete die *Sächsische Zeitung* so: »Gerade das Nichtnennen der Nationalität von Straftätern und Verdächtigen kann Raum für Gerüchte schaffen, die häufig genau denen schaden, die wir doch schützen möchten.«[83]

Auch in den Redaktionen anderer Medien wurde und wird darüber diskutiert, ob es zur Informationspflicht gehört oder Voyeurismus ist, die Herkunft von Verdächtigen und Straftätern zu nennen.[84] Seit der Kölner Silvesternacht 2015 hat sich die Berichterstattung über tatverdächtige Ausländer verändert. Nach dieser Nacht, in der es zahlreiche sexuelle Übergriffe auf Frauen durch junge Männer – überwiegend aus dem nordafrikanischen und arabischen Raum – gab und über deren Herkunft erst spät informiert wurde, nahmen die Vorwürfe gegen die Berichterstatter zu. Aus diesem Anlass änderte schließlich auch der Deutsche Presserat die Richtlinie 12.1 im Pressekodex. Diese gibt eine Empfehlung für Journalisten aus, in welchen Fällen die Zugehörigkeit von Verdächtigen oder Tätern zu ethnischen, religiösen oder anderen Minderheiten zu nennen ist. Zuvor wurde die Nennung nur bei einem konkreten Sachbezug empfohlen, also einem Zusammenhang zwischen der Tat und Herkunft oder Religion des Verdächtigen oder Täters. In der Neufassung heißt es nun, die Herkunft sollte nur bei einem begründeten öffentlichen Interesse genannt werden. Der Interpretationsspielraum für diese Richtlinie ist groß.

Angst, Hass und Untergang nach Anleitung

Ein Blick in die Kriminalitätsberichterstattung der *Sächsischen Zeitung* Anfang September 2019 zeigt jedenfalls, dass nicht in jedem Fall die Nationalität Verdächtiger genannt wird. Das liegt unter anderem daran, dass die Polizei deren Herkunft nicht immer nennt. Hinzu kommt, dass die Pressemitteilungen der Polizei nur einen selektiven Ausschnitt des Kriminalitätsgeschehens darstellen, worauf die *Sächsische Zeitung* nach ihrer Entscheidung, die Herkunft immer zu nennen, auch immer wieder hingewiesen wurde.

So tauchte ein Streit zwischen einer Frau und einem Mann im sächsischen Riesa Ende August 2019 nicht im Polizeibericht auf. In dessen Verlauf verletzte die Frau den Mann mit einem Messer. Daraufhin wurde in den sozialen Medien das Bild eines Getränkemarkts und die Behauptung verbreitet, »Merkels Lieblinge« (unter Rechten ein Synonym für Geflüchtete, siehe auch: »Goldstücke«) hätten dort geklaut und dann »einem ein Messer in den Hals gerammt«. Der Vorwurf: Die Medien würden den Vorfall verschweigen. An der Auseinandersetzung waren allerdings nur die beiden erwähnten Personen beteiligt. Und beide hatten die deutsche Staatsbürgerschaft. Auf Nachfrage, warum der Vorfall nicht im Polizeibericht landete, sagte ein Polizeisprecher gegenüber der *Sächsischen Zeitung:* »Beziehungstaten werden im Regelfall nicht für den Polizeibericht ausgewählt.«[85] Ausgerechnet ein Artikel in der eigenen Zeitung bestätigt die Kritiker der Neuregelung von 2016.

Letztendlich haben Rechtsradikale als Reaktion auf die Veränderungen in der Berichterstattung – die Herkunft wird nur bei begründetem öffentlichem Interesse genannt – auch ihre Taktik angepasst. Die Nennung der Nationalität reicht ihnen heute längst nicht mehr aus. Stattdessen werden nun Fotos von Verdächtigen oder Tätern oder deren voller Name lautstark eingefordert. Ist deren Haut nicht weiß oder der Name nicht urdeutsch genug, werden sie prompt wieder zu Nichtdeutschen erklärt. Der ideologische Unterbau ist ein herabsetzender Rassismus, wonach Menschen, die beispielsweise aus verschiedenen Regionen Asiens oder Afrikas stammen oder entsprechenden Kulturen angehören, mit einer als homogen konstruierten deutschen Kultur nicht vereinbar sind. Die Anlässe für Spekulationen über ein angebliches Verschweigen der

Hautfarbe, Religion oder Herkunft von Tätern sind vielfältig. Im November 2019 wurde Fritz von Weizsäcker, der Sohn des ehemaligen Bundespräsidenten Richard von Weizsäcker, während eines Vortrags in Berlin erstochen. Danach mutmaßte der anonyme Twitter-User »Hartes Geld« darüber, dass die Hände des mutmaßlichen Täters bei der Festnahme »verhüllt« waren.[86] Weiter heißt es im Tweet: »Polizei macht keine Angaben zum Täter.« Damit soll suggeriert werden, dass die Herkunft des Täters verschwiegen werde. Der Grund für die »Verhüllung« ist jedoch so einfach wie logisch: Sie dient der Spurensicherung.[87]

Es gibt auch Anleihen aus der Rassenlehre: Selbsternannte Hobby-Humangenetiker stellen immer wieder groteske Vergleiche mit der Tierwelt an. Beliebt ist etwa der Vergleich, dass eine Maus, die im Pferdestall geboren sei, ja auch kein Pferd sei. Lutz Bachmann kommentierte auf dem russischen sozialen Netzwerk vk.com einen Zeitungsartikel, in dem eine Hijab tragende Frau als Iserlohnerin vorgestellt wurde, folgendermaßen: »... und ne Katze die im Fischladen Junge wirft, hat dann Heringe oder wie?«[88]

Dieses »Othering«, also die Erklärung bestimmter Gruppen zu »Anderen« in Abgrenzung zur eigenen Gruppe, ist Hauptbestandteil und Konstante der Strategie Rechtsradikaler, die sich nach einem homogenen »Volk« sehnen. Das äußerte sich zum Beispiel auch, als US-Präsident Donald Trump vier nicht weißen, weiblichen, demokratischen Kongressabgeordneten über Twitter erklärte, sie sollten in ihre Länder zurückgehen, wenn sie mit seiner Regierung nicht zufrieden seien. Drei der vier Frauen wurden in den USA geboren, die vierte lebt seit ihrem zehnten Lebensjahr dort.

DESINFORMATION ALS STRATEGIE

Rechtsradikale haben kein Monopol auf Falschmeldungen. Auch in der politischen Mitte und in linksradikalen Kreisen werden Falschbehauptungen verbreitet, eine Immunität gibt es dort nicht. Das liegt unter anderem am sogenannten Confirmation Bias. Demnach verfangen Falschmeldungen bei Menschen besonders gut, wenn sie in ihre subjektive Weltsicht passen. Außerdem gibt es eine Vielzahl an Falschmeldungen, die in das Themenfeld Gesundheit und Medizin einzuordnen sind und nicht zwingend eine politische Komponente enthalten. Es gibt allerdings Gründe, warum Falschmeldungen aus dem rechten Spektrum besonders erfolgreich sind. Zuallererst ist der »Infokrieg« erklärte Strategie einiger rechtsradikaler Gruppierungen: Sie benennen ihre Chatgruppen nach diesem Begriff und trainieren die Manipulation ihrer Gesprächspartner, ähnlich wie im bereits beschriebenen Handbuch für Trolle. Entsprechend gelassen reagiert man in diesen Kreisen auch, wenn öffentlich wird, dass sie eine Falschmeldung verbreitet haben. In vielen Fällen belassen sie es bei einer Variante von »Hätte aber sein können!«. Dieser Satz fällt bisweilen auch im Zusammenhang mit absurden Falschmeldungen und erfundenen Zitaten. Eine andere Abwehrreaktion, die auftritt, wenn darauf hingewiesen wird, dass jemand eine Falschmeldung verbreitet hat, ist Ablenkung. Prompt wird dann zum Beispiel behauptet, die Hinweisgeber auf den mangelnden Wahrheitsgehalt einer Meldung würden selbst Straftaten von Zuwanderern und Asylsuchenden im Allgemeinen ignorieren.

Dass auch die AfD kein Problem darin erkennt, Falschmeldungen zu verbreiten, zeigt sich beispielhaft an einer Erklärung des damaligen Pressesprechers des AfD-Bundesverbandes und späteren Pressesprechers der AfD-Bundestagsfraktion, Christian Lüth. Im Sommer 2017 wurde über das Twitter-Konto der Partei das manipulierte Bild einer jungen Frau mit einem Backstein in der Hand verbreitet. Ursprünglich hatte ein rechtsradikales Fake-Profil auf Twitter das Bild veröffentlicht, unter der Behauptung, es handele sich dabei um eine gewaltbereite Antifa-Aktivistin. In Wahrheit stammte das Bild aus einem Werbefilm der Jungen Union, in dem die Frau vor der Roten Flora in Hamburg posiert und sagt: »Jeder Extremist ist Mist.« Auf diesen Kontext hingewiesen antwortete Lüth dem Faktenfinder der »Tagesschau«: »Wenn die Message stimmt, ist uns eigentlich egal, woher das Ganze kommt oder wie es erstellt wurde. Dann ist es auch nicht so tragisch, dass es Fake ist.«[89]

Seit Jahren werden immer wieder erfundene Zitate von Politikern verbreitet, die nicht aus der Mode kommen, obwohl die betroffenen Politiker und Medien immer wieder darauf hinweisen, dass es sich um Fakes handelt. Betroffen sind neben Politikern der SPD und Angela Merkel vor allem die beiden Grünen-Politikerinnen Renate Künast und Claudia Roth. Seit Jahren kursiert beispielsweise ein frei erfundenes Zitat, das Künast zugeschrieben wurde. Die habe angeblich nach einem von einem Asylsuchenden verübten Mord in Freiburg gesagt: »Der traumatisierte Junge Flüchtling hat zwar getötet, man muss ihm aber jetzt trotzdem helfen«.[90] Damit das Zitat glaubwürdiger erscheint, wurde die *Süddeutsche Zeitung* als Quelle angegeben. Künast hatte schon 2016 auf Facebook reagiert und dies als »Fake News« bezeichnet.[91] Dennoch wird dieses Zitat ebenso wie andere gefälschte Politiker-Zitate immer wieder verbreitet. Thematisch geht es meist um Asyl und Migration, aber auch den Klimawandel. Roth und Künast sind inzwischen erfolgreich juristisch gegen solche Zitate-Fakes vorgegangen, unter anderem gegen Erika Steinbach.[92]

Ein weiterer Grund für den Erfolg von Falschmeldungen in rechtsradikalen Kreisen ist, dass viele der Fakes Emotionen bedienen, die in sozialen Medien besonders häufig Reaktionen auslösen: Wut und Angst. Falschnachrichten über Gewalt, Bedrohungen und zusätzlich solche, die Sozialneid auslösen sollen, dominieren das Feld. Anfang 2016 gründete ich die Plattform Hoaxmap, um auf die Masse von Falschmeldungen rund um das Thema Asyl und Migration hinzuweisen, die nach dem Sommer 2015 verbreitet wurden. Mit der Aufnahme Hunderttausender Geflüchteter, die zuvor auf der Balkanroute gestrandet waren, kamen auch die Falschmeldungen in großer Masse. Im September 2019 sind das etwa 500 widerlegte Behauptungen, die wir auf einer Karte für Deutschland, Österreich und die Schweiz eingetragen haben. Das ist letztlich nur die Spitze des Eisbergs, denn nicht alle Falschmeldungen sind verzeichnet oder werden widerlegt. Die Falschmeldungen in der Datenbank der Hoaxmap werden einer Kategorie zugeordnet. Die Kategorien, denen die meisten Fakes zugeordnet sind, sind Raub und Diebstahl, sexualisierte Gewalt und Meldungen über Geld- und Sachleistungen. Zu letzteren gehört beispielsweise die Falschmeldung, dass Asylsuchende beim Einzug in ihre Unterkünfte iPhones geschenkt bekämen. In der Masse der Falschmeldungen werden Geflüchtete und Zuwanderer entweder als Bedrohung für Leib und Leben oder als Gruppe, die den Sozialstaat zur Benachteiligung anderer Gruppen ausnutzt, dargestellt. Hinzu kommen vermeintliche Bedrohungen für Kultur und Traditionen in Deutschland. Dazu zählen die ewig wiederkehrenden falschen Feiertagsmythen, nach denen Weihnachtsmann und Weihnachtsmarkt und außerdem der Osterhase aus Rücksicht auf Muslime ihre Namen abgeben müssten. Das ist jedes Jahr falsch, funktioniert aber jedes Jahr noch gut genug, um antimuslimische und antiliberale Ressentiments zu bestärken.

Videos und Fotos

Ein »guter« Fake verbreitet sich auf allen Social-Media-Plattformen. Zusätzlich werden aber auch Messengerdienste wie WhatsApp und Telegram immer wichtiger. Das haben der brasilianische Präsident Bolsonaro und seine Unterstützer im Wahlkampf vor der Präsidentschaftswahl 2018 gezeigt, als unzählige Falschmeldungen für den rechtsradikalen Kandidaten und gegen seine Gegner verbreitet wurden.

Zu den wichtigsten Mitteln der Desinformation gehören, neben den frei erfundenen Zitaten, entkontextualisierte oder manipulierte Fotos und Videos. Dabei machen sich diejenigen, die Fakes in die Welt setzen, in der Regel keine große Mühe. Es reicht, ein Foto aus dem Kontext zu reißen und eine neue Geschichte dazu zu dichten. Dazu gehören beispielsweise eine Handvoll Fotos von Männern, die immer wieder im Zusammenhang mit Anschlägen verbreitet werden, unter der Behauptung, es handele sich um die Täter. Außerdem sind Fotos und Videos sehr beliebt, die eine Momentaufnahme zeigen, in der aber etwas völlig anderes zu sehen ist, als im dazugehörigen Text behauptet wird.

Vor der Bundestagswahl 2017 verbreitete eine rechte Facebook-Seite ein Video aus Leipzig, das als Beleg für die angebliche »Islamisierung« Deutschlands angeführt wurde. Zu sehen war eine Gruppe von Menschen, die mehrheitlich lange, weiße Gewänder trugen. Zunächst einmal ist eine Gruppe von etwa 20 Personen in einer Stadt mit knapp 600.000 Einwohnern kaum ein Beweis für eine große Veränderung des demografischen Gefüges. Außerdem handelte es sich bei den Personen im Video auch nicht um Muslime, sondern um eritreische Christen, die auf dem Rückweg von einer Taufe waren. Das Video wurde auf Facebook mehr als 12.000 Mal geteilt.[93]

Der umtriebige rechtsradikale YouTuber Henryk Stöckl fällt immer wieder durch die Verbreitung plumper Falschmeldungen dieser Art auf. Im Juli 2019 griff er ein Video auf, in dem eine große Gruppe schwarzer Menschen zu sehen war. Stöckl behauptete, es handele sich um heimlich nach Deutschland geholte Asylsuchende. Tatsächlich sind aber einfach nur Pendler auf ihrem Weg zur Arbeit bei einem großen Versandunternehmen zu sehen.[94] Das Video wurde zunächst auf YouTube, dann auch auf anderen Plattformen, darunter Facebook, Telegram und Twitter, verbreitet und tausendfach geteilt. Falschmeldungen dieser Art sind für Rechtsradikale ein Weg, ohne großen Aufwand vermeintlich visuelle Belege für ihre Bedrohungsszenarien zu liefern. Oftmals werden sie hunderte oder tausend Male ungeprüft weiterverbreitet.

Fakes gehen um die Welt

Falschmeldungen verbreiten sich längst völlig unabhängig von nationalen Grenzen. Fotos des US-amerikanischen YouTubers Sam Hyde werden in den Vereinigten Staaten nach Anschlägen oder Gewalttaten immer wieder als Täterfotos verbreitet. Sie werden längst auch in Deutschland genutzt. Eines der Fotos wurde beispielsweise nach der Amokfahrt in Münster im April 2018 auf Twitter unter der Behauptung verbreitet, der abgebildete Mann sei der Täter und AfD-Mitglied.

Teilweise werden Fake-Fotos über Jahre hinweg immer wieder in verschiedensten Teilen der Welt aufgegriffen. Als die geretteten Geflüchteten an Bord des Schiffs von Kapitänin Carola Rackete nach wochenlangem Zerren schließlich Ende Juni 2019 in Italien an Land gehen konnten, wurde sofort das Foto eines sehr muskulösen Mannes verbreitet, der angeblich zur Gruppe der Geflüchteten gehörte. Dasselbe Foto aber war bereits zuvor im September 2015 in einer ähnlichen Situation von einem britischen Pegida-Ableger verbreitet worden. Es gehört zu einer Sammlung von Fotos, die schon seit 2013 im Netz kursieren und in Australien aufgenommen wurden.[95]

Auch ein Foto des syrischen Geflüchteten Anas Modamani, der 2015 ein Selfie mit der Bundeskanzlerin aufnahm, muss immer wieder für Falschmeldungen herhalten. Das Foto wurde unter anderem im Zusammenhang mit mehreren Terroranschlägen in Europa und mindestens einer weiteren Straftat verbreitet, immer unter der Behauptung, der Mann auf dem Foto gehöre zu den Verdächtigen. Nach einem islamistischen Terroranschlag auf den Brüsseler Flughafen im März 2016 behaupteten zunächst deutsche rechtsradikale Blogs, Modamani gehöre zu den Tätern. Nur einen Tag später wurde die Falschmeldung international weiter verbreitet. Auf Englisch teilte eine »Jenna Abrams« diese Behauptung auf Twitter. Über dieses Twitter-Profil weiß man inzwischen, dass es der Sankt Petersburger Trollfabrik »Internet Research Agency« zugerechnet wird. Das geht aus den Unterlagen hervor, die Twitter dem Kongress der USA vorlegte.[96] Nicht nur die russische Trollfabrik verbreitete das Bild, sondern auch arabische Seiten, die nach Aussage Modamanis noch einige weitere »Fakten« dazuerfanden.[97]

Die Folgen der systematischen Desinformation

Über die Auswirkungen der zahlreichen viralen Falschmeldungen im Internet wird viel debattiert. Am intensivsten wird der mögliche Einfluss auf Wahlen diskutiert. Dieser ist aber umstritten. Als relativ sicher gilt, dass kaum jemand aufgrund von Falschmeldungen seine politische Gesinnung ins Gegenteil verkehrt. Wahrscheinlicher ist, dass Falschmeldungen ein Faktor sind, um Wahlberechtigte zu mobilisieren oder zu demobilisieren. Wie sich in den letzten Jahren gezeigt hat, ist das Wählerpotenzial für rechtsradikale Parteien unter den Nichtwählern groß. Die ständige Emotionalisierung und kontinuierlichen

Desinformation als Strategie

Falschmeldungen, in denen oft der angebliche Schauplatz genau benannt wird und so auch Anwohner angesprochen werden, könnten dazu beitragen, Nichtwähler zum Wählen zu mobilisieren. Im umgekehrten Fall können Falschmeldungen beispielsweise unter marginalisierten Gruppen den Eindruck verstärken, dass die zur Verfügung stehenden Kandidaten ihre Ziele und Wünsche nicht repräsentieren. Dazu könnte etwa gehören, dass Falschbehauptungen verbreitet werden, Kandidaten demokratischer Parteien hätten sich sexistisch oder rassistisch geäußert. Damit soll deren Wählern das Gefühl vermittelt werden, dass diese Politiker ihre Werte nicht vertreten würden. So könnte man dazu beitragen, dass sich diese Wählergruppen gegen einen Gang zur Wahlurne entscheiden.

Im Zusammenhang mit Wahlen gibt es eine bestimmte Falschmeldung, die immer wieder verbreitet wird, um das Vertrauen in die Demokratie zu zerstören. Meistens geht es schon Wochen vor einer Wahl damit los, dass Rechtsradikale, darunter der Verein Ein Prozent, zur »Wahlbeobachtung« aufrufen. Sie unterlegen ihren Aufruf mit der Andeutung, ohne eine Wahlbeobachtung würden gültige Stimmen für rechte Parteien zugunsten anderer Parteien manipuliert werden.

Die meisten Falschmeldungen werden allerdings völlig unabhängig von Wahlterminen verbreitet. Ein Teil davon wird ohne erkennbaren Anlass in die Welt gesetzt, ein anderer unter klarer Bezugnahme auf bestimmte Ereignisse. Zu den anlassbezogenen Falschmeldungen gehören Anschläge oder bevorstehende politische Ereignisse, etwa die Unterzeichnung des UN-Migrationspakts, sowie beispielsweise die tödliche Messerattacke in Chemnitz Ende August 2018.

Viele Fakes zielen darauf ab, das Vertrauen in die Demokratie und ihre Institutionen zu untergraben. Immer wieder werden deshalb Medien pauschal als »Lügenpresse« verunglimpft, weil sie etwas verschweigen würden. Das betrifft außerdem auch häufig Ämter und Institutionen, die Polizei oder auch einzelne Politiker oder ihre Parteien. Hinzu kommen weitere Personenkreise. Nach dem Tod eines Kötheners 2018 infolge eines Angriffs durch zwei afghanische Geflüchtete wurde die Glaubwürdigkeit des Gerichtsmediziners angezweifelt, weil die Ergebnisse der Obduktion nicht den Augenzeugenberichten und dem erwarteten Ergebnis rechtsradikaler Kreise entsprachen. Als Todesursache des jungen Mannes hatte der Experte nicht unmittelbar die Gewalteinwirkungen, sondern Herzversagen angegeben. Ein AfD-Landtagsabgeordneter behauptete daraufhin, die Landesregierung von Sachsen-Anhalt hätte Einfluss auf den Gutachter genommen, um die Wahrheit zu vertuschen.[98] Kurze Zeit später wurde erneut ein Gutachter in Köthen zum Manipulator erklärt. In der Stadt waren mehrere Autos abgebrannt. Daraufhin erklärten AfD-Vertreter und Rechtsradikale, Anhänger der Antifa seien dafür verantwortlich gewesen.[99] In der Nähe hatten nach dem Tod des Kötheners mehrere Demonstrationen stattgefunden. Nachdem der Gutachter als Ursache für den Brand einen technischen Fehler identifizierte, wurde auch dessen Glaubwürdigkeit angezweifelt, unter anderem von mehreren AfD- und NPD-Verbänden und dem islamfeindlichen Legida-Bündnis aus Leipzig.[100]

Es gilt die Frage zu beantworten, wie sich Falschmeldungen einerseits auf das Sicherheitsgefühl der Bevölkerung auswirken und andererseits Gewalt hervorrufen. Dabei müssen die Fakes nicht zwangsweise Grundlage der Gewaltbereitschaft einiger Menschen sein. Sie können aber dazu beitragen, dass bei gewaltbereiten Personen dann auch Menschen zu Zielen erklärt werden. In diese Kategorie fallen beispielsweise private Fahndungsaufrufe und Aufrufe zur Selbstjustiz, die seit Jahren, oft unter falschen Angaben, in sozialen Medien verbreitet werden. Beispielsweise gibt es ein falsches Fahndungsfoto, das im Rahmen der G20-Proteste in Hamburg 2017 verbreitet wurde. Es zeigte einen Mann, den die Polizei angeblich suchte. Auf einem privaten Facebook-Profil hieß es, der Mann hätte die Erblindung eines Polizisten verursacht. Außerdem sei von den Behörden eine Belohnung ausgesetzt worden. Der falsche Fahndungsaufruf wurde begleitet von Aufrufen zu Gewalt.[101] Das Foto verbreitete sich allein in diesem einen Posting mehr als 130.000 Mal, obwohl die Polizei die Situation richtigstellte: keine Öffentlichkeitsfahndung, keine Belohnung und auch kein im Rahmen der Proteste erblindeter Polizist.

Desinformation als Strategie

In den vergangenen Jahren haben wir immer wieder davon gehört, wie Falschbehauptungen in Ländern wie Indien und Nigeria dazu geführt haben, dass Menschen zu Tode kamen. Es gibt aber auch erschreckende Fälle aus europäischen Ländern. Im Frühjahr 2019 wurden mehrfach Roma in Frankreich gewalttätig angegriffen, weil zuvor verbreitet worden war, dass diese Kinder in einem weißen Auto entführen würden.[102] Dieser antiziganistische Mythos ist uralt und lässt sich bis ins 17. Jahrhundert zurückverfolgen. Er wird auch in Deutschland immer wieder verbreitet.

Im brandenburgischen Bagenz griff kurze Zeit später eine Gruppe Vermummter unter rassistischen Parolen eine Jugendherberge an. In sozialen Medien und über Messenger-Apps wurde zuvor verbreitet, dass in der Nähe eine Frau vergewaltigt und eine weitere Frau getötet worden sein soll. Bei einem Polizeieinsatz seien zwei »Ausländer« aus der Jugendherberge geflohen. Tatsächlich wurde eine Vergewaltigung am nahen Stausee angezeigt. Eine tote Frau und die flüchtenden Männer gab es nicht. In der Jugendherberge waren auch nie Asylsuchende untergebracht. Zum Zeitpunkt des Angriffs durch die vermummten Männer hielt sich dort eine Schulklasse aus Frankfurt (Oder) auf.[103]

Mit einer Mischung aus selektiv zusammengetragenen Berichten über Straftaten von Ausländern und People of Color sowie veralteten, aus dem Zusammenhang gerissenen und völlig frei erfundenen Meldungen stricken sich Rechtsradikale ihre Bedrohungslage. Es ist das Fundament ihrer Erzählung: Sie wähnen sich im Krieg und es liege an ihnen, Deutschland zu verteidigen.

Entwicklungen und Kontinuitäten

In der Welt der rechten Falschmeldungen sind einige Neuerungen, aber auch Beständigkeit zu verzeichnen. Mittlerweile wird viel über die sogenannten Deepfakes geredet. Mit Hilfe künstlicher Intelligenz können Videosequenzen generiert werden, in denen Personen Dinge sagen, die sie nie gesagt haben. Tatsächlich wird diese Technologie immer besser und steht immer mehr Menschen zur Verfügung. Darüber und über die möglichen Gefahren sollte öffentlich aufgeklärt werden. Ebenso sind Investitionen in Technologien, mit denen diese Videos identifiziert werden können und die beispielsweise Faktencheckern zur Verfügung gestellt werden, absolut sinnvoll. Tatsächlich gibt es heute schon einige technische Lösungen, die vielversprechend sind, was die Enttarnung solcher Fake-Videos angeht. Nur hat kaum jemand Zugriff auf diese Tools.

Die Debatte um die mögliche Bedrohung der politischen Öffentlichkeit durch Deepfakes lenkt häufig ab. Denn benötigt werden Deepfakes aktuell gar nicht. Stattdessen werden alte Fakes immer und immer wieder verwendet und wieder neu verbreitet. So zum Beispiel die Fake-Zitate von Renate Künast und Claudia Roth oder die Fotos des YouTubers Hyde und des Syrers Modamani. Hinzu kommt, dass vermehrt alte Medienberichte ohne Hinweis auf das Datum der Erstveröffentlichung verbreitet werden. So werden beispielsweise Berichte von 2015 über die kurzfristige Aufnahme Tausender Geflüchteter verbreitet, als handele es sich um aktuelle Meldungen. Wenn sich Recycling in einem Lebensbereich durchgesetzt hat, dann wohl im Bereich der Dauerfakes. Besonders umweltschonend ist das allerdings nicht. In sozialen Medien werden viele Falschmeldungen inzwischen als »Netzfund« beschrieben, ganz nach dem alten Motto »Quelle: Internet«. Diese Beschreibung dient oft dazu, den Ursprung einer Meldung zu verschleiern, der oft in rechtsradikalen Blogs, Foren, Chatkanälen oder Social-Media-Profilen liegt. Oftmals werden bei Screenshots dann – medienrechtlich höchst fragwürdig – zusätzlich auch noch die Namen der Urheber unkenntlich gemacht.

Hinzu kommen Fotos und Videos, die mit einfachsten Mitteln manipuliert sind. Für Furore sorgte im Mai 2019 ein Video, in dem die demokratische US-Politikerin Nancy Pelosi betrunken oder verwirrt wirkt. Allerdings war Pelosi weder betrunken, noch handelte es sich dabei um einen Deepfake. Das Video eines öffentlichen Auftritts von Pelosi wurde einfach ein wenig langsamer abgespielt und in dieser Form hochgeladen, um den Effekt der Trunkenheit zu erzielen. Ob sich an der Aufmachung viraler Falschmeldungen in den nächsten Jahren viel ändert, bleibt abzuwarten. Sicher ist, dass einfach produzierte Fakes nicht so schnell aus der Mode kommen und lediglich Anpassungen an neue technische Möglichkeiten und Social-Media-Plattformen erfolgen werden.

»ALTERNATIVMEDIEN«: DAS GROSSE RAUNEN

Über die Jahre hat sich ein größeres Spektrum sogenannter Alternativmedien etabliert, die auf ein rechtes bis rechtsextremes Publikum zugeschnitten sind. Die Meldungen auf diesen Seiten bestehen nicht ausschließlich aus Falschinformationen. Es handelt sich vielmehr um eine individuell abgeschmeckte Mischung aus selektiven Berichten, die die politischen Ziele der Macher stützen. Sie kennzeichnen sich durch starke Zuspitzung, Umdeutung, Falschinformationen, Verschwörungsmythen und einen Mangel an Themenvielfalt. In einigen Fällen werden zusätzlich noch etwas Esoterik oder Tipps für die Vorbereitung auf den Weltuntergang eingestreut. Bei einigen »Alternativmedien« handelt es sich um Ein-Personen-Unternehmungen, bei anderen schreiben mehrere, namentlich genannte Autoren und bei wieder anderen schreiben ein oder mehrere Autoren anonym.

Die meisten dieser Publikationen verfügen über eigene Websites. So sind sie unabhängiger von den Social-Media-Plattformen, die einige dieser Profile in der Vergangenheit wegen Verstößen gegen Nutzungsbedingungen oder geltendes Recht gesperrt haben. Dennoch verzichten die rechten Publizisten zum Streuen ihrer Inhalte nicht auf die Social-Media-Plattformen, über die sie einen Großteil ihrer Leserschaft rekrutieren dürften. Zwar können auch die Webhosts, also die Serviceanbieter der Websitebetreiber, theoretisch wegen Verstößen gegen die Nutzungsbedingungen den Hahn abdrehen. Je nach Serverstandort passiert das aber mehr oder weniger oft.

Auch die Alternative für Deutschland will zugleich Partei sein und mediale Gegenöffentlichkeit herstellen. Sie kündigte in diesem Zusammenhang die Schaffung einer Abteilung an, die sie irreführend als

»Newsroom« betitelte (vgl. auch Kapitel III). Dieser soll die Inhalte der Partei an die Öffentlichkeit tragen, ohne dass eine Berichterstattung der etablierten Medien abgewartet werden muss.

Themenauswahl

Zu den wichtigsten Merkmalen der rechten Meinungsmedien gehört die stark begrenzte Themenauswahl. Ihre Startseiten sind meist dominiert von Artikeln, die gegen die Massenmedien, den Islam, »die da oben« und Geflüchtete und Migranten hetzen. Bei letzteren erfolgt meistens noch die Verbindung zu Kriminalitätsfällen und der inneren Sicherheit Deutschlands im Allgemeinen. Die Architektur einiger Seiten liefert einen guten Einblick in die Strategie der rechten Redaktionen.

PI-News, oder *Politically Incorrect*, gibt es schon seit 2004. Die Seite ist damit eines der ältesten, heute relevanten Rechtsaußen-Medien. Die Betreiber der Seite waren die meiste Zeit anonym. Als Verantwortlicher galt früher einmal ein Sportlehrer aus Köln, dann eine Schweizer Pfarrerin. Beide sollen nach ihrem offiziellen Rückzug aber weiter für *PI-News* geschrieben haben. Die weiteren Autoren bleiben weitestgehend anonym. Als dort 2015 ein verfälschender Artikel über Walter Lübckes Auftritt bei einer Bürgerversammlung in Lohfelden veröffentlicht wurde, verbreiteten Leser in den Kommentaren auch Lübckes Privatadresse. Der Titel des Artikels lautete damals: »Kasseler Regierungspräsident Lübcke legt Deutschen nahe, das Land zu verlassen«.[104]

Die ideologische Stoßrichtung von *PI-News* gibt bereits die Navigation der Website vor. Unter dem Punkt »Einwanderung«, der an erster Stelle steht, werden die Stichworte »Asyl-Irrsinn«, »Bereicherung™«, »Islamisierung Deutschlands« und »Islamisierung Europas« genannt. Auch wenn »Bereicherung™« auf den ersten Blick nicht so düster wirkt wie der Rest, ist das nicht nett gemeint. Es ist ein zynischer Kommentar auf ein klischeehaftes Abziehbild des politischen Gegners, der nach Einschätzung Rechtsradikaler die Augen vor Problemen im Kontext von Migration verschließt. Weiter geht es in der Navigation mit dem Thema »Kriminalität«, unter dem dann »Justiz« und »Migrantengewalt« aufgeführt werden.

Um Gewalt von Zuwanderern und Geflüchteten sowie Menschen nicht weißer Hautfarbe geht es in beiden Ressorts. Dann folgt »Islam«, mit den Unterpunkten »Islam ist Frieden™« (wieder zynisch gemeint), »Islam-Kollaboration« und vergleichbaren antimuslimischen Schlagworten. Unter dem Schlagwort »Linke« wird etwa mit »Linksfaschismus« und »Rote SA« gleich noch die NS-Zeit verharmlost und mit dem Thema »Altmedien« werden Unterkategorien wie »Fake News«, »Lügenpresse« und »Meinungsfreiheit« assoziiert. Einzig beim Thema »Aktivismus« endet der dystopische Blick auf Deutschland. Dort findet der geneigte Leser Artikel über die Identitäre Bewegung, Pegida und »Widerstand« im Allgemeinen.

Auf anderen Seiten werden noch einige weitere Themen untergemischt. David Berger, Gründer des Blogs *Philosophia Perennis*, bietet auch Artikel zu Literatur und Reisen an. Im Navigationsmenü stößt man aber auch auf klassische Agitationsfelder der Rechten, nämlich »Meinungsfreiheit und Zensur« und »Genderideologie«. Und auch hier spielt der Islam in der Themensetzung eine wichtige Rolle: Unter dem Oberthema »Islamisierung« werden Migration, »Allahu Akbar-Terror« und das gleichermaßen gruselige wie skurrile Thema »Cyber-Dschihad« behandelt. Berger schreibt hier allerdings nicht über islamistische Hackergruppen, sondern über Facebook. Das Unternehmen hatte gemeinsam mit einer britischen, islamischen Organisation einen Ratgeber herausgegeben, wie sich Muslime vor islamfeindlichen Angriffen schützen oder darauf reagieren können. Belege für seinen Vorwurf, der Ratgeber habe einen islamistischen Hintergrund, liefert Berger jedoch nicht. Stattdessen zitiert er die einzige Studie, die in der 19-seitigen, relativ wortarmen Broschüre herangezogen wird, vollkommen falsch und erwähnt auch nicht, dass darin auch vor terroristischen Rekrutierungsversuchen gewarnt wird.

Anders als der Rest

Die meisten der »Alternativmedien« verstehen sich als eine Art Gegenentwurf zu den etablierten Massenmedien. Diese Opposition ist meist auch Werbeclaim. Ohne Bezugnahme auf die »Mainstream-Medien« geht es nicht. Jürgen Elsässers *Compact-Magazin* etwa wirbt unter anderem mit dem Slogan »Lesen, was andere nicht schreiben dürfen.« Der *Deutschland-Kurier* wirbt vollmundig mit den Attributen »unabhängig«, »nicht ›gefärbt‹« und mit Themen, »die normalerweise totgeschwiegen oder nur am Rande berührt werden«.

Beweise dafür, dass die Inhalte des *Deutschland-Kuriers* sehr wohl ideologisch gefärbt sind, liefert eine Recherche von einigen wenigen Minuten. Unter den 35 mit Foto auf der Redaktionsseite präsentierten Autoren sind allein 21 Parlamentarier der AfD: darunter Abgeordnete aus dem EU-Parlament, wie Guido Reil, Maximilian Krah und der ehemalige Vize-Chefredakteur der Bild am Sonntag, Nicolaus Fest. Außerdem schreiben AfD-Abgeordnete der Landtage von Bayern, Sachsen, Thüringen und Rheinland-Pfalz für die Publikation. Dazu gesellen sich Personen wie Erika Steinbach, die als Vorsitzende der AfD-nahen Desiderius-Erasmus-Stiftung fungiert, Matthias Matussek, der früher unter anderem das Kulturressort des *Spiegels* leitete und heute eher durch Krawall auffällt, sowie Barbara Rosenkranz, frühere FPÖ-Politikerin und späteres Mitglied der FPÖ-Splitterpartei Freie Liste. Nicht bei allen, etwa dem AfD-Bundestagsabgeordneten Petr Bystron, wird die Parteizugehörigkeit erwähnt.[105]

Der *Deutschland-Kurier* interviewt auch schon mal die eigenen Autoren. Im März 2019 wurde ein Interview mit Christian Jung veröffentlicht, der nebulös als »Antifa-Experte« vorgestellt wird.[106] Jung wird zu dem Zeitpunkt schon seit längerer Zeit als Redaktionsmitglied des *Deutschland-Kuriers* aufgeführt. Im Artikel wird das nicht erwähnt. Außerdem schreibt Johannes Schüller für den *Deutschland-Kurier*, der zeitweise als Online-Chef der als FPÖ-nah geltenden österreichischen Wochenzeitung *Wochenblick* geführt wurde. Das Blatt mischte sich im Herbst 2018 in die Diskussion um den Begriff der »Hetzjagd« in Chemnitz ein und schaltete in diesem Zusammenhang Anzeigen auf Facebook. Sucht man nach den anderen zehn nur namentlich aufgeführten Autoren, findet man: nichts. Nicht einer der Namen ist mit einem Profil auf Twitter oder Facebook verbunden, das auf eine Autorenschaft beim *Deutschland-Kurier* hinweisen würde. Eine Anfrage dazu ließ Chefredakteur Bendels unbeantwortet.

Der *Deutschland-Kurier* ist letztlich ein AfD-Werbeblatt. Vor der Bundestagswahl 2017 wurden Gratisausgaben der Zeitung, die damals noch in gedruckter Form erhältlich war, an Tausende Haushalte im Bundesgebiet verteilt. Vor der Europawahl 2019 schaltete der *Deutschland-Kurier* Werbeanzeigen in sozialen Medien und bewarb unter anderem auch ein Video des AfD-Kandidaten und Dresdner Rechtsanwaltes Maximilian Krah, der heute Europaabgeordneter ist. Laut Impressum ist die Conservare Communication GmbH verantwortlich für den Inhalt des *Deutschland-Kuriers*. Dessen Geschäftsführer ist David Bendels, der wiederum auch Vorsitzender des Vereins zur Erhaltung der Rechtsstaatlichkeit und bürgerlichen Freiheiten ist. Der Verein wurde längere Zeit im Impressum des *Deutschland-Kuriers* als Herausgeber genannt. Dieser Verein wirbt vor Wahlen immer wieder für die AfD und soll dafür nach Recherchen der Autoren Christian Fuchs und Paul Middelhoff insgesamt einen mittleren zweistelligen Millionenbetrag ausgegeben haben.[107] Woher das ganze Geld stammt, verschleiert der Verein.

Auch sonst ist die Nähe der rechten Meinungsmedien zur AfD oft offensichtlich. Einige Parteimitglieder treten als Autoren für diese Publikationen auf. Der AfD-Rechtsaußen Markus Frohnmaier, der immer wieder durch seine Nähe zum Kreml auffällt, hat Artikel für *Journalistenwatch* verfasst. Der Bundestagsabgeordnete Martin E. Renner hat eine Kolumne namens »Renners Re Vision« beim alteingesessenen islamfeindlichen Blog *PI-News*.

Im Mai 2019 luden einige Abgeordnete der AfD-Bundestagsfraktion, verschiedene Vertreter der rechten »Gegenöffentlichkeit« zur »Ersten Konferenz der freien Medien« in den Bundestag. Als Gastgeber traten die Bundestagsabgeordneten Petr Bystron, Udo Hemmelgarn, Nicole Höchst und Uwe Schulz auf. Initiator der Veranstaltung soll David Berger gewesen sein, der Gründer des Blogs *Philosophia Perennis* und der Vereinigung der Freien Medien. Die Eröffnungsrede von Bundestagsmitglied Martin E. Renner ist bei *PI-News* dokumentiert. Zu Gast waren unter anderem Vertreter von *PI-News*, *Compact-Magazin*, *Deutschland-Kurier*, *Journalistenwatch* und vom identitären Medienprojekt *Okzident Media*. Außerdem der Blogger Jürgen Fritz, die YouTuber Hagen

Grell und Oliver Flesch, der Publizist Götz Kubitschek sowie seine Frau Ellen Kositza und PI-Autor und Pegida-Aktivist Michael Stürzenberger. Letzteren nennt der bayerische Verfassungsschutz »die zentrale Figur der verfassungsschutzrelevanten islamfeindlichen Szene in Bayern.«[108]

Ironischerweise lautete einer der Konferenz-Programmpunkte am Nachmittag »Fraktion und freie Journalisten – Synergieeffekte und Kooperationsmöglichkeiten bei Bild und Wort«. Eine Einladung sorgte im Vorfeld der Veranstaltung für Unmut innerhalb der AfD-Fraktion: Der ehemalige *Breitbart*-Autor Milo Yiannopoulos war zunächst als Gast und Redner vorgesehen. Auf einer Sondersitzung der Fraktion wurde dann entschieden, ihn wieder auszuladen. Begründet wurde die Entscheidung mit einer Äußerung Yiannopolous, nach der er den Missbrauch Minderjähriger gutgeheißen haben soll. Im gleichen Jahr veröffentlichte *Buzzfeed* ein Video, in dem Yiannopolous den Patrioten-Schlager »America the Beautiful« singt und umringt ist von Männern, die immer wieder den Hitlergruß zeigen, darunter der US-Neonazi Richard Spencer.[109] Wegen seiner »extremen Kurzsichtigkeit« will Yiannopolous damals nichts bemerkt haben. Er traf die Konferenzgäste dennoch am Tag der Konferenz in Berlin, allerdings nicht in den Räumen des Bundestags.[110]

Auch Geldgeber nehmen Einfluss auf die Inhalte der »Alternativmedien«. Ein Beispiel aus den USA: Aus Mails des früheren *Breitbart*-Chefs und früheren Trump-Strategen Steve Bannon geht hervor, dass die Familie des US-Milliardärs Robert Mercer Einfluss auf die Berichterstattung nahm. *Breitbart* gilt als eines der einflussreichsten rechten Medien der USA. Bannon selbst erklärte einst, es sei »die Plattform für die Alt-Right«. Ein ehemaliger Reporter gab auf Nachfrage des *Buzzfeed*-Journalisten Joseph Bernstein an, dass Bannon regelmäßig Themen mit Hinweis auf »unsere Investoren« oder »unsere Investitionspartner« vorgab.[111] Robert Mercer übertrug seine *Breitbart*-Anteile 2017 an seine Töchter. Die Verflechtungen gehen weiter: Mercer spendete die Dienste der berüchtigten Datenanalyse- und Kampagnen-Firma Cambridge Analytica an die britische Pro-Brexit-Kampagne. An der Gründung von Cambridge Analytica war der frühere *Breitbart*-Chef Steve Bannon beteiligt.

Grenzenlos alternativ

Einige »Alternativmedien« gibt es gleich in mehreren Sprachen. Dazu gehören die Seiten des rechten US-Thinktanks Gatestone Institute, die russlandnahe, ukrainische »Nachrichtenagentur« *News Front* und die *Epoch Times*, die in den USA gegründet wurde.

Das 2008 gegründete Gatestone Institute publiziert seine Inhalte in insgesamt 16 Sprachen und fällt vor allem durch antimuslimische Inhalte auf. Regelmäßig verbreitet es die Verschwörungslegende von der »Islamisierung« Europas«, die dort auch als »Der große weiße Tod« bezeichnet wurde.[112] Bei den meisten deutschsprachigen Artikeln handelt es sich um Übersetzungen aus dem Englischen. Immer wieder erscheinen dort auch Falschmeldungen über Deutschland, die in der englischen Fassung von Vertretern der Alt-Right, auf Deutsch beispielsweise von rechten Publizisten, AfD-Kreisverbänden und auf den Seiten der NPD geteilt wurden. Jahrelang war Donald Trumps früherer Sicherheitsberater John Bolton Vorsitzender des Thinktanks. Geld erhält die Denkfabrik unter anderem von Robert und Rebekah Mercer, die wiederum auch Geld und die Dienste von Cambridge Analytica für politische Kampagnen Boltons zur Verfügung stellten.[113]

Die selbsternannte »Nachrichtenagentur« *News Front* hat ihren Sitz in der Ostukraine und publiziert in acht Sprachen. Über sich selbst schreiben die Betreiber, sie seien »freiwillige Kämpfer des Informationskrieges«[114] gegen den Westen und rüsten auch in den meisten Artikeln sprachlich nicht ab. *News Front* produziert auch ein Nachrichtenformat auf Deutsch. Über die rechtsradikalen Demonstrationen in Chemnitz Ende August und Anfang September 2018 schreibt ein anonymer Autor etwa, dass die Demonstranten »von den Bundesbehörden massiv unterdrückt wurden«. Belege dafür wurden nicht geliefert, dafür erschien der Beitrag wortgleich in russischer Sprache und konstruierte ein entsprechendes Bild von Deutschland.[115] Auf die Berichterstattung von etablierten Medien reagiert *News-Front*-Chef Konstantin Knyrik schon mal mit Verschwörungsmythen. Nach einem Bericht des *ARD*-Magazins »Fakt« im Jahr 2016 mutmaßte er, dass die CIA in dem Beitrag ihre Finger im Spiel gehabt haben könnte.[116]

Mit Inhalten in insgesamt 21 Sprachen verfügt die *Epoch Times* zumindest theoretisch über die größte internationale Reichweite. Ursprünglich wurde sie als Opposition zu China und dem chinesischen Kommunismus in den USA gegründet. Die Gründer sind Anhänger der Falun-Gong-Bewegung, die in China verfolgt wird. Ob es sich bei der Bewegung um eine Sekte oder eine Meditationsbewegung handelt, dazu gibt es in Deutschland kein abschließendes Urteil. Den deutschsprachigen Ableger der *Epoch Times* gibt es seit 2005. Insgesamt bearbeiten die Autoren ein breiteres Themenspektrum als die meisten anderen Portale. Auf Facebook gehören vor allem Videos mit niedlichen Tieren und Babys zu ihrem Rezept. Die erfolgreichsten Artikel sind einerseits solche, die Tierfreunde ansprechen, und andererseits die, die ein rechtes Publikum bedienen. Dazu zählen vor allem Texte über den Islam, Asylsuchende und damit zusammenhängende Kriminalitätsberichte. Im August 2019 zeigte die *Epoch Times* auf YouTube stolz ein »Exklusiv-Interview« mit dem Ex-Verfassungsschutzchef Hans-Georg Maaßen. Insgesamt setzt man auf dem YouTube-Kanal der *Epoch Times* eher auf Themen, die ein rechtes Publikum ansprechen. Das meistgesehene Video ist Ende November 2019 ein antimuslimischer Redebeitrag des AfD-Abgeordneten Gottfried Curio im Bundestag, das in voller Länge und ohne jegliche Einordnung gezeigt wird. In mehreren deutschsprachigen Artikeln wird die Verschwörungsideologie QAnon unkritisch aufgegriffen und weiter verbreitet. Teilweise handelt es sich dabei um Übersetzungen von Veröffentlichungen der US-amerikanischen *Epoch-Times*-Schwester. QAnon ist ein riesiges, verschwörungsideologisches Konstrukt, das seinen Ursprung mit kryptischen Posts eines oder mehrerer anonymer Autoren auf 4chan nahm. Später folgten Posts auf 8chan. Grob zusammengefasst geht es um eine angebliche Weltverschwörung einer geheimen, mächtigen Elite, die die Geschicke der Welt lenkt. Neben George Soros, dem hier erwartungsgemäß auch wieder eine Rolle in der Verschwörung zugeschrieben wird, besteht das Geflecht der involvierten Verschwörer aus unzähligen Beteiligten. Als Gegenpol dient US-Präsident Trump, der angeblich angetreten ist, die Verschwörer zu bekämpfen. In Deutschland gewinnen diese Mythen zunehmend Anhänger. Etwa dadurch, dass neben der *Epoch Times* auch YouTuber wie Oliver Janich sie verbreiten.[117] Janichs YouTube-Kanal hat mehr als 95.000 Abonnenten.

Auch im Land ihrer Gründung, den USA, ist die *Epoch Times* erfolgreich. Dort schaltete sie 2019 circa 11.000 Werbeanzeigen auf Facebook. Allerdings nicht unbedingt nur für sich selbst, sondern vor allem für Donald Trump. Die *Epoch Times* ließ sich das mehr als 1,5 Millionen US-Dollar kosten.[118] Das kann man in jeder Hinsicht als strategische Entscheidung betrachten. Zum einen lässt sich mit Trump und seinen Themen gutes Werbegeld verdienen. Zum anderen, das gaben ehemalige Mitarbeiter in Interviews mit NBC an, wird Trump als Verbündeter in ihrem Kampf gegen den Kommunismus verstanden. Die Falun-Gong-Anhänger und viele Rechtsradikale finden Gemeinsamkeiten in ihren dystopischen Vorstellungen vom bevorstehenden Untergang und ihren jeweiligen Erlösungsfantasien.

IV.

TECHNIK

Der digitale Raum ist in den vergangenen 30 Jahren zur wichtigsten Arena rechtsradikaler Akteure aus aller Welt geworden. Von den einstigen Mailboxen und Foren (vgl. Kapitel I) ist nicht mehr viel übrig. Das »Thule-Netzwerk« ist ebenso verschwunden wie das »Altermedia«-Forum. Ihre Nutzer sind aber weiterhin aktiv. Wie der Rest der Gesellschaft haben auch Rechte ihre Internetnutzung den Entwicklungen der vergangenen Jahre angepasst. Sie waren auf Myspace und StudiVZ aktiv und sind heute auf allen großen Social-Media-Plattformen angemeldet und nicht zu übersehen. In den Kommentarspalten der Medien, auf eigenen Facebook-Seiten oder YouTube-Kanälen wird die Ideologie an potenzielle neue und zahlreiche bestehende Anhänger herangetragen. Es gibt kaum eine technische Neuerung, die sie sich nicht auch angeeignet hätten. Und schließlich setzen sie, damals wie heute, auf eine eigene Infrastruktur, um Einschränkungen durch Sicherheitsbehörden, Social-Media-Plattformen oder anderer Dienstleister zu umgehen. Diese sogenannten Alt-Tech-Plattformen gibt es inzwischen für alle möglichen Bereiche, vom sozialen Netzwerk über Finanzierungs- bis hin zu eigenen Petitionsplattformen.

SOCIAL-MEDIA-PLATTFORMEN

Rechtsradikale sind auf praktisch allen populären Social-Media-Plattformen vertreten. Facebook, YouTube und Twitter sind ihre wichtigsten digitalen Propagandamittel. Auch auf Instagram sind identitäre und andere Aktivisten vertreten und verbreiten dort ihre Ideologie, ebenso wie Neonazis und rechtsextreme Trolle. Generell orientieren die unterschiedlichen Akteure sich in ihren Social-Media-Auftritten sowohl an der spezifischen Ästhetik der jeweiligen Plattform als auch der jeweiligen Nutzergruppe, die sie zu erreichen versuchen.

Propaganda auf Facebook und Twitter

Nach wie vor zählen Facebook und Twitter zu den wichtigsten sozialen Medien für Rechtsradikale. Das liegt vor allem an den Nutzerdemographien. Während auf Facebook ein großer Teil der Internetnutzenden in vielen Ländern angemeldet ist, ist Twitter für die politische Öffentlichkeit von großer Bedeutung, weil Politiker und Journalisten dort zahlreich vertreten sind. Und wer könnte sich Donald Trumps Präsidentschaft ohne dessen Tweets vorstellen? Für den US-Präsidenten ist Twitter nicht nur ein Mittel zur Verkündung von Politik, sondern die Plattform, auf der Politik gemacht wird. Trump verhandelt in 280 Zeichen mit Nordkorea oder erklärt demokratische Politikerinnen in rassistischen Tweets zu Zielen, die seine Anhänger dann mit Hass und Drohungen torpedieren.

Rechtsradikale Inhalte erreichen auf YouTube, Twitter und Facebook nach wie vor ein Millionenpublikum. In diesem Zusammenhang erscheint Trumps oft wiederholte Beschwerde, seinesgleichen würden auf Social-Media-Plattformen benachteiligt, geradezu grotesk. Dass Trump sich über einen Verlust vieler Follower auf Twitter beschwert, ist kein Beweis eines Bias gegenüber Rechten. Twitter sperrt regelmäßig Konten, die als Spam- oder Fake-Accounts eingeordnet wurden. Dadurch sinken Followerzahlen, gerade die von Personen oder Institutionen mit einer sehr hohen Followerzahl, teilweise deutlich. Von einer Einschränkung in der Reichweite waren in den vergangenen Jahren aber nicht nur Rechtsradikale, sondern beispielsweise auch zahlreiche etablierte Medien auf Facebook betroffen. Das liegt auch an Änderungen des Algorithmus, der bestimmt, was Facebook-Nutzer in ihren Newsfeeds sehen. In einigen Fällen sind Rechtsradikale aber tatsächlich von Einschränkungen oder Sperrungen betroffen. Nämlich vor allem dann, wenn sie justiziable Inhalte verbreiten, gegen die Nutzungsbedingungen der Plattformen verstoßen oder Falschmeldungen verbreiten. Dass sie das dann als unfaire Benachteiligung bezeichnen, ist nicht mehr als eine weitere Umdeutung.

Twitter ist immer noch einer der digitalen Räume, in dem Rechte immer wieder schwarmweise vor allem über Einzelpersonen, Journalisten und Politiker herfallen. Einige von ihnen werden monate- oder jahrelang immer wieder angegriffen und können Twitter wegen der ständigen Benachrichtigungen über an sie gerichtete, hasserfüllte Inhalte nur noch stark eingeschränkt oder gar nicht mehr nutzen. In anderen Fällen reagieren extrem aktive, dauerwütende Twitter-Nutzer aus dem rechten Spektrum einfach wahllos mit Kommentaren, wenn jemand einen bestimmten Namen, ein Stichwort, einen Hashtag oder einen Artikel in einem Tweet aufgreift.

Wenn eine zivilgesellschaftliche Organisation oder ein Medium im Jahr 2019 einen Hashtag zu einem gesellschaftlich oder politisch relevanten Thema zu etablieren versucht, sollte ihnen bewusst sein, dass es unter Rechten zu einer Art Spiel geworden ist, diesen Hashtags zu kapern. In einigen rechtsradikalen Kreisen kennt man diese konzertierten Aktionen auch unter dem Stichwort »Raid«, eine Anleihe aus der Gaming-Welt, in der »Raids« geplante, gemeinsame Überfälle auf einen Gegner bezeichnen. Zu diesen Raids verabredet man sich meist auf Telegram oder Discord. Dort lassen sich solche Aktionen wegen der relativen Abgeschlossenheit der Plattformen abseits der Öffentlichkeit planen. Einen Tag nach dem Ende des G20-Gipfels in Hamburg im Jahr 2017 etwa wurde über den Telegram-Kanal, der heute Martin Sellners »TelegramELITE« beherbergt, zu einem Raid unter dem Hashtag #HamburgSagtDanke aufgerufen. Sellners Telegram-Kanal hieß früher einmal »Infokrieg« und wurde für Manipulationsversuche der Identitären vor der Bundestagswahl 2017 genutzt. In einer anderen Twitter-Aktion, die in dem Kanal geplant wurde, sollte der damalige Justizminister Heiko Maas thematisiert werden. Wegen dessen Vorstößen gegen Hassrede im Internet und dem Netzwerkdurchsetzungsgesetz war Maas lange Zeit einer der Lieblingsfeinde Rechtsradikaler aller Couleur. Über den entsprechenden Hashtag auf Twitter durfte zunächst auf Telegram abgestimmt werden. Man einigte sich auf #MaasEffect, als Anlehnung an das Spiel *Mass Effect*. Die Vorgaben waren damals klar: »#MaasEffect startet heute 16:00. Leichter Start (1 Tweet / 5min). Steigerung über Zeit. Wer erst später anfangen kann, fängt erst später an.«[1]

Dass rechte Milieus auf Twitter überproportional sichtbar sind, gilt nicht nur für Deutschland und die USA, auch wenn diese Länder meist in den Fokus der hiesigen öffentlichen Debatte rücken. Im Nachbarland Niederlande sieht die Situation ähnlich aus. Für eine Analyse haben die Zeitungen *De Groene Amsterdamer* und *Algemeen Dagblad* zusammen mit der Utrecht Data School Tweets in niederländischer Sprache aus dem Jahr 2017 analysiert. Das Augenmerk war dabei nicht allein auf die Anzahl der Follower, sondern auch die Zahl der Retweets, Likes und weiterer Kennzahlen gerichtet. Dem Ergebnis nach gehörten 51 der einflussreichsten niederländischen Twitter-Konten zur Alt-Right und sogenannten Alt-Light, die auch untereinander äußerst stark verflochtene Netzwerke bildeten. Letztere bezeichnet genau das, was man vermutet: Eine in vielen Punkten rhetorisch abgerüstete Version der radikaleren Alt-Right, die häufiger auch als Wegbereiter für diese gilt. Beide Begriffe haben ihren Ursprung in den USA. Ein Streitpunkt zwischen beiden Lagern ist der offen ausgelebte Antisemitismus in der Alt-Right sowie die Befürwortung von Gewalt. Vertreter der Alt-Right belächeln die Alt-Light regelmäßig, weil sie ihr unterstellen, ihre Einstellungen für die »Optik« zu maskieren. Sie kooperieren dennoch gelegentlich, denn beide sind ideologisch vereint in ihrem Hass auf Menschen mit Migrationsgeschichte, Feministinnen und Muslime. Neben den Twitter-Konten, die diesen beiden Lagern zuzurechnen waren, gab es noch dreizehn weitere aus dem rechtskonservativen Spektrum. Der Rest gehörte zu Influencern, Medien oder der Polizei. Insgesamt ist die Zahl der Rechtsnationalisten in der niederländischen Twitter-Landschaft im Vergleich zu anderen Gruppen zwar kleiner, dafür aber lauter und sichtbarer. Sie nehmen damit eine dominante Position ein.[2] Das lässt sich in ähnlicher Form auch für andere Länder attestieren.

Facebook und seine verschiedenen Funktionen werden zu unterschiedlichen Zwecken genutzt. Facebook-Seiten rechtsradikaler Gruppen und Akteure dienen nach wie vor als ein wichtiges Sprachrohr, mit dem potenzielle neue Anhänger angesprochen werden sollen. Hinzu kommen aber auch geschlossene Gruppen und private Konversationen über Facebooks Nachrichtenfunktion, in denen in einer Atmosphäre des gefühlten Unbeachtetseins immer wieder deutlich radikalere Töne angeschlagen werden.

Technik

Für einiges Aufsehen sorgte im Februar 2019 ein Fall aus Frankreich. Dort wurden in einer Gruppe namens »La Ligue du LOL« (»Die LOL-Liga«; wobei LOL für das im Netz breit genutzte laughing out loud, also laut lachen, steht) über Jahre rassistische und sexistische Bemerkungen ausgetauscht und koordinierte Hetze gegen Frauen und Minderheiten betrieben. Gegründet wurde die Gruppe ausgerechnet von einem Journalisten der linksliberalen Tageszeitung *Libération*. Auch sonst sind die Gruppenmitglieder – Journalisten, Werber, Digitalpioniere – eher linksgerichtete Intellektuelle, die bis heute Frankreichs Digital- und Medienlandschaft prägen. Ein anschauliches Beispiel dafür, dass rassistische, antifeministische und andere menschenfeindliche Ressentiments auch innerhalb einiger eher linker Milieus präsent sind.[3]

Dass Politiker rechter Parteien Mitglieder in Gruppen sind, in denen sich der Hass uneingeschränkt Bahn bricht und beispielsweise auch der Holocaust geleugnet wird, wird immer wieder thematisiert. Im August 2019 dokumentierte das österreichische Recherche-Kollektiv FPÖ-Fails, dass in der Facebook-Gruppe »Freiheitliches Forum« immer wieder antisemitische und geschichtsrevisionistische Bemerkungen verbreitet wurden. Unter den mehr als 6000 Mitgliedern der Gruppe waren mehrere Abgeordnete der FPÖ, eine Reihe identitärer Aktivisten und AfD-Mitglieder, wie der Bundestagsabgeordnete Tino Chrupalla, sowie der rechte Publizist David Berger.[4] Sie haben sich nicht ausdrücklich an der Hetze beteiligt, aber auch nichts dagegen unternommen.

Facebook hat an Relevanz nicht eingebüßt, was sich auch an der Aktivität der AfD zeigt. Im Juli 2019 wurden über die Facebook-Seite des Bundesverbandes im Schnitt mehr als drei Posts pro Tag veröffentlicht. Im Vergleich dazu posteten die Bundesverbände der anderen im Bundestag vertretenen Parteien weniger: Die CSU kam auf durchschnittlich 2,3 Posts, die FDP auf 1,8 und CDU, SPD, Linke und Grüne auf weniger als einen Post pro Tag. Die AfD erzielte in diesem Zeitraum mehr als 1,1 Millionen Interaktionen, also Likes, Kommentare und geteilte Inhalte. Die restlichen Parteien erreichten jeweils nicht einmal 100.000. Allein mit der Masse der Posts lässt sich das nicht erklären. Es ist eher so, dass Facebook-Nutzer auf Inhalte der AfD häufiger reagieren als auf die der anderen Parteien. Andere Parteien variieren in der Anzahl ihrer Posts, aber zusätzliche Inhalte schlagen sich in der Regel nicht in mehr Interaktionen nieder. Die Zahlen wurden mit Hilfe des Analyse-Tools Crowdtangle ermittelt und lassen sich für Vergleichszeiträume reproduzieren. Die AfD unterhält zusätzlich zu ihrer Facebook-Seite mit mehr als 480.000 Likes (Stand November 2019) ein großes Netzwerk weiterer Facebook- und Twitter-Konten, die Regional- und Lokalverbänden oder Kampagnen und Veranstaltungen zuzuordnen sind.

Über die Wirkung rechtsradikaler Agitation in sozialen Medien wird viel gestritten. In Politik und Wissenschaft diskutiert man seit geraumer Zeit darüber, ob Filterblasen und Echokammern nun existieren oder nicht. Man stößt dabei inzwischen meist auf eines von zwei Extremen: Die einen suggerieren, Filterblasen seien abgeschlossene Kammern, in denen Menschen keinerlei Informationen mehr erreichen, die nicht ohnehin ihrer Ideologie entsprechen. Die anderen wiederum behaupten, einen Filterblasen-Effekt gäbe es nicht. Dabei würde ausgerechnet dieser Debatte um einen vermeintlichen Mangel an Differenziertheit ein wenig mehr Differenzierung ganz guttun. Wären Filterblasen hermetisch abgeriegelt, würden die Community-Manager der »Tagesschau«, des *Spiegels* und anderer Medien nicht heute noch mit zahlreichen hasserfüllten und drohenden Kommentaren zu kämpfen haben. Rechtsradikale Internetnutzer, denen oft nachgesagt wird, sie hätten sich ganz von den klassischen Medien abgewendet, scheinen diese aber durchaus wahrzunehmen. Die Frage ist daher nicht unbedingt, ob Inhalte aus den 20-Uhr-Nachrichten oder der Tageszeitung Menschen mit rechtsradikaler Einstellung noch erreichen. Sondern die Frage ist vielmehr die, wie die Mischung der jeweils konsumierten unterschiedlichen Informationen, etwa aus etablierten Medien und den sogenannten Alternativmedien, ist. Außerdem geht es darum, welche Inhalte in den Köpfen der Medienkonsumenten nachhaltig verfangen.

Radikalisierungsmaschine YouTube?

Neben Facebook und Twitter gerät auch YouTube immer mehr in die Kritik. Kein Wunder: Auf der Plattform haben ungezählte Verschwörungsfreunde, rechte Kommentatoren, Aktivisten und Kanalbetreiber, die eine Mischung aus allen dreien sind, ein Zuhause gefunden. Immer wieder wird YouTube auch vorgeworfen, über den Empfehlungs-Algorithmus dafür zu sorgen, dass Nutzern radikalere Inhalte gezeigt werden, als sie ursprünglich gesucht oder aufgerufen hatten. Um Nutzer möglichst lange auf der Plattform zu halten, werden ihnen am Ende eines Videos weitere Videos vorgeschlagen oder – wenn die Funktion nicht ausgeschaltet wurde – direkt weitere Videos abgespielt. Dem Nutzer sollen möglichst ähnliche Inhalte angezeigt werden, die seinen Neigungen entsprechen.

Die Soziologin Zeynep Tufekci bezeichnete YouTube in einer Kolumne in der New York Times einst als »den großen Radikalisierer«. Sie beschrieb darin, wie sie zu Recherchezwecken Wahlkampfauftritte von Donald Trump auf YouTube angeschaut hatte, ihr dann aber Videos von Rassisten, Holocaustleugnern und andere verstörende Inhalte präsentiert wurden. Verschwörungsmythen haben auf YouTube schon lange Konjunktur. Immer wieder berichten deren Anhänger auch, sie seien erst durch YouTube-Videos auf diese pseudowissenschaftliche Parallelwelt aufmerksam geworden, in der Menschen im Jahr 2019 fest davon überzeugt sind, dass die Erde eine Scheibe ist.[5]

Tufekcis Befunde werden auch durch eine Reihe von Analysen der vergangenen Jahre belegt. In Brasilien berichteten YouTube-Nutzer der New York Times, wie sie sich auf YouTube mit Ideologien des rechten Rands vertraut machten. Dort war auch Präsident Jair Bolsonaro vor seiner Wahl aktiv. Brasilianische Schüler zitierten laut des Berichts im Unterricht Verschwörungsmythen, die sie zuvor auf YouTube gesehen hatten. Radikale Rechte ermutigten Schüler, ihre Lehrer im Unterricht heimlich zu filmen. Das erinnert auch an die Meldeplattformen für Lehrer, die die AfD in mehreren Bundesländern eingeführt hat, damit Eltern und Schüler Lehrkräfte melden, die gegen die Partei Stellung nehmen. Die New York Times greift in dem Artikel über die Radikalisierung in Brasilien auch die Analyse von Jonas Kaiser, Yasodara Córdova (beide vom Berkman Klein Center der Harvard Universität) und Adrian Rauchfleisch (Universität Zürich) auf, wonach brasilianischen YouTube-Nutzern nach Videos zu politischen, aber auch Unterhaltungsthemen dann vor allem rechte, mit Verschwörungsmythen gespickte Videos und Kanäle vorgeschlagen wurden. Außerdem erhielten Zuschauer eines rechtsradikalen Kanals später Empfehlungen für weitere vergleichbare Kanäle.[6] In Deutschland haben sich etliche rechte und rechtsradikale Videoproduzenten auf YouTube etabliert. Einige von ihnen werden von mehr als 100.000 Nutzern abonniert. Sie ergänzen die Riege der »Alternativmedien«, die klassischerweise eher Texte auf ihren Websites veröffentlichen, aber wiederum auf YouTube auch häufig empfohlen werden. In einer früheren Untersuchung haben die beiden Kommunikationswissenschaftler Adrian Rauchfleisch und Jonas Kaiser sich angeschaut, welche Kanäle YouTube-Nutzern in Deutschland empfohlen werden. Das Ergebnis: Sah ein Nutzer sich ein Video eines Kanals aus dem rechten Spektrum an, wurden eher weitere Kanäle aus dem selben Spektrum in Deutschland vorgeschlagen. Das ideologische Spektrum wird also weiter bedient, selbst wenn jemand nur aus Neugier auf ein Video eines rechten Kanals geklickt hat, oder weil er nach einem bestimmten Begriff gesucht und nur zufällig auf das Video geklickt hat. Rund 700 Empfehlungen rechter Kanäle aus Deutschland standen nur 30 andere Kanäle gegenüber, darunter Kanäle von Massenmedien, anderen politischen Parteien, aber auch aus der internationalen rechten Szene.[7]

Auch in den Suchergebnissen und YouTube-Trends wird diese Schieflage immer wieder sichtbar. Unmittelbar nachdem ein Mann Anfang April 2018 in Münster einen Kleinbus in eine Gruppe von Menschen lenkte, kursierten in sozialen Medien die ersten Falschbehauptungen. In den drei Folgetagen analysierte ich die deutschen YouTube-Trends. Diese Trends werden zwar kontinuierlich aktualisiert, sind aber, anders als Video- und Kanalempfehlungen sowie Suchergebnisse, nicht personalisiert. Sie werden mithilfe unterschiedlicher Kennzahlen generiert. Dazu zählen die Anzahl der Aufrufe insgesamt, die Likes, Kommentare und die Geschwindigkeit, in der die Aufrufzahl eines Videos steigt. Ohne Ausnahme zeigten die Videos, die sich mit dem Vorfall in Münster beschäftigten und in den YouTube-Trends landeten, veraltete oder falsche Informationen.[8] Sie stammten zum Teil durchaus von etablierten Medien, dabei handelte es sich allerdings meist um Erstmeldungen über den Vorfall zu einem Zeitpunkt, als noch kaum gesicherte Informationen bekannt waren, die dann zu einem späteren Zeitpunkt in den Trends auftauchten und somit längst veraltet waren.

Gleichzeitig gewinnt YouTube aber als Nachrichtenquelle immer mehr an Bedeutung. Im Rahmen der Befragung für den Digital News Report 2019 des Reuters Institute und der Universität von Oxford gaben 19 Prozent der Befragten aus Deutschland an, dass sie YouTube als eine Quelle für Nachrichten nutzen. Im Vergleich zum Vorjahr ein Anstieg um 4 Prozentpunkte. Die Videoplattform rangiert damit auf dem zweiten Platz nach Facebook, das immer noch 22 Prozent als Nachrichtenquelle nannten.[9]

Immer wieder passt YouTube nach Berichten über diese inhaltlichen Schieflagen seine Algorithmen an. Das passierte auch im September 2018. Zuvor hatte die New York Times berichtet, dass User, die nach dem Stichwort »Chemnitz« suchten, Videos vorgeschlagen bekamen, die vor allem Falschinformationen und Hetze enthielten. Seriöse Informationen zu den Vorfällen nach dem tödlichen Angriff und den rechtsradikalen Demonstrationen hingegen waren rar gesät.[10] Nach den Anpassungen wurden Berichte etablierter Medien in den Suchergebnissen zu Chemnitz bevorzugt angezeigt. Inzwischen gilt für Suchanfragen im Allgemeinen, dass Nachrichtenquellen auf den oberen Plätzen angezeigt werden.[11]

Infokrieg in der Datenlücke

Den Erfolg der rechtsradikalen YouTube-Influencer erklärt nicht allein der Code hinter YouTubes Video-Empfehlungen. Verschwörungsgläubige und Rechtsradikale – und die, die beiden Lagern zugehören – machen sich ein Grundprinzip der medialen Öffentlichkeit zunutze: Wo es keine Neuigkeiten gibt, gibt es auch nicht allzu viel Berichterstattung. Für viele Suchbegriffe gibt es nur einige wenige, gar keine oder vor allem problematische Ergebnisse. Die Internetforscher Michael Golebiewski und danah boyd (hier in ihrer Eigenschreibweise) bezeichnen das Phänomen in Bezug auf Suchmaschinen wie Google und Bing als »data voids«, also Datenlücken. Das lässt sich auch auf die Suchfunktion von YouTube übertragen. Die Videoplattform gilt inzwischen als eine der wichtigsten Suchmaschinen unserer Zeit. Diese Datenlücken nutzen beispielsweise Impfgegner, Klimawandelleugner und auch allerlei Rechtsradikale, indem sie die immer gleichen Themen besprechen, selbst wenn es überhaupt keine neuen Informationen etwa in Form von aktuellen Studien gibt.

Die wochenlangen Aktionen zur Verhinderung der Unterzeichnung des UN-Migrationspaktes sind beispielhaft für einen »Info-Feldzug« der Identitären Bewegung, in dem eine solche Lücke genutzt wurde. Weil weder in den etablierten Medien noch über die relevanten Institutionen neue Inhalte zum Thema publiziert wurden, konnten die Rechten sich das Thema vollumfänglich aneignen und ihre einseitige Sicht der Dinge all jenen präsentieren, die auf Google und YouTube nach Informationen zum Migrationspakt suchten. Als Alternative hätten lediglich einige ältere Medienberichte dienen können. In dem in Deutschland für den Migrationspakt zuständigen Außenministerium reagierte man zwar unter anderem mit einem Katalog der wichtigsten Fragen und Antworten auf der Website, allerdings erst Monate nach dem Start der Kampagne gegen das Abkommen im August 2018. Videos von Martin Sellner auf YouTube, ein Telegram-Kanal und eine Petition, die ebenfalls von Sellner stammte, waren zentrale Elemente der Kampagne der Identitären Bewegung, der sich auch die AfD anschloss. Die Aktivisten machten vor allem in Deutschland und Österreich, aber auch in zahlreichen anderen Ländern mobil.[12] Österreich enthielt sich in der Abstimmung bei der UN-Generalversammlung in Marokko im Dezember. Weitere Länder, darunter Polen, Tschechien, Ungarn und die Slowakei, enthielten sich ebenfalls oder lehnten den Pakt ab.

Ähnlich verhält es sich mit den Suchergebnissen zu den Vorfällen in Chemnitz und den Twitter-Trends zur Amokfahrt von Münster. In beiden Fällen waren kaum aktuelle, gesicherte Informationen auf YouTube zu finden. In solchen Fällen liegt die Priorität der meisten Medien schlicht in der schnellen Verarbeitung der Informationen für die Artikel auf der Website oder die jeweiligen Nachrichtensendungen und nicht in erster Linie darin, umfangreich über Hintergründe zu berichten. Inzwischen gibt es durchaus einige sehr gute, längere Reportagen über Chemnitz auf YouTube. Unmittelbar nach einem größeren Ereignis laden die meisten Medien aber nicht stündlich neue Videos mit immer neuen Erkenntnissen auf YouTube hoch. Währenddessen werden die Vorkommnisse jedoch in der rechtsradikalen YouTube-Welt schon kräftig kommentiert, und es wird gemutmaßt, wo keine gesicherten Auskünfte vorhanden sind. Sucht dann jemand nach Informationen, landet er bei diesen Videos. Hinzu kommt, dass viele etablierte Medien ihre Inhalte nur selten für Plattformen wie YouTube optimieren, sondern ihre im Fernsehen gesendeten Inhalte schlicht auf YouTube hochladen. Dabei wird vernachlässigt, dass etwa YouTube-Nutzer sich von TV-Zuschauern unterscheiden – und hier ist weniger die politische Auffassung als vielmehr alters- und plattformbedingtes Nutzerverhalten gemeint.

Golebiewski und boyd beschäftigen sich in ihrer Untersuchung auch mit Dylann Roof, der bei einem Anschlag im Juni 2015 in Charleston, South Carolina, neun schwarze Kirchenbesucher erschoss. In einem von ihm hinterlassenen Pamphlet erklärt er, er habe sich mit George Zimmerman auseinandergesetzt. Zimmerman, Mitglied einer Nachbarschaftswache, hatte im Jahr 2012 den unbewaffneten, schwarzen Jugendlichen Trayvon Martin erschossen. Dylann Roof gibt an, er habe in diesem Zusammenhang »black on white crime« (»Kriminalität von Schwarzen gegenüber Weißen«) gegoogelt. Auf der ersten Seite, die er sich ansah, sei er mit einer Liste entsprechender Gewaltverbrechen konfrontiert worden. Die Phrase, die Roof eingegeben hatte, ist jedoch kein populärer Suchbegriff, sondern eine Standardphrase weißer Rassisten, mit der von rassistischen Gewaltverbrechen abgelenkt werden soll. Entsprechend tauchten vor allem deren Websites und Inhalte bei einer Google-Suche auf. Weil nach Roofs rassistischen Morden auch oft über dessen Pamphlet berichtet wurde, waren unter »black on white crime« dann auch viele Berichte etablierter Medien in den Suchergebnissen zu finden. In der Folge passten rassistische Akteure ihre Wortwahl an die neuen Begebenheiten an: Aus »black on white crime« wurde in ihren Texten und Posts »white victims of crimes by blacks« (»Weiße Opfer von Verbrechen Schwarzer«). Die Rechten erschlossen eine neue Datenlücke für sich.

Wie die Plattformen reagieren

Die großen Social-Media-Plattformen haben in den vergangenen Jahren nach einigem öffentlichen Druck ihre Moderationsteams ausgebaut, um auf illegale und hetzerische Inhalte zu reagieren. Traten deutsche Neonazis auf Facebook einst offen mit einem Hakenkreuz in ihrem Profilbild auf, gehört das heute nicht mehr zum alltäglichen Anblick. Für ihre Zwecke haben Rechtsradikale in den vergangenen Jahren reihenweise neue Plattformen übernommen oder gar gleich selbst aufgebaut. Ohne die Marktführer geht es aber trotzdem nicht. Allerdings gibt es eine neue Aufgabenverteilung. Facebook, Twitter und YouTube dienen jetzt in erster Linie dem Werben neuer Unterstützer, während die Tonlage sich auf den Alternativplattformen noch einmal deutlich verschärft hat. Das heißt nicht, dass es nicht auch immer noch ungezählte extrem gewaltverherrlichende, drohende und sonstige justiziable Inhalte auf den populärsten Plattformen gibt. Meistens werden diese jedoch von regulären Nutzern mit menschenfeindlichen Ansichten gepostet, die Facebook quasi als Stammtisch nutzen. Diese Posts und Kommentare gehören jedoch nicht zu einer erklärten Strategie organisierter rechtsradikaler Akteure, die sich auf diesen Plattformen inzwischen eher zurückhalten.

Die populären sozialen Medien erfüllen noch einen weiteren Zweck: Rechtsradikale benutzen die Meldefunktionen regelmäßige für ihre Zwecke. Das lässt sich unter anderem im Handbuch der anonymen Trolle der *D-Generation* nachlesen (Kapitel III). Der politische Gegner soll so lange provoziert werden, bis er gegen die Nutzungsbedingungen verstößt und gemeldet werden kann, etwa weil er anfängt, zu beleidigen. Auch massenhafte Meldungen gehören zum rechtsradikalen Repertoire.

Ein Beispiel: Vor der Europawahl 2019 führte Twitter eine neue Regelung ein, nach der Inhalte mit Falschmeldungen zum Wahlvorgang gemeldet werden konnten. Twitter würde diese dann überprüfen und die Konten gegebenenfalls sperren. So sollte verhindert werden, dass Wahlberechtigte über die Abläufe der Europawahl falsch informiert werden. Eine unzulässige Behauptung war etwa, dass die Briefwahl bis zum Abend des Wahltages möglich sei. Einige Twitter-User wurden wegen klar satirisch gemeinter Tweets gesperrt. Sie hatten beispielsweise getwittert, dass AfD-Wähler den Wahlzettel unterschreiben sollten, damit er gültig sei. Nach geltendem Wahlrecht macht eine Unterschrift die Stimme aber ungültig. Über Humor und Satire lässt sich bekanntlich streiten und nicht jeder muss das lustig finden. Einige dieser Tweets waren allerdings schon Jahre zuvor gepostet worden, etwa vor der Bundestagswahl 2017. Andere Nutzer, die ohnehin häufig von Rechtsradikalen attackiert werden, wurden gemeldet und wegen Tweets gesperrt, die keinerlei Bezug zum Wahlvorgang enthielten. Das lag daran, dass Twitter seinen Moderatoren die Aufgabe übertragen hatte, die gemeldeten Tweets innerhalb kurzer Zeit auf ihren Wahrheitsgehalt zu überprüfen und dann auch über eine Sperrung der gemeldeten Nutzer zu entscheiden. Hier übernahmen nicht erfahrene Faktenchecker die Arbeit, sondern Content-Moderatoren. Aus Berichten über die Arbeit der Moderatoren bei Twitter, Facebook und YouTube weiß man, dass sie wenig Zeit haben, um zu entscheiden, ob Inhalte gegen die Regeln verstoßen oder nicht. Üblicherweise braucht es aber deutlich länger als nur wenige Sekunden oder Minuten, um Behauptungen zu überprüfen. Dass in diesem Zusammenhang Nutzer, die sich nichts zu Schulden kommen ließen, fälschlicherweise gesperrt werden, erscheint hier fast als unausweichliche Konsequenz einer solchen Moderationsmaßnahme.

Die neue Twitter-Regelung wurde zeitgleich in allen EU-Ländern und in Indien eingeführt. In Deutschland war das Meldeaufkommen jedoch zehn Mal so hoch wie in den anderen Ländern. Das geht aus den Antworten von Twitter in einer nicht-öffentlichen Anhörung im Bundestag hervor.[13] Dies lässt darauf schließen, dass zumindest in einigen Fällen eine konzertierte Aktion hinter den Meldevorgängen steckte. Facebook, Twitter und YouTube hatten sich zwar gegenüber der EU-Kommission zu einigen Maßnahmen zum Schutz der Wahlen vor Manipulationsversuchen verpflichtet. Diese neue Meldefunktion bei Twitter ging allerdings über dieses Maßnahmenpaket hinaus.

Über die Jahre haben Twitter, Facebook und YouTube immer wieder einflussreichen Akteuren aus dem rechtsradikalen Spektrum das Konto gesperrt. Man spricht in diesem Zusammenhang von »Deplatforming«. Über die Effekte dieser Maßnahmen wird noch diskutiert. Einerseits heißt es, als Reaktion würden sich rechtsradikale Gruppierungen in geschlossene Räume zurückziehen und dort, abseits von der Öffentlichkeit und Sicherheitsbehörden, zu Opfern erklären und anschließend weiter radikalisieren. Andererseits gibt es Belege, nach denen das Deplatforming in einigen Fällen dazu geführt hat, dass Reichweite und Einkommen einiger prominenter Wutprediger massiv eingebrochen sind. Dazu gehört beispielsweise der ehemalige *Breitbart*-Autor Milo Yiannopoulos.[14] Eine Sperrung schränkt die Möglichkeiten, sich ein neues Publikum zu erschließen, deutlich ein. Nach aktuellem Kenntnisstand treffen beide Theorien zum Teil zu.[15] Wenn rechtsradikalen Influencern der Zugang zu einer Plattform entzogen wird, die von einer breiten Öffentlichkeit genutzt wird, fehlt zumindest ein wichtiger Raum, in dem potenzielle künftige Anhänger angesprochen werden können. Weitere Untersuchungen dieses Effekts sind jedoch nötig, vor allem auch in Hinblick auf individuelle Reaktionen unterschiedlicher rechtsradikaler Milieus in verschiedenen Ländern.

Eines der besser untersuchten Beispiele ist die Schließung zweier Unterforen (Subreddits) auf Reddit, in denen besonders extreme rassistische Inhalte und Hass auf dicke Menschen verbreitet wurden. Die Analyse der Forscher zeigt, dass einige Nutzer der beiden Subreddits diese Plattform nach ihrer Schließung nicht weiter benutzten und teilweise auf Alternativplattformen wie den radikaleren Reddit-Klon voat abwanderten. Bei den verbleibenden Nutzern verringerte sich der Anteil hasserfüllter Kommentare und Posts um mindestens 80 Prozent drastisch.[16]

SPIELEPLATTFORMEN UND ONLINE-GAMES

Dass Spiele, vor allem die viel bescholtenen Egoshooter oder »Killerspiele«, direkt zu mehr Gewalt führen, ist inzwischen in einigen Studien widerlegt worden. Obwohl Donald Trump nach dem Anschlag im texanischen El Paso Computerspiele unablässig als mögliche Ursache benannte, kommen die meisten Studien zu dem Ergebnis, dass sie nicht der Anstoß zu Gewalt sind.[17] Sie können aber unter Umständen ein begünstigender Faktor für reale Gewalt sein, ebenso wie das soziale Umfeld, die Familie und andere Faktoren.[18] Insgesamt sind die Studienergebnisse in Teilen widersprüchlich. Nach wie vor mangelt es zudem an Langzeituntersuchungen.

Aus dem Weißen Haus hieß es bereits nach dem Amoklauf an einer Schule in Parkland, Florida, im Jahr 2018, dass Videospiele für die Gewalt verantwortlich sein könnten. Diese Argumentation lenkt von der Rolle der Waffengesetze in den USA sowie der gewaltvollen Stimmungsmache von US-Präsident Trump selbst ab. Es gibt jedoch eine Korrelation zwischen Donald Trumps Wahlkampfveranstaltungen im Jahr 2016 und einem Anstieg von Hassverbrechen in den darauf folgenden Monaten in den Counties, in denen die Veranstaltungen stattgefunden hatten.[19]

Unabhängig von den teils widersprüchlichen Studienergebnissen haben Games – oder vielmehr bestimmte Fangruppen und Teile der Spieleindustrie – sehr wohl etwas mit Diskriminierung, Hass und Gewalt zu tun. Zudem eignen sich Rechtsradikale im Prinzip jedes digitale Werkzeug an, das eine Verbreitung ihrer Propaganda ermöglicht, so auch die Spieleplattformen. Auf der Plattform Steam benannten sich einige Nutzer nach dem Terroristen, der im neuseeländischen Christchurch 52 Menschen aus islamfeindlichen Motiven erschoss. Der Todesschütze von München, der am Olympia-Einkaufszentrum neun Menschen aus rassistischen Motiven erschoss, fand auf Steam Gleichgesinnte. Steam ist eine Plattform, auf der vor allem Spiele verkauft werden. Die Spieler können dort aber auch auf unterschiedlichen Wegen in Kontakt treten. Einmal besteht die Möglichkeit, sich direkt in einigen der dort erworbenen Spiele, beispielsweise über Sprachchats, auszutauschen. Außerdem funktioniert Steam ähnlich wie viele der bekannten sozialen Netzwerke: Man kann Profile anlegen, Freunde hinzufügen und sich in Gruppen und Chats austauschen. Gruppen auf Steam dienen nicht nur dem Austausch über Spiele oder Spielehersteller, sondern alle möglichen denkbaren Themen.

Es überrascht daher kaum, dass dort auch rechtsradikale Gruppierungen schon jahrelang vertreten sind. Es gibt Gruppen für Anhänger der

Identitären Bewegung und der NPD ebenso wie Gruppen für Anhänger von Verschwörungsmythen und Menschen, die sich in die Geschichte eines Großdeutschen Reichs zurücksehnen oder den Holocaust leugnen oder relativieren. Die Verehrung rassistischer Mörder ist bei einigen Nutzern offensichtlich: Ein Nutzer, der sich zwischenzeitlich nach Brenton Tarrant, dem Täter von Christchurch, benannt hatte, benutzte auch ein Foto des NSU-Mörders Uwe Böhnhardt als Profilbild. Andere Nutzer haben sich nach der verurteilten NSU-Terroristin Beate Zschäpe oder dem norwegischen Rechtsterroristen Anders Breivik benannt. Während einige dieser vornehmlich jungen Männer möglicherweise nur durch gezielte Tabubrüche provozieren wollen, mischen sich auch Menschen mit gefestigten rassistischen, antisemitischen und frauenfeindlichen Einstellungen in diese Gruppen. Die Grenzen verwischen. Aus Provokation wird Weltbild. Schließlich versucht auch der *Daily Stormer*, radikale Menschenfeindlichkeit in »halb-witzigen« Texten zu verpacken, damit Rezipienten es möglichst schwer haben, zwischen geschmacklosen »Späßen« und ernst gemeintem Hass zu unterscheiden.

Rechtsradikale Codes und einschlägige Profilbilder, Nutzernamen und Gruppen gehören im sozialen Netzwerk hinter der Verkaufsplattform Steam zum sichtbaren Alltag. Auch Nutzer, die selbst keine rechtsradikalen Inhalte verbreiten, neigen oft dazu, das Gebaren solcher Spieler als ungefährliches Trolling abzutun. Zudem ist Steam mitsamt den rechtsradikalen, gewaltaffinen Gruppierungen, die sich dort ein virtuelles Zuhause eingerichtet haben, bislang deutlich weniger beachtet worden als Social-Media-Plattformen wie Facebook, Twitter und YouTube. Der Handlungsdruck auf Betreiber Valve ist daher bislang entsprechend gering.

Das gilt auch für den Chatanbieter Discord. Auch auf dieser Plattform können Gamer sich über Sprach- und Textnachrichten austauschen. Discord wurde beispielsweise von der rechten Trollgruppierung Reconquista Germanica genutzt, um Störversuche im Bundestagswahlkampf 2017 zu koordinieren.[20]

Rechtsradikale haben sich nicht nur die großen Gaming-Plattformen, sondern auch einzelne Spiele, in denen online kooperiert, gekämpft

Technik

und kommuniziert werden kann, angeeignet. In Online-Games werden Frauen und nicht weiße Spieler regelmäßig sexistisch und rassistisch beschimpft. Zu den Handlungsfeldern Rechtsradikaler gehören auch eine Reihe von Spielen, die bei Kindern und Jugendlichen besonders beliebt sind, darunter »Fortnite«, »Minecraft« und »Roblox«. Der US-amerikanische Neonazi-Aussteiger Christian Picciolini bestätigte die Erweiterung der Rekrutierungsstrategie mit der Verbreitung des Internets: Früher sprachen neonazistische Organisationen gezielt arme und marginalisierte weiße Jugendliche auf der Straße an, heute nutzen Rechtsradikale beispielsweise Selbsthilfeforen für junge Menschen mit psychischen Problemen und eben, wie beschrieben, Videospiele, die auch nicht zwingend Gewaltdarstellungen enthalten müssen.[21]

Wie auch auf anderen Plattformen versuchen Rechtsradikale, mittels popkultureller Anleihen und Ästhetik ein junges, vorwiegend männliches Publikum in der Selbstfindungsphase anzusprechen. Mitte August 2019 machte eine Twitter-Nutzerin auf rechtsradikale Inhalte auf der Spieleplattform Roblox aufmerksam.[22] Auf der Online-Plattform spielen nach Angaben des Betreibers weltweit über 100 Millionen User monatlich. Ähnlich wie auf Steam gibt es auch hier Gruppen und Nutzernamen mit Bezug auf den Nationalsozialismus und rechtsterroristische Gruppen, wie die »Atomwaffen Division« (AWD), die in den USA für mindestens fünf Morde und mehrere Gewaltverbrechen verantwortlich sein soll. Auch in Deutschland ist Propagandamaterial der »Atomwaffen Division« aufgetaucht. Die AWD suggeriert, dass sich ein deutscher Ableger der Gruppierung gebildet haben könnte. Außerdem tummeln sich bei Roblox Nutzer, die Namen und Symboliken der SS oder von Konzentrationslagern benutzen und für Schriften werben, die rechtsextremen Terrorismus offen befürworten.

Rechtsradikale Führungsfiguren haben das Potenzial von Games und Gaming-Communities schon lange erkannt. Ex-*Breitbart*-Chef Steve Bannon warb als Chef einer Firma mit Sitz in Hongkong im Jahr 2005 Gelder von Goldman Sachs und anderen Finanziers in Höhe von 60 Millionen Dollar ein. Die Firma Internet Gaming Entertainment, die Bannon von einem früheren Kinderstar übernommen hatte, verdiente ihr Geld mit dem populären Online-Rollenspiel »World of Warcraft« (WoW). Die Arbeit der chinesischen Angestellten bestand darin, WoW zu spielen, um dort virtuelles Gold, Waffen und andere Gegenstände zu erspielen, die dann für richtiges Geld verkauft werden sollten. Das Geschäftsmodell scheiterte, unter anderem weil die Entwicklerfirma von »World-of-Warcraft« solche Bestrebungen letztendlich zu unterbinden versuchte. Bannon profitierte trotzdem von der Zeit als CEO des Unternehmens in Hongkong, wenn auch nicht finanziell. Er sollte später erzählen, dass die Zeit in der Firma ihm einen ersten Einblick in das Potenzial digitaler Communities verschaffte. »World-of-Warcraft«-Spieler hatten sich im Forum massiv gegen das Geschäftsmodell der chinesischen Goldgräber gewehrt und äußerten sich dann auch politisch, indem sie antichinesische Inhalte verbreiteten. Bannon hatte erkannt, dass es möglich ist, wütende Internet-Communities zu einem bestimmten Thema oder Zweck zu mobilisieren. Die Firma wurde verkauft. Bannon behielt danach aber die Kontrolle über mehrere Websites, die Online-Rollenspielen gewidmet waren und von Millionen Gamern aufgerufen wurden. Bannons Erkenntnisse aus dieser Zeit sollen auch in den Aufbau von *Breitbart* und die Wahlkampagne Donald Trumps eingeflossen sein.[23]

Frauenfeinde und Rechtsradikale haben in der Vergangenheit auch immer wieder selbst rassistische, antisemitische und frauenfeindliche Spiele entwickelt und verbreitet. Im Oktober 2019 erschien ein Spiel, das den Anschlag von Christchurch nachempfand und verherrlichte.[24] Verkauft wurde das Spiel für 14,88 Dollar. Die Zahlenfolge ist unter Neonazis beliebt. Die 14 steht für die »Fourteen Words«. Gemeint ist ein Glaubenssatz vieler Neonazis und Rassisten, der auf den US-amerikanischen Neonazi David Lane zurückgehen soll: »We must secure the existence of our people and a future for White children.« (»Wir müssen die Existenz unseres Volkes und eine Zukunft für weiße Kinder sichern.«). Die 88 steht für »Heil Hitler«. Das H ist der achte Buchstabe des Alphabets.

Einige Monate zuvor wurde das Spiel »Rape Day« veröffentlicht, bei dem der Spieler in einem apokalyptischen Spielszenario ermuntert wird, Frauen zu vergewaltigen. Die Strategie ist nicht neu: Im Jahr 2002 veröffentlichte die rechtsextreme US-Gruppierung »National Alliance« das Spiel »Ethnic Cleansing«. Der Name ist bereits ein offensichtliches Indiz für den Inhalt des Spiels: Als Skinhead oder Mitglied des Ku-Klux-Klans begeht der Spieler rassistische und antisemitische Morde. Ziel des Spiels war der virtuelle Mord am damaligen israelischen Premierminister Ariel Sharon. Außerdem erschienen über die Jahre eine Reihe von Abwandlungen beliebter Spiele, etwa Versionen des Egoshooters »Doom« oder des eigentlich recht niedlich anmutenden Spiels »Moorhuhnjagd«, in denen dann jeweils Jagd auf Juden gemacht wurde.

Wie eine riesige Hasskampagne bis heute den Hass im Netz prägt

Es sollte eine Zäsur in Sachen Hass im Netz werden: Im August 2014 entbrannte eine Hasskampagne, die unter dem Titel »Gamergate« bekannt wurde. Über Monate und Jahre ergoss sich der Hass zahlreicher, vor allem in Gamer-Kontexten rekrutierter Hater und Trolle über der Spieleentwicklerin Zoë Quinn, ihrer Familie und vielen Menschen, die mit ihr in Verbindung gebracht werden konnten. Hinter dem Hass, der auch mit zahlreichen Vergewaltigungs- und Morddrohungen einherging, steckte Quinns Ex-Freund. Dieser hatte in einem Blog-Artikel behauptet, dass Quinn fremdgegangen sei und für eine positive Rezension eines von ihr entwickelten Spiels mit einem Spielejournalisten geschlafen habe. Dass der Journalist nie einen Artikel über das Spiel »Depression Quest« veröffentlicht hatte und Quinns Arbeit nur am Rande erwähnt hatte, spielte keine Rolle. Unter dem Vorwand, es gehe in der Sache um journalistische Ethik, attackierten Frauenfeinde die Spieleentwicklerin so extrem, dass sie ihre Wohnung verließ und ihre Teilnahme an öffentlichen Events absagte.

In Chats berieten der Ex-Freund und Gleichgesinnte, wie man Quinns Leben zerstören könne. Nacktfotos von ihr wurden verbreitet. Die Hasskampagne zog weite Kreise und auch andere prominente Frauen und Verbündete aus der Spieleszene wurden zu Zielen erklärt und angegriffen. Einige der Angegriffenen verließen daraufhin die Spie-

Spieleplattformen und Online-Games

lebranche. Sie wurden angegriffen, weil sie nicht dem Prototyp des vorwiegend männlichen Gamers entsprachen, sie vertraten feministische Positionen und traten für mehr Diversität in der Spielewelt ein. Gamergate war ein Kampf mehrheitlich junger Männer, die den Status quo verteidigen wollten. Diesen Kampf nahmen auch rechtsradikale Antifeministen gern auf.

Dass es nicht um Ethik, sondern um die gezielte Belästigung von Frauen ging, zeigte eine Datenanalyse des Magazins Newsweek bereits im Oktober 2014.[25] Unter dem Hashtag #Gamergate auf Twitter wurden mehr Nachrichten an Kritikerinnen und Kritiker der Spielebranche gerichtet als an Journalisten, die angeblich in Sachen Ethik sensibilisiert werden sollten. In einigen Fällen ist der Unterschied drastisch: In der Analyse der Tweets wurde Spieleentwicklerin Quinn 14 Mal so häufig adressiert wie der Journalist Nathan Grayson, der der falschen Legende zufolge Sex gegen eine gute Spielekritik eingetauscht haben sollte.

Die bei Gamergate erprobten Taktiken dienen auch heute noch als Blaupause für Hasskampagnen im Internet. Selbst wenn einige dieser Angriffstaktiken auch 2014 nicht mehr neu waren – sie wurden zum Markenzeichen von Gamergate. Whitney Philips, Expertin für Hass und Trolle und Assistenzprofessorin an der Syracuse University, bestätigt diese Einordnung: »The energy and ideology of this movement weren't new but Gamergate was when the movement evolved and the monster grew a voice box.«[26] (»Die Energie und Ideologie dieser Bewegung war nicht neu, aber Gamergate war der Zeitpunkt, zu dem die Bewegung entstand und das Monster eine Stimme entwickelte.«) Der Hass blieb nicht in den wenig frequentierten, obskuren Ecken des Internets, in denen zuvor schon über Hasskampagnen gebrütet worden war. Quinn wurde auf sämtlichen verfügbaren Plattformen attackiert und die Angreifer fanden einige prominente Fürsprecher, darunter vor allem auch selbsternannte Männerrechtler und Rechtsradikale, die Angst vor einem kulturellen Feldzug sogenannter Social Justice Warriors schürten. »Social Justice Warriors« oder SJWs ist ein Begriff, der Menschen verächtlich machen soll, die sich für Gleichberechtigung einsetzen und gegen Diskriminierung kämpfen.

Technik

Im Jahr 2014, vor den großen Flüchtlingsbewegungen nach Europa, vor Trumps Wahlsieg und der Brexit-Abstimmung, hatten Social-Media-Plattformen nur wenig in die Ausbildung und den Ausbau ihrer Moderationsteams investiert. Insbesondere auf Twitter brach sich der Hass im Rahmen von Gamergate daher über Monate ungehindert Bahn. In ihrem Kampf gegen die angeblich drohende Diktatur der »Political Correctness« vertrieben hasserfüllte Gamer junge Frauen aus ihrem Zuhause und fluteten ihre Nachrichtenpostfächer mit Vergewaltigungsfantasien. Über Gamergate berichtete beispielsweise der damalige *Breitbart*-Technologie-Reporter und erklärte Antifeminist Milo Yiannopoulos extensiv und erlangte so zweifelhafte Berühmtheit. Whitney Philips bezeichnet diese Zeit als »Prototyp für den Aufstieg von Belästigungsinfluencern«, in der auch Opportunisten ihre Möglichkeit sahen, mit dem Schüren von Hass eine Gefolgschaft in sozialen Medien aufzubauen.[27] Während einige Twitter-User ihre Angriffe anonym verübten, traten einige Angreifer unter ihrem echten, verifizierbaren Namen auf. Prominente Gamergate-Fürsprecher wie der Schauspieler Adam Baldwin sorgten wiederum für mehr Aufmerksamkeit und weitere Anhänger. Auch *Breitbarts* Steve Bannon erkannte seine Chance und das Potenzial seines Autors Yiannopoulos. Gegenüber *Bloomberg*-Reporter Joshua Green sagte er 2017: »Ich realisierte, dass Milo mühelos Verbindung zu diesen Kids herstellen konnte. Du kannst diese Armee aktivieren. Sie kommen durch Gamergate oder was auch immer und werden dann mit Politik und Trump angezogen.«[28] Gamergate war eine Teststrecke für Rechtsradikale und deren Instrumentalisierung wütender Online-Mobs. Viele Betroffene warten bis heute darauf, dass die Gewalt und der Hass, den sie erfahren haben, zu Gerichtsurteilen führen.

Im Jahr 2014 griffen Gamergate-Anhänger auch Firmen wie Intel an, die auf Websites von Spielemedien inserierten, die von ihnen zum Feind erklärt worden waren. Auch hier hat sich nichts verändert: Im Jahr 2018 griff Donald Trump Nike an, weil die Firma einen Werbespot mit dem schwarzen NFL-Star Colin Kaepernick produziert hatte, der öffentlich gegen Ungleichheit und Polizeigewalt protestiert hatte. In Deutschland zettelte die AfD im gleichen Jahr einen Boykott von Coca-Cola an – wegen eines gefälschten Werbeplakats mit der Aufschrift »Für eine besinnliche Zeit: Sag' Nein zur AfD«, das aber nicht vom Getränkehersteller stammte. Zur Blamage gesellte sich ein augenzwinkernder Tweet von Coca-Colas Pressesprecher: »Nicht jedes Fake muss falsch sein.«[29]

Auch wenn die Taktik nicht immer aufgeht: Regelmäßig beschimpfen und bedrohen Horden bockiger Internetnutzer verschiedene Firmen und Institutionen, weil diese nicht ihrem reaktionären Weltbild entsprechen. Auch Entscheidungen von Spieleentwicklern und Filmemachern, mehr Diversität in ihren Produkten abzubilden, werden mit Hasskampagnen nach dem Schema von Gamergate quittiert. Die Strategieabsprachen von Gamergate-Anhängern, die das Leben Zoë Quinns zerstören wollten, können durchaus als Vorläufer von Trollgruppen, die sich vor der US-Wahl 2016 und der Bundestagswahl 2017 auf Chatplattformen wie Discord organisierten, verstanden werden. Immer wieder werden Kampagnen, Drohungen und Hass unter dem Vorwand, Kultur zu bewahren, organisiert und verbreitet.

Auch wenn man im Jahr 2019 noch nicht davon sprechen kann, dass die soziale Medien nutzende Öffentlichkeit für die Methoden von Hobby- und Berufstrollen ausreichend sensibilisiert wäre, sah das Bild im Jahr 2014 noch deutlich düsterer aus. In der breiten Berichterstattung über Gamergate wurde die Geschichte des Ex-Freundes oft unkritisch wiedergegeben und die Hasskampagne gegenüber Zoë Quinn dagegen nur unzureichend eingeordnet. Die Rolle von Gamergate für Angriffe und Kampagnen dieser Art in Deutschland ist bislang nur wenig untersucht worden, obwohl sich auch hierzulande Antifeministen und Rechtsradikale von den Methoden der Gamergater inspirieren ließen und entsprechende deutschsprachige Inhalte auf Twitter, YouTube und anderen Plattformen – auch Spieleplattformen – verbreiteten. Der New York Times-Journalist Charlie Warzel schreibt, dass Gamergate seinen Anhängern und vergleichbaren Online-Gruppierungen eine Lektion in der Manipulation der Öffentlichkeit und im Erzeugen von Empörung war.[30] Die selbsternannten Kulturbewahrer feierten Erfolge, indem sie Frauen sexistisch und gewaltvoll angriffen und einschüchterten, werbetreibende Firmen täuschten und Berichterstattung durch etablierte Medien erzeug-

Technik

ten. Seit dem verhängnisvollen Blogpost von Quinns Ex-Freund im August 2014 wurden zahllose vergleichbare, dezentral organisierte Angriffe nach immer demselben Muster gestartet. In einigen Fällen fußte die Empörung auf Falschinformationen und Lügen, fast immer wurden Informationen verfälschend und zuspitzend wiedergegeben.

WIE RECHTSRADIKALE IHRE AKTIVITÄTEN FINANZIEREN

Der Spendenaufruf gehört zum täglichen Geschäft rechtsradikaler YouTuber, Website-Betreiber und Vereine. Viele von ihnen setzen nach wie vor auf die Angabe einer Kontonummer, um Spenden zu akquirieren. Die Zeiten des klassischen Spendenkontos als einzige Finanzierungsquelle sind für viele Rechte allerdings vorbei. Gerade besonders radikalen Akteuren werden regelmäßig die Konten gesperrt. Deren PayPal- und Apple-Pay-Zugänge sind davon ebenfalls betroffen. Dem antisemitischen YouTuber, der sich »Volkslehrer« nennt, seinen Job als Grundschullehrer inzwischen allerdings verloren hat, sind in der Vergangenheit nach eigener Aussage mehrere Konten in Deutschland gesperrt worden, ebenso ein Bankkonto in Polen. Der Identitären Bewegung wurden beispielsweise ebenso Konten bei PayPal gekündigt wie auch der rechtsextremen Bürgerbewegung Pro Chemnitz.[31] Rechtsradikale haben daher eine Reihe neuer Finanzierungswege erschlossen, über die sie zum Teil erhebliche Summen einnehmen. Außerdem tragen Onlineshops zu ihren Einkommen bei.

Rechtsradikale Schwarmfinanzierung

In den letzten Jahren setzen Rechtsradikale vermehrt auf Crowdfundings, also Schwarmfinanzierungen. Über diesen einigermaßen niedrigschwelligen Weg sammeln sie zum Teil größere Summen ein, selbst wenn einige

Wie Rechtsradikale ihre Aktivitäten finanzieren

Spender nur Kleinstbeträge einzahlen. Die Spendenaufrufe sind unterschiedlicher Natur: Gesammelt wird entweder für den laufenden Betrieb einer Organisation, Website oder eines YouTube-Kanals oder etwa für einmalige Kampagnen. Im Jahr 2012 spendeten zahlreiche Menschen über 300.000 US-Dollar für die Prozesskosten von George Zimmermann, der Trayvon Martin erschossen hatte.[32] *Fox News*-Moderator Sean Hannity erwähnte Zimmerman damals regelmäßig in seinen Sendungen. Nach jeder Erwähnung in Trumps Lieblingssender stieg die Zahl der Spenden.[33] In einer Diskussionsrunde sagte Hannity einst, er sei überzeugt, dass Zimmerman das Richtige getan habe. Zimmerman, der mutmaßlich aus rassistischen Motiven handelte, versteigerte später die Tatwaffe.[34] In der Auktionsbeschreibung nannte er sie eine »amerikanische, ikonische Waffe«. Außerdem verkaufte er ein von ihm gemaltes Bild, dessen Motiv er von einer Website kopiert hatte, für mehr als 130.000 Dollar.[35] Den Erlös aus dem Verkauf der Waffe wollte er laut eigener Aussage nutzen, um gegen angebliche Gewalt der schwarzen US-Bürgerrechtsbewegung Black Lives Matter gegenüber Polizisten und gegen die »Anti-Waffen-Rhetorik« Hillary Clintons vorzugehen.[36]

Zeitweise nutzten einige Rechtsradikale populäre Spendenplattformen wie Patreon. Dort können Menschen sich zu monatlichen Zahlungen verpflichten. YouTuber, Podcastbetreiber und andere Kreative oder Freiberufler haben dort die Möglichkeit, ein regelmäßiges Einkommen zu generieren. Ende 2018 entschied man sich bei Patreon allerdings, die Konten einiger besonders extremer Akteure zu sperren. Unter ihnen war auch der britische rechtsradikale Verschwörungsideologe Carl Benjamin, der den YouTube-Kanal »Sargon of Akkad« betreibt. Ihm gingen durch die Sperrung 12.000 US-Dollar in monatlichen Zahlungen verloren. Auch die Konten des früheren *Breitbart*-Autors Milo Yiannopoulos und von Gab, der Twitter-Alternative für Rechtsradikale, wurden gesperrt.[37]

Als Konsequenz wurde die Spendenplattform Hatreon gegründet. Der Name dient schon als Hinweis auf die anvisierte Klientel. Zu den Nutzern gehörten *Daily-Stormer*-Chef Andrew Anglin und der amerikanische Neonazi Richard Spencer. In der Rangliste der Nutzer mit den meisten Einnahmen war zeitweise auch der rechtsradikale und extrem islamfeindliche YouTuber »Finkelstein« mit seinem Kanal »Die Vulgäre Analyse« aus Deutschland, der auf diese Weise zeitweise wohl mehr als 450 US-Dollar im Monat verdiente. Hatreon ist inzwischen offline, unter anderem deshalb, weil das Kreditkartenunternehmen Visa die Abwicklung der Geschäfte verweigerte. Auch andere rechte Crowdfunding-Dienste wurden in der Zwischenzeit wieder eingestellt.

Regelmäßig entstehen aber neue Plattformen. Verschwörungsinfluencer Alex Jones, der seit Jahren auf seinen Kanälen Angst und Hass schürt, verdient auf der Spendenseite Subscribestar mehr als 6000 US-Dollar im Monat. Er wird als einer der Stars der Plattform vorgestellt. Auch der Identitäre Martin Sellner nutzt den Service, verdiente aber im August 2019 weniger als 100 Dollar.[38]

Auch wenn er auf Subscribestar nur wenig verdient: Sellners IB sammelte in der Vergangenheit mehrfach Spenden für Kampagnen und Projekte ein. Anfang 2017 startete Sellner eine Kampagne auf der Crowdfunding-Plattform Kickstarter. Das Spendenziel lag bei 15.000 Euro. Die IB wollte mit dem Geld eine App an den Start bringen, mit der sich Aktivisten über eine Art Radar untereinander vernetzen können. »Patriot Peer« habe das Ziel, »die Firewall der Political Correctness zu zerschlagen«, sagt Sellner in einem YouTube-Werbevideo für die Spendenkampagne.[39] Bei der Vorstellung der App auf einer Konferenz der österreichischen Identitären bezeichnete Sellner das »Coming Out als Patriot« unironisch als »das schwierigste, was es gesellschaftlich überhaupt gibt«.[40] Der Aktivismus wird zum Spiel: Nutzer sollten sich wie in einer rechtsradikalen Version des beliebten Handy-Spiels »Pokémon Go« gegenseitig scannen, aber auch an Veranstaltungen teilnehmen und andere, vorgegebene Orte besuchen, um Punkte zu gewinnen und mit mehr und mehr Punkten innerhalb des Spiels aufzusteigen. Hillary Clinton nutzte 2016 ein ähnliches System, um ihre Wahlkampfhelfer zu organisieren und zu motivieren.

Statt der angepeilten 15.000 Euro verpflichteten sich bis zum Ende der Kampagne allerdings nur 148 Unterstützer zur Zahlung von 7653 Euro. Wird das Spendenziel einer Kickstarter-Kampagne nicht erreicht,

Wie Rechtsradikale ihre Aktivitäten finanzieren

erfolgt auch keine Teilauszahlung. Die App wurde bis Ende November 2019 nicht auf den Markt gebracht, obwohl sie immer wieder angekündigt wurde. Zuletzt im August 2019, mehr als zweieinhalb Jahre nach der gescheiterten Spendensammlung. Immer wieder wechselten die zuständigen App-Entwickler und Teams hinter der App.

Einen größeren Spendenerfolg konnte die Identitäre Bewegung nur wenige Monate später für ihre Kampagne »Defend Europe« gegen private Seenotrettung im Mittelmeer verbuchen. Die Aktivisten sammelten Geld, um ein Schiff im Mittelmeer auf Kurs zu schicken. Die C-Star, so der Name des in Dschibuti gecharterten Schiffs, sollte private Seenotrettungsorganisationen blockieren und dafür sorgen, dass Flüchtlinge zurück nach Libyen gebracht werden, wo ihnen nachweislich Folter und Misshandlungen drohten. Begründet wurde die »Mission« mit der Notwendigkeit, den angeblichen Pull-Faktor der Seenotrettung zu bekämpfen. Es gibt allerdings keine Beweise für die Behauptung, dass die Seenotrettung dazu führt, dass weitere Menschen sich aus afrikanischen Ländern auf den Weg nach Europa machen. Das hindert Rechtsradikale trotzdem nicht daran, den Mythos vom Pull-Faktor wie ein Mantra zu wiederholen. Zuvor hatten Mitglieder der Identitären Bewegung und die Alt-Right-Influencerin Lauren Southern bereits von einem kleineren Boot aus ein Schiff von Seenotrettern mit Leuchtraketen beschossen. Sie wurden festgenommen. Nach ihrer Freilassung posierten die Aktivisten mit einer Flagge und Leuchtraketen vor dem Polizeirevier. Southern sagte damals *Buzzfeed*: »Wir wollten dieses Bild des Trotzes, damit wir Spenden für größere Projekte sammeln können.«[41]

Letztendlich war die Schiffsaktion auch eine Zurschaustellung der internationalen Vernetzung Rechtsradikaler: Die Spendenkampagne wurde international beworben und erreichte auch Geldgeber aus den USA und der Schweiz. Zunächst sammelten die Aktivisten mehr als 60.000 Euro Spenden über PayPal ein, bevor das Unternehmen das Konto einfror. Über die Plattform WeSearchr sammelten sie schließlich vor ihrem Trip mehr als 170.000 US-Dollar ein. Später folgten weitere Zehntausende Dollar. WeSearchr war eine weitere Spendenplattform, die von Akteuren der amerikanischen Alt-Right genutzt wurde und angeblich investigative,

Technik

journalistische Projekte fördern sollte. Unter den erfolgreich finanzierten Kampagnen war eine Initiative, mit der für 7500 US-Dollar bewiesen werden sollte, dass ein Buch Barack Obamas von einem Ghostwriter geschrieben worden sei. Für 500 US-Dollar sollten die Scheidungsakten des Gründers der US-Faktencheck-Seite Snopes veröffentlicht werden. Inzwischen ist WeSearchr offline.

Einige der Sympathisanten der IB-Schiffsaktion im Mittelmeer sind bekannt: Die Partei National Orientierter Schweizer schrieb auf Facebook von einer Spende, der frühere Ku-Klux-Klan-Chef David Duke twitterte den Link zur Spendenaktion und auch der *Daily Stormer* und *Breitbart* erwähnten die Aktion in mehreren Artikeln lobend.[42] Auch die britische rechtsradikale Publizistin Katie Hopkins berichtete für die britische *Daily Mail*. Hopkins war einst Kandidatin in Donald Trumps TV-Karriere-Reality-Show »The Apprentice«. Trump verbreitet Tweets von Hopkins regelmäßig auf seinem eigenen Account.

Zu den Planern der »Defend Europe«-Kampagne gehörte Jean-David Cattin, ein ehemaliger Oberstleutnant der Schweizer Armee, der sich mehr als zehn Jahre zuvor der Identitären Bewegung in Frankreich angeschlossen hatte.[43] Cattin selbst ging nicht an Bord des Schiffs. Bereits 2012 war er aus dem Militär ausgeschlossen worden, gegen ihn wurde wegen illegalem Waffenbesitz ermittelt.[44] An Bord der C-Star waren dann unter anderem die deutschen Identitären Robert Timm und Simon Kaupert sowie die Aktivistinnen Lauren Southern und Brittany Pettibone aus Kanada und den USA. Southern hat sich inzwischen von ihrer Rolle als rechtsradikale Internet-Persönlichkeit zurückgezogen. Besatzungsmitglied Alexander Schleyer veröffentlichte später ein Buch über den rechtsradikalen Bootsausflug im neurechten Antaios-Verlag.

Zwar war die Spendensammlung erfolgreich, die Aktion selbst ging aber in die Hose. Zunächst hing das Schiff eine Weile im Suezkanal fest, weil die ägyptische Marine dem Kapitän aufgrund fehlender Papiere die Weiterfahrt verweigerte. Bei einem Zwischenstopp auf Zypern beantragten einige aus Sri Lanka stammende Crewmitglieder Asyl. Anschließend wurden der Besitzer des Schiffs, der Kapitän sowie einige Crewmitglieder vorübergehend festgenommen. In Tunesien wurden sie am Auftanken gehindert. Dann hatte das Schiff einen Motorschaden, war für eine Weile manövrierunfähig. Hilfe, die die Rettungsorganisation Sea-Eye angeboten hatte, lehnten die Crewmitglieder ab. Schließlich blieb die C-Star nach weniger als einer Woche im Mittelmeer im Hafen von Barcelona liegen. Die restlichen Crewmitglieder aus Sri Lanka wurden vom Roten Kreuz versorgt. Die selbsternannten Europaretter verließen ohne berichtenswerte Aktionen das Schiff. Das hinderte die Identitäre Bewegung nicht an der nachträglichen Inszenierung der Aktion als Erfolg, ganz nach Anleitung. Sie porträtierten sich in einer viersprachig vorgetragenen Pressekonferenz, vier Identitäre platziert vor einem Banner mit der Aufschrift »Mission Accomplished!« [sic], als Enthüller angeblicher Kooperationen zwischen Schleppern und privaten Seenotrettern.[45] Diese Vorwürfe waren damals schon nicht neu. Es gab allerdings keinerlei Belege für eine Kooperation.[46] Aber das Bild des einzelnen Schiffes, das Europa zu verteidigen vorgibt, passt in ihr »David gegen Goliath«-Narrativ.

Rechte Shoppingwelt: Fanartikel und Waffenshops

Onlineshops sind zu einer wichtigen Einkommensquelle für Rechtsradikale geworden. Die Produktpalette für die Rechten von heute ist groß. Die Identitären werben mit zwei eigenen Craftbiersorten: Wer einen Kasten für 40 bis 60 Euro kauft, unterstützt damit auch »patriotische Projekte und Aktionen«. Die NPD vertreibt in ihrem Werbemittelshop auch Apfelschorle in Dosen, auf denen »Natürlich deutsch« steht. Im Sortiment von Druck 18 sind neben den üblichen T-Shirts und Aufklebern auch Bettwäsche, Babystrampler und Lichterbögen in Form eines halben Sonnenrads enthalten. Neonazis nutzen das Symbol gern als Ersatz für das verbotene Hakenkreuz. Der Laden wird betrieben vom Thüringer Neonazi Thommy Frenck, der auch Veranstalter verschiedener rechtsextremer Festivals ist und seine Produkte auch in den Räumen seiner Kneipe »Zum Goldenen Löwen« in Kloster Veßra lagert.

Infowars-Betreiber Alex Jones setzt auf eine noch breitere Produktpalette: Er verkauft neben T-Shirts und Büchern auch eigene Infowars-Nahrungsergänzungsmittel sowie verschiedene Ausrüstungsgegenstände

Technik

für den Fall einer Naturkatastrophe oder eines (Atom-)Krieges. Der Verschwörungsprediger, der Donald Trump im Wahlkampf 2015 für seinen YouTube-Kanal interviewen durfte, ist unter anderem erklärter Impfgegner. *Buzzfeed* ließ 2017 in einem auf Nahrungsergänzungsmittel spezialisiertes Labor einige der von Jones angebotenen Produkte testen. Das Ergebnis zeigte, dass diese zwar keine gefährlichen Stoffe enthielten, dafür aber völlig überteuert verkauft wurden.[47] Das einjährige »Jubiläum« der Sperrung seiner Kanäle auf Facebook und YouTube feierte Jones mit Sonderangeboten in seinem Shop. Er hat ein eigenes Treuepunktesystem namens »Patriot Points« eingeführt, um seine Kunden an sich zu binden. Obwohl Jones wegen seiner zahllosen Hasskampagnen von Plattformen wie Facebook, YouTube und Spotify gesperrt wurde, werden seine Produkte nach wie vor auf Amazon angeboten.[48]

Oft vertreiben rechtsradikale Unternehmer ihre Produkte über einen eigenen Webshop. Wie Alex Jones setzen einige zusätzlich auch noch auf eine breitere potenzielle Kundschaft, indem sie über Plattformen wie Amazon anbieten. Auch Aktivist Sven Liebich nutzt Amazon. Liebich war früher mal bei der seit 2000 verbotenen rechtsextremen Gruppierung Blood & Honour aktiv und ist heute Organisator von montäglichen Demonstrationen in Halle und Betreiber des Blogs *Halle Leaks*. Auf seinem Blog verbreitet er regelmäßig selektiv Berichte über Kriminalitätsfälle von Zuwanderern und Falschmeldungen, etwa erfundene Zitate von Politikern oder erfundene Straftaten von nicht weißen Personen. Liebich bewirbt auf seinem Blog auch Produkte aus seinen Onlineshops, über die er vor allem T-Shirts und Aufkleber vertreibt. Neben einigen unverdächtigen Motiven, die er vor allem über Amazon verkauft, preist er eine ganze Menge »politisch unkorrekter« Modelle an. Im Sortiment sind beispielsweise Sticker für Leugner des menschengemachten Klimawandels, gelbe Westen mit der Aufschrift »Abschiebehelfer« und eine Tasse mit der Aufforderung »Kauft keine Lügenpresse«. Wer es noch sehr viel geschmackloser mag, kann einen gelben Stern mit der Aufschrift »Dieselfahrer« oder eine Fotomontage von Angela Merkels Kopf auf einem nackten Körper mit gespreizten Beinen und der Aufschrift »Mutti lässt jeden rein« erwerben. Liebich macht reichlich

Werbung für seine Läden, etwa über Werbebanner oder einen Chatbot, ein kleines Programm, das auf Stichworte (Antifa, Schächten, »ficki ficki«) in seiner Telegram-Chatgruppe reagiert und eine entsprechende Auswahl an Produkten anbietet. Schreibt jemand »Nazi«, schreibt der Bot außerdem: »NAZI – Nicht An Zuwanderung Interessiert!«. Die Verharmlosung läuft hier automatisiert.

Der Thüringer Rechtsextremist Mario Rönsch trieb das Geschäft mit der Angst noch weiter. Er soll Betreiber mehrerer rechtsradikaler Seiten gewesen sein, die über Jahre Angst vor Asylsuchenden schürten. Die Facebook-Seite »Anonymous.Kollektiv« und die Website anonymousnews.ru verbreiteten immer wieder auch Falschmeldungen. Etwa dass Angela Merkel ein Selfie mit einem Geflüchteten gemacht habe, der später am islamistischen Terroranschlag auf den Brüsseler Flughafen beteiligt gewesen sein soll. Der junge Mann auf dem Foto, Anas Modamani, hatte mit der Tat nichts zu tun. Ende 2018 wurde Rönsch erstinstanzlich wegen illegalen Waffenhandels zu einer Haftstrafe verurteilt. Im Online-Versand mit dem Titel »Migrantenschreck« hatte er von Ungarn aus Kunden in Deutschland mit verschiedenen Waffen beliefert. Die angebotenen Waffen sind zwar lediglich für Hartgummigeschosse geeignet, können aber laut einem Gutachter auf einer Distanz von bis zu fünf Metern tödliche Verletzungen verursachen. In Deutschland sind sie waffenscheinpflichtig. Die Waffen wurden als Verteidigungsmittel gegen Geflüchtete angepriesen. Rönsch hat mindestens 169 dieser Waffen nach Deutschland geliefert. Seine Kunden zahlten dafür zwischen 299 und 749 Euro.[49] In Werbevideos wurden die Waffen an Zielscheiben getestet, an die Fotos prominenter Politiker wie Angela Merkel oder Cem Özdemir geheftet worden waren. Eine sehr handliche Pistole wurde Frauen mit folgenden Worten angepriesen: »Ob Ficki-Ficki-Fachkraft oder Hobbydieb – der MS55 Lady jagt jedem Schurken einen gehörigen Schrecken ein!« Laut einer Sprecherin des Berliner Kammergerichts muss Rönsch seine Haftstrafe im Jahr 2019 aber voraussichtlich nicht antreten. Über eine Revision muss der Bundesgerichtshof entscheiden. Die Website anonymousnews.ru, hinter der Rönsch ebenfalls stecken soll, publizierte nach kurzer Publikationspause weiter.

Technik

Kryptowährungen

Der Kryptowährungsboom hat auch – oder erst recht – keinen Halt vor dem rechtsradikalen Spektrum gemacht. Obwohl der Wert der unterschiedlichen Währungen häufig starken Schwankungen unterworfen ist, sind Bitcoin und Co. zur willkommenen Alternative für Spendenkonten geworden. Auch wenn einige der angebotenen Währungen nicht ganz so anonym sind, wie sie immer wieder dargestellt werden, und im Vergleich zu PayPal und den gängigen Crowdfunding-Plattformen nicht sonderlich niedrigschwellig in der Nutzung sind.

US-Neonazi Richard Spencer nannte Bitcoin 2017 die »Währung der Alt-Right«.[50] Einer der Anreize für den Einsatz von Kryptowährungen ist die kaum vorhandene Regulierung. Zur Verwaltung der Währung sind sogenannte Wallets, digitale oder physische Geldbörsen, nötig. Der Zugang zu diesen Währungen kann Rechtsradikalen zudem nicht versperrt werden. Lediglich die Firmen, die beispielsweise die Transaktionen der Kryptowährungen übernehmen, können Akteure oder Gruppen von ihren Services ausschließen. Die Handelsplattform Coinbase etwa hat in der Vergangenheit schon gewalttätigen Rechtsradikalen den Geldhahn zugedreht. Es gibt aber ausreichend Möglichkeiten, diese Transaktionsfirmen durch eigene Infrastrukturen zu umgehen.

Spenden, die über Bitcoin getätigt werden, lassen sich relativ leicht nachvollziehen. Bitcoin ist eine der transparenteren Kryptowährungen. Der Analyst John Bambenek hat einen Twitter-Bot eingerichtet, über den sich die Bitcoin-Guthaben und -Einnahmen verschiedener amerikanischer Neonazis nachverfolgen lassen.[51] Teilweise kommen dort erhebliche Summen zusammen. Demnach hat *Daily-Stormer*-Gründer Andrew Anglin seit 2014 insgesamt mindestens 1,4 Millionen US-Dollar in Bitcoin erhalten. Auch das Guthaben von Martin Sellner lässt sich nachverfolgen. Insgesamt hat er bis November 2019 umgerechnet mindestens 13.000 Euro in Bitcoin eingenommen.[52] Sellner bietet aber auch noch drei weitere Kryptowährungen als Zahlungsmöglichkeiten an. Auch das identitäre Medienprojekt *Okzident Media* hat für die Entwicklung einer App auf Bitcoin gesetzt und insgesamt mehr als vier Bitcoins, nach Stand vom August 2019 mehr als 37.000 Euro, eingesammelt. Eine Einzelspende auf die Bitcoin-Adresse des Projektes belief sich auf umgerechnet fast 17.000 Euro. Kryptowährungen könnten auch im Zusammenhang mit rechtem Terror an Bedeutung gewinnen. Der Täter von Halle behauptete in seiner Erklärung zur Tat zumindest, jemand habe ihm 0,1 Bitcoin (umgerechnet etwa 750 Euro) überwiesen. Kontakt hatten die beiden zuvor über das Internet.

Kryptowährungen passen in das Glaubenskonstrukt vieler Rechtsradikaler, verachten sie doch oft Banken, die sie dem antisemitischen Mythos einer jüdischen Weltverschwörung zuordnen. Weil Kryptowährungen bislang in Deutschland im Vergleich zu anderen Bezahlvarianten nicht allzu weit verbreitet sind, ist von einem kompletten Umstieg auf diese Finanzierungsform in absehbarer Zeit nicht auszugehen. Wahrscheinlicher ist, dass Rechtsradikale auch in Zukunft auf eine Kombination unterschiedlicher Monetarisierungswege setzen.

DARK SOCIAL

Chatgruppen und Kanäle bei Messengerdiensten wie WhatsApp, dem Facebook Messenger und Telegram gewinnen für Rechtsradikale zunehmend an Bedeutung. Man bezeichnet diese Kanäle häufig auch als »Dark Social«. Der Begriff bezieht sich allerdings nicht etwa auf das Gedankengut rechtsradikaler Nutzer, sondern stammt aus dem Marketing. Damit sind die Verbreitungswege von Links gemeint, die nicht messbar sind, im Gegensatz zu Posts auf Facebook und Twitter. Neben Messengern beinhaltet »Dark Social« auch einige Smartphone-Anwendungen und E-Mails.

Rechtsradikale vernetzen sich vor allem auf Telegram. Der Messenger wurde von Pavel Durov entwickelt, der zuvor auch am russischen sozialen Netzwerk VK beteiligt war. Telegram gilt fälschlicherweise als besonders sicher. Zwar wird der Messenger häufig als verschlüsselt bezeichnet, das ist allerdings bestenfalls irreführend. Nur private Unterhaltungen zwischen zwei Personen können verschlüsselt werden, und auch nur, wenn man vorher eine entsprechende Einstellung vorgenommen hat. Gruppenchats und Kanäle lassen sich hingegen gar nicht verschlüsseln. In den vergangenen Jahren haben auch Dschihadisten den Messenger intensiv zum internen Austausch und auch für Rekrutierungsmaßnahmen genutzt. Der Islamische Staat empfahl die Nutzung von Telegram, die App wurde bei mehreren islamistischen Terroranschlägen zur Planung und Ausführung verwendet.

Telegram bietet zwei Funktionen, die für Rechtsradikale besonders wichtig sind: Zum einen benutzen rechtsradikale Gruppen, Bündnisse und auch Einzelpersonen die Kanalfunktion des Messengers. Die Kanäle können von Nutzern abonniert werden. Kommuniziert wird allerdings nur in eine Richtung, denn nur der Betreiber eines Kanals kann ihn mit Nachrichten füllen. Zum anderen nutzen sie Gruppen, in denen sich teilweise Hunderte oder sogar Tausende Mitglieder anmelden. Meist bezieht sich die Gruppe in ihrer Ausrichtung auf ein bestimmtes Thema oder einen konkreten Akteur, etwa einen Verein, ein »Alternativmedium« oder Demonstrationsbündnisse. Auch Influencer aus der rechten Szene nutzen Gruppen, die dann in der Regel ihren Namen im Titel tragen. Auf einige Kanäle und Gruppen stößt man eher zufällig, weil sie nicht öffentlich kommuniziert werden und auch nicht ohne weiteres über Suchmaschinen zu finden sind. Man findet sie meist zufällig, weil ihre Inhalte in anderen Chats verbreitet werden. Andere wiederum entdeckt man ganz einfach. IB-Chef Martin Sellner wirbt zum Beispiel recht offensiv auf seinem YouTube-Kanal und seinen anderen Social-Media-Präsenzen mit seinem Kanal »Martin Sellner [TELEGRAMELITE]«. Telegram erfreut sich auch so großer Beliebtheit, weil es anders als bei WhatsApp keine Beschränkungen für die Mitgliederzahl von Gruppen und Kanälen gibt.

Trotz der öffentlichen Bewerbung mancher Telegram-Präsenzen dient die Plattform ganz klar vor allem der internen Vernetzung Rechtsradikaler. Das äußert sich auch an einem deutlich radikaleren Auftreten vieler bekannter Akteure, aber auch an den Kommunikationsformen vieler User in den Gruppen. Rassistische, antisemitische, frauenfeindliche Bemerkungen und andere Formen diskriminierender Abwertung werden dort ganz offen geäußert. In den Gruppen fühlen sich die Mitglieder

Dark Social

meist relativ unbeobachtet und kommunizieren daher häufig besonders radikal. Zwar weisen immer wieder einzelne Personen darauf hin, dass unter den Gruppenmitgliedern auch Journalisten und Ermittler sein könnten, das ändert in der Regel aber nichts am allgemeinen Ton der Gruppen. Immer wieder wird in einigen Gruppen der Holocaust geleugnet. Während meiner Recherchen habe ich wiederholte Male Links zum Klassiker der antisemitischen Verschwörungsideologen, den »Protokollen der Weisen von Zion«, gefunden. Das gilt für deutschsprachige ebenso wie für englischsprachige Gruppen. Die »Protokolle« sind ein antisemitisches Pamphlet, das seit Jahrzehnten weltweit verbreitet wird und sich noch heute großer Beliebtheit erfreut. In Deutschland kursiert es schon seit den 1920er-Jahren. Das fingierte Dokument, angebliche Niederschriften von Treffen der »Weisen von Zion«, dient Antisemiten als Beleg für die Existenz einer angeblichen jüdischen Weltverschwörung. Vor einigen Jahren sorgte Wolfgang Gedeon, der seit 2016 als AfD-Mitglied im Landtag von Baden-Württemberg sitzt, für einen Streit innerhalb seiner Partei, der bis heute anhält. Der Politiker, der immer wieder durch antisemitische Äußerungen auffällt, erklärte in der Vergangenheit mehrfach, er würde das Dokument für authentisch halten.[53] Seitdem folgten in der AfD mehrere erfolglose Ausschlussverfahren gegen Gedeon.

Dass Sellner seinen Kanal als »TelegramELITE« bezeichnet, ist kein Zufall. Er suggeriert damit, dass es sich um besonders geschätzte Anhänger handelt, die exklusiven Zugang zu der Gedankenwelt, den Videos und Memes des rechtsradikalen Influencers erhalten. Tatsächlich gewährt Sellner seinen Kanalabonnenten den ersten Zugriff auf neue Videos. Sellner ist einer der eifrigsten deutschsprachigen Telegram-Nutzer. Über den Messenger organisierte er unter anderem die von ihm initiierte Kampagne gegen den UN-Migrationspakt. Den Kanal abonnierten über 6400 Menschen, die Kampagnen-Profile auf Twitter und Facebook erreichten jeweils weniger als 1500 Likes und Follower.[54] Den Kanal widmete er nach dem Ende der Kampagne um. Die Migrationspaktgegner sind nun Teil der »TelegramELITE«, die Mitte 2019 mehr als 32.000 Nutzer abonniert haben. Auch andere bekannte Rechte sind auf Telegram aktiv: Der frühere Journalist und spätere Verschwörungsinfluencer

Oliver Janich hat mehr als 42.000 Abonnenten, Pegida-Gründer Bachmann mehr als 14.000.

Insgesamt ist die Bandbreite rechter Telegram-Gruppen und -Kanäle enorm. Es gibt Lokalgruppen, Dating-Gruppen, Gruppen für Reichsbürger, Neonazi-Musiklabel, Kanäle rechter Influencer, zahlreiche identitäre Channels, Gruppen für Anhänger aller möglichen rechten und antisemitischen Verschwörungsmythen, rechte Medien, Melde-Gruppen für Social-Media-Kanäle von »Feinden« et cetera. Außerdem gibt es Kanäle, die der Verbreitung rechtsradikaler und anderer dubioser Literatur gewidmet sind, und Gruppen, in denen einfach nur für andere Gruppen und Kanäle geworben wird. Viele Gruppen und Kanäle teilen immer wieder Inhalte von anderen. So verschaffen sich Aktivisten gegenseitig zusätzliche Reichweite. Das gilt auch über nationale Grenzen hinaus. Während der Austausch zwischen Rechtsradikalen aus Deutschland und Österreich sowieso zum Alltag gehört und vor allem durch Identitäre vorangetrieben wird, vernetzen sich auch andere Akteure untereinander. Pegida-Gründer Lutz Bachmann teilt regelmäßig Inhalte des britischen Rechtsradikalen Stephen Yaxley-Lennon, der unter dem Alias Tommy Robinson auftritt. In einigen Gruppen treffen rechtsradikale Trolle und Verschwörungsgläubige aus unterschiedlichen Ländern direkt aufeinander.

Der politische Kampf der Rechten nimmt auf Telegram bisweilen eher skurrile Züge an. Im Kanal »Patrioten im Widerstand« wurden nach dem Wahlerfolg der Grünen bei der Europawahl 2019 einige Videos gepostet, die aus landwirtschaftlichen Fahrzeugen heraus gefilmt worden waren. Die 1077 Kanal-Abonnenten werden Zeugen einer Szene, in der ein Traktorfahrer unter dem Kommentar »Für alle meine Freunde, die gestern Grün gewählt haben« einen Baum überfährt. Ein anderer wünscht: »Ich hoffe, Ihr grünen Zecken verreckt bei dem Anblick«, und düngt unter den Klängen des Horst-Wessel-Liedes ein Feld. Keine Pointe. Zwischen Rassismus, Vergewaltigungswitzen, Impfgegnerpropaganda und Solidaritätsbekundungen für die verurteilte Holocaustleugnerin Ursula Haverbeck macht der Kanalbetreiber auch immer wieder Werbung für die AfD.

Regelmäßig diskutieren Rechte auf Telegram ihre Strategien, beispielsweise zur Rekrutierung neuer Gesinnungsgenossen. Auch der Betreiber des rechtsradikalen Blogs *Halle Leaks*, Sven Liebich, betreibt einen Telegram-Kanal und eine Gruppe. Seiner Gruppe sind Ende November 2019 fast 2000 Menschen beigetreten, den Kanal haben über 7000 Telegram-Nutzer abonniert. Seine Taktik, um rechtsradikale Ideologien zu verbreiten, erklärt er in der Gruppe: Öffentlich würde er in der Regel nur Dinge äußern, die er dem »Level 1« zuordne. Von diesen Äußerungen erwartet er sich eine gewisse Anschlussfähigkeit. Themen aus dem Bereich »Level 2« hält er aus seinen öffentlichen Auftritten lieber fern. Dazu zählt er die Relativierung und Leugnung des Holocausts ebenso wie Äußerungen über Chemtrails, also dem Verschwörungsglauben, dass Flugzeuge auf Befehl der Regierung bewusstseinsverändernde Stoffe versprühen, um Menschen gefügig zu machen. Auch Social-Media-Plattformen ordnet er nach diesem Schema. Die russische Plattform vk.com, die Facebook sehr ähnlich ist, würde beispielsweise weniger sperren. Allerdings sei man dort mehr oder weniger unter sich und erreiche keine »Schlafschafe«.

Liebich scheut sich jedoch nicht, in seiner Gruppe auch Verschwörungsmythen zu äußern. Zum Geständnis des Verdächtigen im Fall Walter Lübcke schrieb er beispielsweise: »Es ist die gleiche Strategie des tiefen Staates. NSU kam 2011 raus um die AFD 2013 so klein wie möglich zu halten und jetzt geht es um die landtagswahlen in mitteldeutschland«. Ein User befindet wenig später: »Es braucht mehr tote Mädchen.« Die Logik: Die Menschen würden die Bedrohungslage erst verstehen, wenn sie persönlich betroffen wären. Dass dieser Nutzer damit zusätzliche Bedrohungen in Form von Morden einfordert, um die aktuell von Liebich geschaffene Bedrohungslage zu untermauern, scheint ihm zu entgehen. Ein anderer User kündigt in der Gruppe ein »gutes Video« an, das er aber vermutlich nicht zeigen dürfe. Auf Nachfragen verrät er: »Na da werden Moslems erschossen«. Liebich fordert die Gruppenmitglieder regelmäßig auf, sich an die Gesetze zu halten, und löscht sporadisch Nachrichten. Wohl auch, um strafrechtlichen Konsequenzen vorzubeugen.

Martin Sellner sieht Telegram als Mittel zu einer »Rechten Volksvernetzung«. Um rechte Netzwerke weiterzuentwickeln, forderte er in einem

Technik

YouTube-Video auf: »Mein Ziel ist, dass jeder, wirklich jeder eine patriotische Gruppe in seiner Umgebung gründet, wo Leute dazukommen können und wo er dann Postings von meiner Telegramelite, Postings von anderen patriotischen Kanälen, von Oliver Janich, Miro Wolfsfeld, bis hin zu *Wochenblick, Tagesstimme* et cetera teilen und verbreiten kann.«[55] Für dieses Unterfangen machte er sich eine Funktion bei Telegram zunutze, die Nutzern anhand ihrer Standortdaten Gruppen in ihrer Nähe vorschlägt. Dementsprechend forderte er dazu auf, lokale Gruppen für Anhänger und Sympathisanten der Identitären Bewegung zu gründen. Er nennt das ein »Netzwerk der Gegeninformation und des friedlichen patriotischen Widerstandes.« Wie die Friedlichkeit der Gruppen zu gewährleisten ist, verrät er allerdings nicht. Zwei Tage später hat die Gruppe »Patriotisches Berlin« 118 Mitglieder, inklusive mir. Sie wurde am Tag der Veröffentlichung von Sellners Video gegründet, ebenso wie eine weitere Berliner Gruppe.

Der Gruppengründer von »Patriotisches Berlin« fragt das erste neue Mitglied, wie es die Gruppe gefunden habe. Es antwortet: »Durch martin sellner natürlich«. Auf Telegram allein will die Gruppe sich jedoch nicht konzentrieren: »Wir müssen bei Facebook und YouTube bleiben. Wir müssen uns da aufhalten, wo die meisten deutschen sich aufhalten!«, schreibt einer. Die Gruppe füllt sich. Jemand wirbt für einen Stammtisch, an dem auch »Themen wie 9 11, nwo« (Verschwörungsmythen rund um den 11. September und eine geheime Weltregierung, der »New World Order«) besprochen werden. In der größeren von zwei Berliner Gruppen schlägt jemand vor, der Fokus solle zunächst auf der kommenden Landtagswahl in Brandenburg liegen. Einige stimmen zu, eine Chatgruppe wird auf der Plattform Discord gegründet, weil Unterhaltungen dort in verschiedene Unterthemen und Räume eingeteilt werden können. Unter dem Stichwort »Infokrieg« beratschlagen die Teilnehmer Maßnahmen zur anstehenden Landtagswahl. Ernsthafte Pläne entstehen daraus aber nicht.

Die »patriotischen« Gruppen sind ein Einstieg für Fans, die Sellner regelmäßig verfolgen. Der Ton in den Gruppen ist vorgegeben: asylfeindlich, rassistisch und gegen die Grünen. Nutzer finden von dort aus den Weg in Gruppen, in denen der Ton noch einmal radikaler wird. Aus der Leipziger »Patrioten«-Gruppe, die nach Sellners Aufruf gegründet wird, erfolgt direkt eine Ausgründung namens »Deutscher WiderstandLEIPZIG«. Die neue Gruppe ist überschaubar klein. Einer dort findet, Gewalt sei kein legitimes Mittel, wichtig sei, dass jetzt alle »die« Partei wählen. Er sei aus dem Leipziger Umland, 20 Jahre alt und gerade erst »aufgewacht«. Die Zustimmung der anderen erfolgt widerwillig oder gar nicht. Der Gruppengründer zögert und ist überzeugt, dass ein Bürgerkrieg vor der Tür stehe und man sich verteidigen müsse. Für ihn sind Angela Merkel, Heiko Maas und »Timo Reithofer« (Toni Hofreiter) »ganz schwere kriminelle Leute«, die weggesperrt werden sollten. Ihr Hass auf Asylsuchende verbindet sie. Gruppenmitglied Toby erzählt eine Geschichte, die ihm eine befreundete Polizistin zugetragen haben soll: Sozialarbeiter würden angeblich Geflüchteten dazu raten, Straftaten zu begehen. Wenn sie sich nämlich erstmal zwei Jahre in Deutschland aufgehalten hätten, egal ob im Gefängnis oder nicht, seien sie nicht so einfach abzuschieben. Das ist falsch. Nicht die Dauer des Aufenthalts, sondern der Status sei entscheidend, sagt Maximilian Pichl, Experte für Migrationsrecht an der Uni Kassel, auf Anfrage. Und: »Außerdem können schwere Straftaten sogar zu einer Ausweisung und damit einem Verlust des bisherigen Aufenthaltstitels führen.«

Um Spitzel auszuschließen, soll möglichst schnell ein persönliches Treffen der Leipziger Gruppenmitglieder stattfinden. Nichtleipziger werden aufgefordert, eigene Gruppen zu gründen. Ein weiterer Chat soll dann der überregionalen Vernetzung und Koordination der Gruppen dienen. Innerhalb von nur zwei Tagen sind erste hierarchische Strukturen entstanden. Außerdem soll die Leipziger Gruppe »in ihren Meinungen gefestigt« sein. Bis morgens um 4 Uhr tauschen einige der Männer in der Gruppe Sprachnachrichten aus, bis der Gruppengründer sich mit den Worten »Ich hoffe, für euch ist die Sache genauso wichtig wie für mich« verabschiedet. Er gibt an, dass ihm der Tod des achtjährigen Jungen in Frankfurt im Sommer 2019 den entscheidenden Impuls gegeben habe, sich mit anderen zu vernetzen. Sie sprechen darüber, dass sie einiges aufgeben werden müssen, um ihre Ziele zu erreichen. Einige Tage später

Technik

ist der Ton rauer geworden. Jemand teilt ein Video, das einen Auszug aus einem Interview mit einer brandenburgischen SPD-Lokalpolitikerin zeigt. Die Szene wird Mitte August in rechtsradikalen Kreisen vielfach verbreitet, weil die Politikerin im Interview sagte, die Bevölkerung habe keine Sorgen und Nöte. Toby reagiert mit den Worten: »Ne tiefgefrorene Torte ins Gesicht meine Meinung«. Und Heike ergänzt: »Aber dann bitte noch mit Glas oder Nägel drin, dass es auch richtig weh tut.« Permanent beschwören sie ein Klima der Bedrohung herauf. An Tag zehn nach Gründung der Gruppe unterhalten sich John und Tino darüber, dass die Nationalsozialisten viel für das eigene Volk getan hätten. Dann leugnet jemand den Holocaust. Dieser Gruppenverlauf ist kein Einzelfall.

Martin Sellner hat, vermutlich wohlkalkuliert, mit seinem Aufruf einen Zeitpunkt abgepasst, zu dem viele sehr emotionalisiert sind. Ähnlich wie schon zuvor nach tödlichen Angriffen in Kandel und Chemnitz durch Asylsuchende vernetzen sich nach dem Tod des Achtjährigen in Frankfurt Rechtsradikale im Internet und offline per Aufruf. Die Gruppen wachsen schnell. Innerhalb von zwei Tagen haben sich mindestens 55 Gruppen mit insgesamt über 2000 Mitgliedern in Deutschland, Österreich und der Schweiz gegründet. Aus den Gruppen heraus gründen sich schnell weitere Gruppen und Chats, hyperlokal strukturiert nach Stadtvierteln oder bestimmten Themen gewidmet. Manche Gruppen haben nur ein Dutzend Mitglieder. Sie dienen dennoch der Schaffung und Verfestigung neuer und alter Netzwerke. Wie schnell sich die Dinge im Internet entwickeln, zeigt sich an diesem Beispiel exemplarisch. Kurze Zeit nach der Veröffentlichung von Sellners Aufrufvideo löscht er dieses und eine ganze Reihe von Videos aus seinem YouTube-Kanal wieder. Dann wird sein Kanal von YouTube gesperrt. YouTube begründete die Sperrung mit Verstößen Sellners gegen die Nutzungsbedingungen der Plattform. Kurze Zeit später wurde der Kanal allerdings wieder entsperrt. Die Telegram-Gruppen blieben von dem Hin und Her unbehelligt.

Im rechtsradikalen Spektrum erfüllt Telegram eine ganze Reihe verschiedener Aufgaben. Durch regelmäßige gegenseitige Weiterleitungen stärken sich Rechtsradikale wechselseitig. Das dient dem Aufbau informeller Netzwerke. Außerdem mobilisieren Rechte für Demonstrationen und subversiv organisierte Treffen und Konzerte. Der Austausch in überschaubaren Gruppen und Kanälen erzeugt die Atmosphäre einer gewissen Intimität. Anders als bei Facebook, Twitter und anderen Social-Media-Plattformen werden Kanal-Abonnenten und Gruppenmitglieder außerdem über alle neuen Inhalte informiert, sofern sie die Benachrichtigung für die App nicht ausgestellt haben. Es ist daher eher gewährleistet, dass ein großer Teil der Gruppenmitglieder sich die Inhalte anschaut.

Telegram ist immer noch weitestgehend frei von Moderation. Die Telegram-Betreiber zögerten in der Vergangenheit bereits, islamistische Kanäle zu sperren, griffen in einigen Fällen dann aber doch durch. Rechtsradikale haben, selbst wenn sie besonders radikal, gewaltverherrlichend und hasserfüllt auftreten, bislang nichts von dort zu befürchten. Telegram erfüllt eine Art Backup-Funktion. Weil innerhalb der Kanäle keine Moderation seitens Telegram erfolgt und nur sehr selten einzelne Kanäle gesperrt werden, werden vermehrt Videos und andere Inhalte dort hochgeladen, die auf anderen Plattformen entfernt wurden, etwa weil sie justiziabel waren oder gegen die Richtlinien verstießen. Kanalbetreiber wie Martin Sellner rufen ihre Gefolgschaft dazu auf, die Videos aus den Kanälen zu downloaden und auf ihren eigenen Kanälen zu veröffentlichen. Ein eher ungewöhnlicher Regulationsversuch wurde von Apple und Microsoft unternommen. Sie haben in den USA den Weg über ihre Betriebssysteme gewählt, um den Zugriff auf einige besonders extreme, rechte Kanäle auf Telegram zu sperren. Leider wurde in den Medien nur wenig darüber berichtet, aber einige User haben sich auf Reddit und Twitter beschwert.

Eine Untersuchung des Southern Poverty Law Center zeigte, dass in englischsprachigen Kanälen auf Telegram regelmäßig alle möglichen Rechtsterroristen und rechtsextreme Mörder verherrlicht wurden.[56] Deren Fotos sowie Dokumente der Taten werden auch in sogenannten Terrorwave-Kanälen auf Telegram genutzt. Terrorwave bezeichnet eine Propagandaform, in der Fotos und Videomaterial, etwa von Morden, oder ikonografische Bilder von Neonazis stilisiert und einer Cyberpunk-Ästhetik angepasst werden. Bei meiner Recherche habe ich eine Reihe solcher Kanäle gefunden, die zum Teil von mehreren Tausend Menschen abonniert wurden. Kurz nachdem ein Rechtsterrorist 20 Menschen in El Paso getötet hatte, wurden Terrorwave-Bilder mit Bezug auf den Täter gepostet. Auf vielen rechtsradikalen Telegram-Kanälen, die ihren Ursprung in den USA haben, wird unverhohlen zu Bewaffnung und Gewalt aufgerufen. Das Video, das der Terrorist von Halle bei seinem Anschlag im Oktober 2019 selbst filmte, wurde noch am selben Tag auf Telegram in zahlreichen verschiedensprachigen Kanälen und Gruppen verbreitet. Ebenso entstanden am selben Tag erste Memes und Fotomontagen, die den Täter glorifizierten.

Im April 2018 forderte *Daily-Stormer*-Gründer Andrew Anglin seine Leser auf, von der Chat-App Discord auf Telegram umzusteigen, weil immer mehr Journalisten und Linke die Chats »infiltrieren« würden. Durch den Umzug auf Telegram hat sich an diesem Umstand allerdings wenig geändert. Das Southern Poverty Law Center warnt davor, dass die Funktionsweise von Telegram, mit großen Gruppen einerseits und verschlüsselten Privatchats andererseits, dazu führen könnte, dass Rechtsradikale sich in den Gruppen zunächst vernetzen und dann in privaten Unterhaltungen organisieren. Gegenüber anonymen Plattformen wie 4chan und 8chan habe Telegram außerdem den Vorteil, dass Personen und Gruppen ein großes Publikum erreichen und eine regelrechte Fangemeinde, ähnlich wie auf Facebook und Twitter, aufbauen könnten. Nur eben radikaler.

Im Mai 2015 flog eine rechte Terrorgruppe auf, die ihre Anschlagspläne auf Telegram besprochen hatte. Die »Oldschool Society« (OSS) plante unter anderem Anschläge auf Salafisten, Moscheen und Unterkünfte von Asylsuchenden. Einen möglichen Anschlag auf den Kölner Dom oder auf Einkaufszentren wollte die Gruppierung Islamisten oder Ausländern in die Schuhe schieben. Die OSS soll in ihren Anschlagsplänen weit fortgeschritten gewesen sein. Der nordrhein-westfälische Verfassungsschutzchef Burkard Freier sagte allerdings: »Es handelt sich bei ihnen um Personen, die nicht über eine hohe Intelligenz verfügen, sondern eher dumpf sind.«[57] Der damalige Bundesverfassungsschutzchef Hans-Georg Maaßen konstatierte, weniger als vier Jahre nach dem

Auffliegen des NSU: »Trotz der vorherrschenden Bedrohung durch den islamistischen Terrorismus behält der Verfassungsschutz auch die gewaltbereite rechts- und linksextremistische Szene in Deutschland fest im Blick«.[58] Das BKA hatte zuvor unbemerkt auf die Telegram-Chats der Terroristen zugegriffen. Trotzdem hat Telegram seit 2015 unter Rechtsradikalen weltweit noch einmal deutlich an Popularität dazugewonnen

ALTERNATIVE PLATTFORMEN UND ALT-TECH

Immer wieder sperren oder löschen Facebook, Twitter oder YouTube einflussreiche Seiten, Profile und Kanäle aus dem rechtsradikalen Spektrum. In der Folge kommt es dann zu Abwanderungsbewegungen. Als Facebook 2016 die Seite der Dresdner Dauerdemonstranten von Pegida sperrte, riefen die Bewegung und ihre Organisatoren kurzerhand dazu auf, ein Konto auf vk.com zu registrieren. Diese Social-Media-Plattform stammt aus Russland und ist in ihrer Funktionsweise ähnlich wie Facebook aufgebaut. Allerdings wird dort weniger moderiert und auch 2019 gibt es noch User, die sich nach Hitler oder Goebbels benennen, und Gruppen, in denen Hitler verehrt und der Holocaust schon im Titel offen geleugnet wird. Eine einfache Suche reicht, um auf dieser Plattform Musik der Neonazi-Band Landser, die in Deutschland indiziert ist, NS-Propaganda oder Videos von jungen Frauen, die den Hitlergruß zeigen, zu finden. Pegida-Mitorganisator Siegfried Däbritz ist, ebenso wie Pegida, weiter auch auf Facebook vertreten und wirbt dort regelmäßig für die Präsenzen der islamfeindlichen Bewegung auf Telegram und vk.com. Im russischen Netzwerk bleibt man nämlich weitestgehend unter sich. In Deutschland sind neben den Rechtsradikalen vor allem Russlanddeutsche dort angemeldet. Um deren Stimmen kämpft insbesondere die AfD seit Jahren, und sie hat vor der Bundestagswahl 2017 auf vk.com auch Wahlkampf betrieben.

Inzwischen gibt es für fast jede große Plattform eine Alternative, die dem Original in ihrer Funktionalität ähnelt. Das gilt für die vielen al-

Technik

ternativen Finanzierungsplattformen, die Rechtsradikale über die Zeit gegründet haben. Das gilt für Reddit und seinen radikaleren Abklatsch namens voat, für Twitter und Gab.ai und diverse Videoplattformen, die als Alternative zu YouTube auftreten. Die Vielfalt dieser Seiten und Apps ist inzwischen riesig. Einerseits handelt es sich dabei um bereits bestehende Websites und Plattformen, die Rechtsradikale im Laufe der Zeit für sich entdeckten. Das gilt beispielsweise für vk.com und die Chatplattform Discord. In vielen Fällen handelt es sich aber um sogenannte Alt-Tech-Plattformen, die in den Reihen der Rechten selbst entwickelt werden und erwartungsgemäß oft damit werben, für »echte Meinungsfreiheit« einzustehen. Auch in Deutschland entstehen immer mehr solche Alt-Tech-Tools, darunter vor allem Videoplattformen.

YouTube-Klone für rechte Infokrieger

Videoangebote aller Art sind heute ein wichtiges Mittel zur Verbreitung rechtsradikaler Ideologie. Damit folgt man dem Zeitgeist. Früher gehörte Musik im mp3-Format zu einem der wichtigsten Propagandamittel, mit dem gerade Jugendliche angesprochen werden sollten. Das gilt bis heute. Neonazistische Konzerte gehören immer noch zu den wichtigsten Terminen im Jahreskalender der entsprechenden Milieus. Auch andere Gruppierungen setzen auf Musik, darunter Rapper, die der Identitären Bewegung zugerechnet werden können. Statt als schmuckloser Link zu einer mp3-Datei kommt die Propaganda heute aber in Form von Musikvideos daher, die sich optisch auf den ersten Blick kaum von Videos zu unverdächtigen Pop- oder Rap-Hits unterscheiden.

Neben der Musik gibt es eine ganze Palette weiterer Formate. Größter Beliebtheit erfreuen sich Videoreihen, in denen weiße Männer im Alter von 30 bis 60 Jahren Monologe in die Kamera sprechen. Manchmal laden sie sich auch gegenseitig ein. Außerdem gibt es Kochsendungen sowie eigene Gaming- und »Comedy«-Kanäle. Weil YouTube immer wieder Kanäle oder einzelne Videos sperrt, entsteht ein konkreter Bedarf für Rechtsradikale, neue Plattformen für ihre Inhalte zu finden. Zudem entzieht YouTube den rechten Kanalbetreibern auch durchaus die

Möglichkeit, ihre Videos zu monetarisieren, wenn sie beispielsweise wiederholt gegen die Plattformrichtlinien verstoßen. Das heißt, sie können an Werbeanzeigen, die YouTube vor oder in Videos einblendet, nicht mehr mitverdienen, auch wenn ihre Videos weiterhin abgerufen werden können.

Als eine Alternative zu YouTube trat bereits 2007 die Seite 88tube in Erscheinung. Die Huldigung des Nationalsozialismus wurde damals nicht sonderlich subtil kommuniziert: Die 8 steht hier auch wieder für den achten Buchstaben des Alphabets, die 88 also für »Heil Hitler«. Geworben wurde auch mit den Fourteen Words und dem Claim: »Weiße sollten die Freiheit haben, sich zu äußern!« Hinter der Plattform steckten Neonazis. Dementsprechend erwarteten Besucher auf der Startseite von 88tube dann Videos mit antisemitischer und rassistischer Propaganda, Musik und Aufnahmen von prügelnden Neonazi-Hooligans und -Skinheads aus der ganzen Welt. Zum Angebot der Seite gehörten auch Videos der Zwillinge Lynx and Lamb Gaede, die als Jugendliche die Mädchenband »Prussian Blue« gründeten und ihre antisemitischen und rassistischen Lieder bei Neonazi-Festivals vortrugen. In Deutschland übernahm die NPD den Vertrieb ihrer CDs. Die Zwillinge distanzieren sich inzwischen von ihrer Vergangenheit als Kinderstars der rechtsextremen Szene.

Unter den zahlreichen Angeboten, die Freunden der rechtsradikalen Bewegtbildunterhaltung im Jahr 2019 zur Verfügung stehen, hat sich Bitchute als einer der Favoriten hervorgetan. Dort hat auch eine Reihe von früheren YouTubern eine neue Heimat gefunden, darunter Verschwörungsguru Alex Jones und der Antisemit und frühere Berliner Grundschullehrer Nikolai Nehrling, der unter dem Pseudonym »Der Volkslehrer« bekannt ist. Der Rest ist eine Mischung aus Inhalten für ein junges, rechtsradikales Trollpublikum, Holocaustleugnung, Verschwörungserzählungen, NS-Verherrlichung und offener rechtsterroristischer Propaganda. YouTube hat viele dieser Videos nicht im Angebot, bei Bitchute hingegen werden sie dem Nutzer schon direkt auf der Startseite angeboten. Bei deutschen Rechtsradikalen wird die Plattform daher immer beliebter. Neben dem »Volkslehrer« tummeln sich dort der Leipziger Rechtsradikale und Verschwörungsideologe Hagen Grell ebenso wie der Identitäre Martin Sellner oder der ehemalige Journalist Oliver Janich. Ihre Reichweiten auf Bitchute sind nicht mit denen auf YouTube vergleichbar. Dafür bleiben Videos, die YouTube sperrt, auf der Alternativplattform problemlos stehen.

Bitchute-Gründer Ray Vahey gibt den rechtsradikalen Videoproduzenten, denen er eine Plattform bietet, gern auch Interviews, in denen gemeinsam über die »Meinungsfreiheit« philosophiert wird. In einem solchen Video spricht er unter anderem mit dem Nutzer Styxhexenhammer666, alias Tarl Warwick.[59] Warwick wiederum leugnete in seinen YouTube-Videos mehrmals den Holocaust.[60] Wie viele andere Alt-Tech-Plattformbetreiber betont Vahey, Bitchute sei eine Plattform, auf der alle Platz finden könnten. »Alle« sind dort nur in der Regel nicht zu finden, die Kanalbetreiber sind in ihrer Gesamtheit eine ziemlich homogene Gruppe, die vor allem aus mehrheitlich jungen und einigen älteren, weißen Männern besteht.

Manche Bitchute-Nutzer lassen die Plattform aber auch wieder hinter sich. Eine davon ist eine 14-Jährige aus den USA, die unter dem Namen »Soph« bekannt ist und erst auf YouTube und später bei Bitchute künftige rechte Terroristen dazu aufforderte, sie in ihren Pamphleten zu erwähnen. Ihre Inhalte sind seit einer Weile bei einem Anbieter namens Freespeech.tv zu finden, einem bezahlpflichtigen Internetsender, bei dem inzwischen auch der ehemalige *Breitbart*-Autor Milo Yiannopoulos untergekommen ist.

Deutschland erlebt im Sommer 2019 einen regelrechten Boom alternativer Videoplattformen für ein nationalkonservatives bis rechtsradikales Publikum. Fast jede Internetpersönlichkeit mit einschlägigem Hintergrund hat eine eigene Plattform gegründet. In den meisten Fällen handelt es sich um kostenpflichtige Angebote oder solche mit nur eingeschränktem Zugang, wenn das kostenpflichtige »Premiumprogramm« nicht gewünscht ist. Zu diesen Plattformen gehört »freihochdrei« von Hagen Grell, der für den Aufbau der Seite um die 70.000 Euro an Spenden eingesammelt hat. Auf seiner Plattform gibt es allerdings nur etwa 20 Kanäle, die dort Studios heißen. Vertreten sind der omnipräsente Martin Sellner, Oliver Janich sowie die AfD-Bundestagsabgeordneten

Alternative Plattformen und Alt-Tech

Petr Bystron, Corinna Miazga und Peter Boehringer. Allerdings werden auf der Plattform, die sich laut Betreiber Grell noch in der Betaphase befindet, bislang nur Videos von deren YouTube-Kanälen eingebunden. Sperrt YouTube diese Videos, sind sie auch auf Grells Plattform nicht mehr verfügbar.

Der umtriebige Rockerclubpräsident Timm Kellner hat ebenfalls eine eigene Videoplattform namens Prometheus (inzwischen umbenannt in Profortis) an den Start gebracht. Auch hier werden allerdings zunächst nur Videos von YouTube eingebunden. Eine Plattform, auf der Videos direkt hochgeladen werden, hat der »Männerrechtler« Oliver Flesch mit 1984 aufgebaut. Die Betreiber dieser alternativen Plattformen treten als Kämpfer für eine von ihnen definierte »Meinungsfreiheit« an und haben das auch mehr oder weniger prominent in den Claims ihrer Websites untergebracht (»uneinnehmbares Bollwerk für die Meinungsfreiheit« [Tim Kellner], »frei[3] – die Heimat der Meinungsfreiheit« [Hagen Grell], »Es wurde gegründet, um der Zensur auf den großen Portalen zu entgehen« [Oliver Flesch]). Ob sich diese Plattformen künftig durchsetzen werden, ist fraglich. Das Angebot ist insgesamt einigermaßen austauschbar und keine Plattform stellt eine größere Auswahl unterschiedlicher Kanäle bereit, die ein größeres Publikum ansprechen könnte. Werden die Videos direkt auf den Plattformen hochgeladen, verteuern sich außerdem die Betriebskosten der Seiten.

Unter Trollen

»Die Chans«, das sind Plattformen wie 4chan und 8chan, sind in Deutschland vor allem nach dem Anschlag in Christchurch ins Bewusstsein einer breiten Öffentlichkeit getreten. Das Pamphlet, das Brenton Tarrant vor seiner Tat verfasste, verlinkte er auch auf 8chan. Diese sogenannten Imageboards sehen aus, als wären sie gerade erst einer Zeitkapsel von 2001 entnommen und ins Internet hochgeladen worden. Imageboards sind Foren, in denen zumeist anonyme Nutzer eine neue Diskussion starten, indem sie ein Bild hochladen. Tatsächlich hat sich auf diesen Plattformen seit Beginn der 2000er-Jahre nichts geändert. Damals rief der Programmierer Christopher Pool den Ur-Chan ins Leben: 4chan sollte ein Forum für Anime-Liebhaber werden. Die Funktionsweise erschließt sich dem ungeübten Benutzer nicht auf den ersten Blick. Sie ist aber immer dieselbe: Ein User postet ein oder mehrere Bilder und der Rest der Nutzer antwortet darauf. Dabei bleiben alle Diskutanten in der Regel anonym. Chans verfügen meist über mehrere Unterforen. Wenn menschenverachtende und gewaltverherrlichende Inhalte auf diesen Boards thematisiert werden, geht es meist um das /pol/-Forum, das auf fast allen Chan-Ablegern vertreten ist. »pol« steht dabei für »politically incorrect«, die Schreibweise ist an die URL der jeweiligen Unterforen angelehnt. Daneben gibt es auf 4chan beispielsweise Foren für Anime-Fans, Sportforen, Gaming-Foren und eine ganze Menge Pornografie.

In der Vergangenheit fiel vor allem das größte Imageboard 4chan durch etliche Trollkampagnen auf, die zunächst nicht als solche erkannt wurden. Ziele dieser Kampagnen waren immer wieder Frauen, Juden und Schwarze. Beispielsweise startete 4chan im Jahr 2014 eine Aktion, die gegen Feministinnen gerichtet war, die in diesen Kreisen verächtlich als »Social Justice Warriors« bezeichnet werden. Der Plan: Die Trolle sollten auf Twitter als militante schwarze Feministinnen auftreten, die Männer und Weiße hassen. Der Hashtag #EndFathersDay landete in den Trends. Zahlreiche Menschen gingen der Trollkampagne auf den Leim. Auch Fox-Rechtsaußen-Moderator Tucker Carlson fiel auf die Story herein und sprach in einer Sendung mehrere Minuten mit Kollegen und Gästen über den Twitter-Hashtag.

Shafiqah Hudson und I'Nasah Crockett, zwei (real existierende) schwarze Feministinnen, ließen sich nicht täuschen. Sie enttarnten die Trollaktion schließlich auf Twitter unter einem von Hudson gestarteten Hashtag. Ihnen fiel auf, dass die Fake-Feministinnen zwar so taten, als würden sie für die Rechte und Gleichberechtigung schwarzer Frauen eintreten, an anderer Stelle aber immer wieder rassistische Klischees über den Bezug von Sozialleistungen und Drogenkonsum schwarzer Amerikaner bedienten. Dennoch traf die Wut anderer Twitter-Nutzer auf die Kampagne nicht nur die falschen Feministinnen, sondern schwarze US-Feministinnen im Allgemeinen. Die beiden Frauen, die die Trollkampagne öffentlich machten, erhielten Vergewaltigungs- und Morddrohungen. Dieselben Trolle riefen auf 4chan dazu auf, die Adressen der Frauen zu veröffentlichen und sie an ihren Wohnorten aufzusuchen.[61]

Im Rahmen von Gamergate wurden auf 4chan ähnliche Aktionen gestartet. Und auch fünf Jahre später machten Trolle von exakt denselben Mechanismen Gebrauch: Im August 2019 wurden eine Reihe von Fake-Profilen angeblich jüdischer Menschen auf Twitter angelegt, die nachfolgend Stimmung gegen Israel machten und antisemitische Klischees bedienten.[62] Die Aktion ging zurück auf einen Aufruf auf 4chan. Und es war nicht der erste dieser Art. Gerade rechte Kreise fallen auf diese Aktionen herein, weil diese die von ihnen gehegten Ressentiments gegen Feministinnen, Schwarze oder Juden bedienen.

8chan, den Abklatsch von 4chan, gab es auch schon vor Gamergate. Allerdings wuchs dort die Zahl der Nutzer erst, als Gamergate-Inhalte von 4chan verbannt wurden. Deshalb ist 4chans /pol/-Forum heute aber noch lange kein Hort des Friedens. Weiterhin werden antisemitische Trollkampagnen gestartet und die Entmenschlichung von Latinos, Schwarzen, Juden, Menschen mit Behinderung, dicken Menschen und Frauen gehört zum Alltag. 8chan wiederum ist für Menschen, denen 4chan nicht radikal genug ist, in Erscheinung getreten. 8chan-Gründer Fredrick Brennan erklärte einst sogar, dass die Verbreitung von Kinderpornografie kein Tabu sein dürfe. Beim *Daily Stormer* schrieb Brennan, der wegen einer Behinderung im Rollstuhl sitzt, einen Artikel, in dem er sich für eine Eugenik ausspricht. Er sagt darüber heute lediglich, er habe die Gunst der Stunde genutzt, um seine Seite berühmter zu machen. Zuvor war er auf einem frauenfeindlichen 4chan-Ableger aktiv gewesen. Inzwischen distanziert Brennan sich jedoch von 8chan und seiner menschenfeindlichen Trollkultur.

Im Jahr 2019 veröffentlichten die Rechtsterroristen von Christchurch in Neuseeland sowie Poway und El Paso in den USA auf dem Board ihre Pamphlete. Nach dem Anschlag in El Paso war 8chan zunächst für eine Weile offline, weil mehrere Serviceprovider ihre Dienstleistungen nicht mehr zur Verfügung stellen wollten. Unabhängig davon, dass 8chan nur vorübergehend abgeschaltet war und weiterhin unter anderem über das

Darknet zu erreichen ist, zeigt die Erfahrung allerdings leider, dass immer eine vergleichbare Plattform zur Verfügung stehen wird und Propaganda und Pamphlete ihren Weg in die Öffentlichkeit finden. Bereits im August 2019 hatte ein Norweger seinen Angriff auf eine Moschee in Bærum auf dem Imageboard Endchan angekündigt. Es gibt immer einen Chan-Klon.

Trollaktionen und Hasskampagnen, die auf 4chan oder 8chan gestartet wurden, erreichen regelmäßig auch Deutschland. Sie sind mal mehr, mal weniger erfolgreich. Beispielsweise sollte eine 8chan-Kampagne nichtsahnende Internetnutzer glauben machen, dass die Raute, mit der Hashtags auf Twitter und Co. gekennzeichnet werden, ein geheimes Symbol für »Heil Hitler« sei. Das klappte zwar weniger gut, wurde aber auch in Deutschland versucht. Die Kampagne wurde von einer Trollseite aufgegriffen, die unter dem Namen »ZGI – Zusammen Gegen Intoleranz« verschiedene Social-Media-Kanäle betreibt und viele Bilder, die optisch an die Social-Media-Grafiken der AfD angelehnt sind, verbreiten. Es handelt sich um einen Fake-Account nach der Art, die auch im Handbuch des *Daily Stormer* empfohlen wird. Das »ZGI« hängt zusammen mit dem ebenfalls fingierten Twitter-Profil eines angeblichen syrischen Geflüchteten, der asylfeindliche Inhalte unter dem Deckmantel der Satire verbreitet.[63] Aktionen wie diese sollen verunsichern. Ein Teil der Strategie rechtsradikaler Trolle ist in diesem Zusammenhang auch, dass im Prinzip jeder, der versucht, diese Aktionen Außenstehenden zu erklären, wirkt, als würde er sich gerade eine absurde bis lächerliche Geschichte ausdenken. Etwa weil 4chan einen als Clown verkleideten Pepe (der Frosch) als Symbolfigur für politische Propaganda gewählt hat. Imageboard-User zeigen sich daher regelmäßig amüsiert, wenn Rechtsextremismusexperten oder Journalisten versuchen, diese Versatzstücke ihrer Subkultur vor Publikum zu erklären.

Es gibt auch 4chan-Ableger für ein explizit deutsches Publikum. Während die anonymen Benutzer bei den englischsprachigen Boards vor allem »anonymous« heißen, lautet die Voreinstellung in Deutschland meist »Bernd«. Der erste dieser Art, Krautchan, ging im Jahr 2007 online. Für Schlagzeilen sorgte 2009 eine gefälschte Ankündigung des Amoklaufs an der Albertville-Realschule in Winnenden. Der 17-Jährige Tim K. tötete damals 15 Menschen und sich selbst. Der damalige baden-württembergische Innenminister verlas das falsche Schreiben zunächst sogar in einer Pressekonferenz, bis sich herausstellte, dass der »Ankündigungs«-Post auf Krautchan erst nach der Tat online gegangen war. Auch mehrere Medien griffen die Falschmeldung auf. Aus der Perspektive des Trolls ein voller Erfolg. Auch von Krautchan sind mit der Zeit einige Nutzer auf andere Plattformen ausgewichen. Dazu gehören etwa Lachschon und pr0gramm, die wiederum alle vom grenzwertigen bis menschenfeindlichen Humorverständnis ihrer Nutzer leben. Andere verwenden das jeweils für internationale Nutzer gedachte Unterforum /int/ bei 4chan und 8chan.

Krautchan ist seit dem Frühjahr 2018 offline. Nachfolger wiederum ist Kohlchan. Die Seite ging im März 2018 online und beherbergt auf seinem /pol/-Forum in etwa das, was man vom Rest der Chans kennt: Antisemitismus, Gewaltverherrlichung und den Mythos von der »Islamisierung«. Außerdem werden immer wieder Privatadressen und Telefonnummern von Menschen verbreitet, die die anonymen Bernds zum Ziel erklärt haben. Auch Gewaltfantasien werden stetig ausgetauscht. Ein Bericht über einen Fall von Wahlfälschung wird etwa so kommentiert: »Schön mit Psychoterror und Rape-Androhung (auch bei Männern natürlich) überziehen.« Auf Kohlchan wurde auch der Anschlag von Halle noch am selben Tag in mindestens vier verschiedenen Threads thematisiert. Zahlreiche User posteten auch Kommentare, die den Terror Stephan Balliets und Gewaltakte verherrlichen. Dass dieser sein Pamphlet, das er vor der Tat ins Internet hochlud, zuerst auf dem Board veröffentlichte, hat sich allerdings nicht bestätigt, obwohl einige Medien das zunächst berichteten. Dennoch war Kohlchan nach dem Anschlag für einige Zeit nicht erreichbar.

Eine weitere Anlaufstelle für deutschsprachige rechte Trolle ist pr0gramm.com, kurz: Das Pr0, wenngleich die Menschenfeindlichkeit dort nicht mit dem rhetorischen Vorschlaghammer der /pol/-Foren auf 8chan oder Kohlchan daherkommt. In der Regel kommuniziert man Ressentiments dort subtiler, meist über einen edgy Humor, also einer Wortwahl und mit Formulierungen, die bewusst die Grenze des gesell-

Technik

schaftlich Tolerierten austesten oder überschreiten. Diese Zurückhaltung hat mehrere Gründe. Die Nutzergruppe ist in ihren politischen Affinitäten nicht ganz so homogen wie in den /pol/-Foren von 4chan und Co. Außerdem müssen sich Pr0-Nutzer kostenpflichtig anmelden oder eingeladen werden, um posten und kommentieren zu können. Nicht registrierte Nutzer können nur Inhalte anschauen, die »safe for work« sind. Für angemeldete Nutzer gibt es die ganze Palette nicht jugendfreier Inhalte aller Art zu sehen. Die Inhalte sind nicht über Unterforen geordnet. Das führt dazu, dass rassistische Inhalte neben Katzenbildern, Heimwerker-Anleitungen, Pornos und blutigen Fotos von verletzten und toten Menschen (auch: Gore) gepostet werden. Ressentiments verstecken die Nutzer mehr oder weniger offensichtlich in den Schlagworten oder Tags, die sie ihren Posts zuordnen. Zwischen den Katzenbildern postet jemand ein Foto eines Abschiebebescheids für einen Geflüchteten. Diesen hat der Nutzer offenbar selbst ausgestellt hat, was er so zumindest in den Kommentaren darstellt. Als Tag nutzte er dann unter anderem »Das Pr0 schiebt ab« und »Das Pr0 weist aus!«. Dieser so getaggte Post gefiel 876 Nutzern der Plattform. Immer wieder sind diese Tags voll von antimuslimischen, antifeministischen und reihenweise entmenschlichenden Beleidigungen. Im dazugehörigen Pr0-Shop gibt es, ebenfalls ganz »edgy«, ein schwarz-weiß-rot gestreiftes Kuscheltier zu kaufen. Ein Verweis auf die Farben der Reichsflagge, deren Farben heutige Neonazis gern auf Kleidung und Fahnen mit sich tragen.

Über die Zeit haben sich unter den Trollen einige Vokabeln etabliert, die mittlerweile ihren Weg in andere, meist rechtsradikale Kreise gefunden haben. Dazu gehört vor allem die »redpill« oder das »redpilling«. Dabei handelt es sich um eine Referenz auf den Film Matrix. Protagonist Neo muss sich im Laufe des Films für die blaue oder die rote Pille entscheiden. Die rote Pille steht für das Erkennen der »echten« Welt, die blaue für das Leben in einer Illusion. Neo entscheidet sich für die rote Pille. Dementsprechend ist die red pill unter Trollen die »Pille der Wahrheit«, die sie selbstverständlich alle gewählt und auch geschluckt haben. Ursprünglich wurde der Begriff in einem Reddit-Unterforum für »Männerrechtler« berühmt gemacht. Diese Männerrechtler hätten sich eigentlich längst in »Antifeministen« umbenennen sollen, weil ihr politisches Agieren in erster Linie daraus besteht, Feministinnen zu bekämpfen. Anliegen, wie etwa spezifische Gewaltmuster, von denen Männer in Beziehungen betroffen sind, oder die Diskriminierung von Schwulen und Transmännern, werden jedoch kaum behandelt. Die red pill bedeutete in diesem Forum die Erkenntnis, dass einigen Männern keinerlei weibliche Zuneigung zukommen würde. Determiniert sei dies durch die Geburt, und sogar Selbstoptimierungsversuche im Fitnessstudio würden keinerlei Einfluss auf dieses Schicksal nehmen.

Inzwischen ist der Begriff Teil des alltäglichen Chan-Vokabulars und wird auch von Akteuren wie Martin Sellner und anderen benutzt, um sich auf ihre jeweilige »Realität« zu beziehen. Im Falle der Identitären Bewegung ist das Schlucken der roten Pille also mit dem Glauben an den »Großen Austausch« verbunden. Zu den Strategien der Rechtsradikalen gehört auch, Überlegungen anzustellen, wie sich neue Anhänger »redpillen« lassen. Im anonymen Blog *D-Generation* erschien im Jahr 2017 bereits ein entsprechender Ratgeber. Hinzu kommen verwandte Begriffe wie »blackpill«, der heute unter Vertretern der frauenfeindlichen »Incels« (kurz für »involuntary celibate« oder »unfreiwilliges Zölibat«) gängig ist und wiederum auf die angeblich per Geburt determinierten Erfolgsaussichten von Männern in Bezug auf Frauen bezogen ist. In diesen Dynamiken lassen sich die Querverbindungen antifeministischer, frauenfeindlicher Kreise mit rechtsradikalen Milieus erkennen.

Die Vergangenheit zeigt, dass Foren dieser Art immer wieder gegründet werden, wenn ein anderes an Relevanz verliert oder geschlossen wird. Die Betreiber sind in einigen Fällen anonym, in anderen sind sie bekannt oder wechseln zwischenzeitlich. Eine Seite, auf der geschmackliche und moralische Grenzen überschritten werden, wird es immer geben. Zu meiner Schulzeit druckten meine Mitschüler Fotos von der Schockseite rotten.com aus, auf der Mordopfer und Hinrichtungen gezeigt wurden. Die heutigen Plattformen pflegen eine Kultur mit einer überwältigenden Masse an Insiderwitzen und Codes. Die ständige Auseinandersetzung mit und die Kenntnis dieser Inhalte wird von gleichgesinnten Nutzern belohnt. Das wirkt identitätsstiftend und ist zugleich

Schutzmechanismus gegen Kritik von »Außenstehenden«, denen in der Regel einfach nur vorgeworfen wird, sie würden den Witz nur nicht verstehen. In einigen Fällen mag in diesem Zusammenhang eine jugendliche Form der Provokation und des Rebellierens dahinterstecken. Viele von ihnen nehmen aber dennoch an Trollaktionen teil, die nichts anderes sind als Mobbing und gezielte Hass- und Drohaktionen. Und immer wieder mischen sich auch junge Männer unter die Forennutzer, die sich in ihren Untergangs- und Gewaltfantasien bestätigt sehen. Selbst wenn nicht alle, die in den unterschiedlichen /pol/-Foren dieser Welt aktiv sind, zu glühenden Neonazis werden: Trollkulturen sind alles andere als harmlose Jugendstreiche.

V.

TERROR

Am **15. März 2019** erschoss der Australier Brenton Tarrant im neuseeländischen Christchurch 51 Menschen, 50 weitere wurden zum Teil schwer verletzt. Die meisten von ihnen besuchten eine der beiden Moscheen, die der Täter ansteuerte. Die Ankündigung der Tat postete Tarrant auf 8chan und Twitter. Dort verbreitete er auch sein Pamphlet und den Link zu einem Facebook-Profil, auf dem er seine Morde anschließend selbst live übertrug.

Am **27. April 2019**, dem letzten Tag des Pessach, tötete John Earnest eine Frau und verletzte drei weitere Menschen in einer Synagoge im kalifornischen Poway. Der Versuch, seine Tat auf Facebook zu übertragen, scheiterte. Sein Pamphlet veröffentlichte er auf 8chan. Darin gab er außerdem zu, einen Brandanschlag auf eine Moschee in Kalifornien begangen zu haben. Den Mord verübte er nur wenige Wochen nach Tarrants Anschlag in Neuseeland.

Am **2. Juni 2019** wird der hessische Regierungspräsident Walter Lübcke durch einen Kopfschuss aus nächster Nähe getötet. Tatverdächtiger ist Stephan Ernst, der zunächst ein Geständnis ablegte, dieses dann aber einige Tage später widerrief. Im Geständnis hatte Ernst auf eine Äußerung Lübckes bei der Einwohnerversammlung in Lohfelden Bezug genommen, bei der er auch vor Ort gewesen sein soll. Walter Lübcke hatte Störern der Versammlung zugerufen, wer sich an bestimmten Werten nicht orientiere, dem stehe frei, das Land zu verlassen. In Chats soll Ernst diesen Satz als Beweis für den Mythos vom Austausch des deutschen Volkes durch Ausländer angeführt haben.[1]

Am **3. August 2019** erschoss Patrick Crusius 22 Menschen und verletzte 24 weitere auf dem Gelände eines Supermarkts im texanischen El Paso. Seine Tat zielte auf Latinos ab. Ein Pamphlet veröffentlichte er auf 8chan.

Am **10. August 2019** versuchte Philip Manshaus im norwegischen Bærum die Besucher einer Moschee zu töten. Der Anschlag wurde durch drei Männer, die sich als einzige in der Moschee aufhielten, vereitelt. Vor dem geplanten Anschlag in der Moschee soll Manshaus seine chinesischstämmige Stiefschwester getötet haben. Zum Zeitpunkt der Tat war 8chan gerade vom Netz genommen und Manshaus kündigte sein Vorhaben stattdessen auf Endchan, einem weiteren Chan-Ableger an. Dort verlinkte er auch sein Facebook-Profil, auf dem er die Tat live streamen wollte. Damit scheiterte er allerdings.

Am **9. Oktober 2019**, dem Tag des jüdischen Feiertages Jom Kippur, verübte Stephan Balliet einen Anschlag auf eine Synagoge und einen Döner-Imbiss in Halle an der Saale. Die Tür des Gotteshauses hielt dem Angriff mit mehrheitlich selbst gebauten Waffen stand. Drinnen befanden sich zu diesem Zeitpunkt mehr als 50 Menschen. Die Tat streamte Balliet live auf der Gaming-Plattform Twitch. Vor der Tat veröffentlichte er eine Erklärung zu seiner Ideologie und den Zielen seiner Tat.

Im Jahr 2019 sind nach einer vorläufigen traurigen Bilanz 78 Menschen durch rechte Terroristen getötet worden. Erst im Herbst 2018 hatte Robert Bowers elf Menschen in einer Synagoge in Pittsburgh getötet und seine Tat zuvor auf der bei Rechtsradikalen beliebten Twitter-Alternative Gab.ai angekündigt.

Rechter Terror ist kein neues Phänomen. Immer wieder töten Rechtsradikale aus islamfeindlichen, antisemitischen, queerfeindlichen, rassistischen und frauenfeindlichen Motiven. Besonders die jüngeren Täter wurden von Anders Breivik und dessen Anschlag beeinflusst. Immer wieder wird seitdem darauf Bezug genommen. Breivik tötete am 22. Juli 2011 77 Menschen. Die meisten von ihnen waren Jugendliche, die auf der norwegischen Insel Utøya an einer Veranstaltung der sozialdemokratischen *Arbeiderpartiet* teilnahmen. Zuvor verübte er einen Bombenanschlag, der dem damaligen sozialdemokratischen Ministerpräsidenten Jens Stoltenberg galt. Und noch immer gibt es offene Fragen zum Oktoberfestattentat in München im Jahr 1980 und noch mehr ungeklärte Details in Bezug auf den Nationalsozialistischen Untergrund und sein Netzwerk, das allen Erkenntnissen nach deutlich mehr Menschen umfasste als nur Uwe Böhnhardt, Uwe Mundlos und Beate Zschäpe. Experten sowie Opfer der Terrorgruppe mahnen immer wieder an, dass die Verbrechen des NSU nicht ausreichend aufgeklärt wurden. Der Anschlag auf das Oktoberfest wurde vom Rechtsextremen Gundolf Köhler verübt. Damals starben 13 Menschen durch eine Bombe, die der Täter am Eingang des Festplatzes platziert hatte. Ob es Mittäter gab, ist bis heute ungeklärt. Köhler hatte in der rechtsextremen Wehrsportgruppe Hoffmann trainiert.

Bereits Ende der 1990er-Jahre bezogen sich einige rechtsextreme Mörder auf das Internet. Im Sommer 1999 erschoss Benjamin Nathaniel Smith in Illinois und Indiana zwei Menschen aus antisemitischen und rassistischen Motiven. Neun weitere Menschen verletzte er. Smith war Anhänger der neonazistischen Organisation »World Church of the Creator« (heute bekannt als »Creativity«). In einem Fernsehinterview sagte er einige Monate vor der Tat: »Erst als ich ins Internet kam, einiges an Literatur dieser Gruppen las ... fügte sich alles für mich zusammen.« (»It wasn't really 'til I got on the Internet, read some literature of these groups that ... it really all came together.«[2]) Nur wenige Tage später wurden die Brüder Matthew und Tyler Williams in Kalifornien festgenommen. Sie hatten gemeinsam ein schwules Paar ermordet. Im selben Jahr verübten die beiden außerdem Brandanschläge auf drei Synagogen und eine Abtreibungsklinik. Matthew Williams, der ältere der beiden Brüder, soll sich unter anderem über weiße nationalistische und antisemitische Literatur, die er über das Internet bezog, radikalisiert haben.[3]

Die Anschläge von Christchurch, Poway, El Paso, Bærum und Halle werden einem Tätertypus zugeordnet, der sich das Internet als Werkzeug des Terrors angeeignet hat. Dort wird die Tat inszeniert und der Terror in die ganze Welt ausgestrahlt: als Anschlag auf die freien Demokratien, in denen die Morde verübt werden. Und als Nachricht an potenzielle Nachahmer. Sie alle haben, zumindest nach bisherigem Kenntnisstand, gemeinsam, dass sie ihre Vorhaben allein planten und allein durchführten. Sie passen nicht in das längst antiquierte Bild des rechten Terroristen, der Teil einer klar definierbaren rechtsradikalen Gruppierung oder Struktur ist. Und doch sind auch sie Teil einer lose miteinander verbundenen, rechtsradikalen Gemeinschaft.

WIE SICH RECHTE TERRORISTEN IM NETZ RADIKALISIEREN

Ist das Internet schuld am modernen rechtsradikalen Terror? Das lässt sich weder mit einem klaren Ja noch einem klaren Nein beantworten. Jeder monokausale Erklärungsansatz ist in diesem Kontext untauglich, die Biografien der Täter unterscheiden sich. Sicher ist, dass Radikalisierungsprozesse im Internet stattfinden. Diese sind aber nicht allein durch die Technik bedingt, sondern durch Rechtsradikale, die sich deren Funktionen, insbesondere die Mechanismen der sozialen Medien, früh angeeignet haben. Es ist heute viel einfacher als früher, potenzielle neue Anhänger anzusprechen. Identitätsstiftende Vernetzungstreffen und Demonstrationen sind heute nicht mehr zwingend nötig. Ein Internetzugang reicht fürs Erste und ermöglicht den Austausch weit über alle Landesgrenzen hinaus. Veranstaltungen und Konzerte, die der überregionalen Vernetzung dienen, gibt es auch heute immer noch. Und einige digitale Bewegungen manifestieren sich außerdem in analogen Begegnungen, Netzwerken und Kundgebungen.

Rechtsradikale profitieren enorm von der Aufmerksamkeitsökonomie des Internets. Angelehnt an die Ökonomie ist damit gemeint, dass die Aufmerksamkeit von Menschen als knappes Gut betrachtet wird und mit der zunehmenden digitalen Vernetzung die Kosten für Information und Unterhaltung immer weiter sinken. Begrenzend ist nicht mehr der Zugang, sondern die Aufmerksamkeit. Im Kampf um die Aufmerksamkeit der User gewinnen meist Inhalte, die Emotionen auslösen. Rechtsradikale schüren ununterbrochen negative Gefühle, wie Wut, Hass und Angst. Ein erheblicher Teil ihrer Beiträge dient der ultimativen Bedrohungserzählung, die mal als »großer Austausch« oder »Bevölkerungsaustausch«, mal als »Umvolkung« oder »Volkstod« oder »white genocide« (»Genozid an Weißen«) bezeichnet wird. Fast immer beziehen sich die heutigen Rechtsterroristen auf diese Verschwörungslegende, erklären sich selbst zu Widerstandshelden. Der Mythos verfängt. In einer repräsentativen Studie befragte das Meinungsforschungsinstitut YouGov erwachsene Deutsche, ob sie folgender These zustimmen: »Muslimische Immigration in dieses Land ist Teil eines größeren Plans, um Muslime zur Bevölkerungsmehrheit zu machen.«[4] Ein Fünftel der Befragten bewertete diese Aussage als wahr. In der Gruppe der über 55-Jährigen war die Zustimmung am größten: 26 Prozent von ihnen glaubten an die Existenz eines solchen Plans.

In der Regel verläuft die Radikalisierung schrittweise. Mithilfe einer Analyse von Videos, Chatprotokollen und anderer Berichte von Anhängern der Alt-Right hat Digitalexperte Luke Munn Gemeinsamkeiten in ihren Radikalisierungsprozessen skizziert.[5] Auch wenn die Prozesse individuell sind, verlaufen die meisten in drei kognitiven Phasen, so Munn: Normalisierung, Akklimatisierung und Dehumanisierung. Die Etappen sind allerdings nicht als linearer Verlauf zu verstehen, sondern können sich durchaus auch überlappen. In der Phase der Normalisierung kommen die Ressentiments in zeitgenössischer popkultureller Darreichung daher. Sie werden als grenzüberschreitender »Witz« oder Ironie in GIFs oder Memes präsentiert. Mag das im ersten Moment noch eine Schockwirkung erzeugen, erfolgt später die Gewöhnung. Das Verbreiten und Adaptieren von Memes wirkt identitätsstiftend. Bei Kritik dient die Präsentation zugleich als Ausflucht: Es sei schließlich alles nur ironisch gemeint gewesen. Man immunisiert sich und greift zugleich Kritiker an, wirft ihnen vor, einfach nur zu empfindlich zu sein. Man nennt das auch »irony poisoning«. Dass der *Daily Stormer* diese Ironievergiftung in seinem Handbuch zur Strategie erklärt, zeigt, dass rechtsradikale Akteure sich der Möglichkeit dieser schleichenden Indoktrination bewusst sind.

Die zweite Phase der Radikalisierung ist die Akklimatisierung. Die Wahl der »red pill« ist inzwischen zwar zur Metapher für die Verinnerlichung rechtsradikaler Ideologien geworden. Anders als suggeriert, erfolgt die Akklimatisierung aber nicht als harter Umbruch. Vielmehr beschreiben Anhänger der Alt-Right, dass sie über einen längeren Zeitraum Teil der Szene geworden sind. Oft werden zu Beginn auch nicht die radikalsten Inhalte konsumiert: Einige Nutzer berichteten von ihrem Einstieg über YouTube-Kanäle von Atheisten, in denen immer wieder antifeministische Ressentiments bedient wurden. Von dort ist der Weg zu rechtsradikalen Inhalten nicht weit: Antifeminismus ist wichtiger Bestandteil rechtsradikaler Ideologie, die sich der Bewahrung idealisierter, antiquierter Rollenbilder verschrieben hat. So bahnen sich Internetnutzer ihren Weg von den Plattformen des Mainstreams auf andere Seiten, auf denen man seine Ressentiments ganz unverhohlen pflegt. Sie werden zur neuen Normalität.

Als dritte kognitive Phase erfolgt die Dehumanisierung. Ganze Gruppen werden einer anderen ethischen Kategorie zugeordnet. Rechte gelten für sie in diesem Konstrukt nicht mehr. Stattdessen werden die verhassten Gruppen zu grauen, homogenen Massen. In diesem Prozess werden Geflüchtete zur »Flut« und Muslime pauschal zu Islamisten erklärt. Das äußert sich auch in einer beliebten Referenz aus dem Gaming, dem NPC. Die Abkürzung steht für »non-player character« und bezeichnet Spielfiguren, die nicht vom Spieler gesteuert werden. Diese Figuren haben keinen freien Willen, sind nicht selbstdenkend und werden in der Entwicklung neuer Spiele oft wiederverwertet. Das heißt: In Dialogen mit dem Protagonisten tauchen immer wieder die gleichen, optisch abgewandelten Figuren auf. In rechtsradikalen Milieus steht NPC stellvertretend für Liberale oder vergleichbare Gruppen, die zu einer deindividualisierten, willenlosen, grauen Masse erklärt werden, die vorprogrammierten Schritten folgt. Über eine solche Dehumanisierung wird die Voraussetzung für Gewalt geschaffen. Diese äußert sich in oftmals gemeinschaftlichen Attacken und Drohungen im virtuellen Raum, aber auch in physischen Angriffen, Morden und terroristischen Anschlägen.

Es ist zu einfach, 8chan und die vergleichbaren Plattformen allein für die Anschläge der Rechtsradikalen verantwortlich zu machen. Sicher ist allerdings, dass diese Plattformen der Verfestigung einer entmenschlichenden Ideologie dienen, mit der sie eher nicht an der Supermarktkasse in Berührung gekommen wären. Man versorgt sich dort ununterbrochen mit immer den gleichen und immer neuen Mythen und vorgeschobenen Erklärungen für den vermeintlich bevorstehenden Untergang westlicher Kulturen oder der Welt insgesamt. Damit tragen 4chan, 8chan und Co. – vor allem aber die Nutzer dieser Plattformen untereinander – zur

Radikalisierung bei. Das trifft nicht allein auf diese besonders extremen Websites zu, sondern findet statt, wo immer sich radikale Menschenfeinde in einem homogenen Umfeld wiederfinden. Und wo sie sich unter ihresgleichen weiter radikalisieren.

Die Rolle des Akzelerationismus

Viele Rechtsradikale glauben fest daran, dass der Kollaps der Gesellschaft bevorsteht. Einige von ihnen sind der Ansicht, dass dieser Zusammenbruch nötig sei. Mit dem Begriff des Akzelerationismus erklären sie ihren Wunsch, den Zusammenbruch zu beschleunigen, etwa mittels moderner Technik. Die Theorie bezog sich ursprünglich vor allem auf den Kapitalismus und darauf, ihn mit seinen eigenen Mitteln zu schlagen, wurde aber durch rechtsradikale Milieus angeeignet und erweitert. Brenton Tarrants Pamphlet enthält eine Abhandlung zum Akzelerationismus und verhalf dieser Ideologie somit zu einem Schub unter seinen Anhängern.

Dabei dient der Begriff einerseits zur Erklärung des vermeintlich bevorstehenden Zusammenbruchs, der durch moderne liberale Werte, wie Diversität, Multikulturalismus und Gleichberechtigung, bedingt würde. Als ultimative Eskalation werden angeblich gesteuerte Migrations- und Fluchtbewegungen begriffen, was oft pauschal jüdischen Menschen angedichtet wird. Der »große Austausch« ist Teil des akzelerationistischen Glaubens. Andererseits sind einige Rechtsradikale überzeugt, dass nur eine völlige Destabilisierung dafür sorgen könne, ihrem Ziel näherzukommen.[6] In diesem Sinne werden Anschläge zu einem Werkzeug des »Selbstschutzes«. Auch politisches Engagement für destruktive Lösungen und eine voranschreitende Polarisierung gehört zum Werkzeugkasten der Akzelerationisten. Im Zusammenhang mit Anschlägen werden auch Maßnahmen begrüßt, die zunächst eine Einschränkung für viele Rechtsradikale bedeuten würde: etwa der Ausbau von Überwachung oder striktere Waffengesetze. Repressive Maßnahmen würden, so die Theorie, zu Abwehrreaktionen in der Bevölkerung führen, die den Zielen der Weltuntergangspropheten dienlich wären. Immer wieder werden auch rechtsextreme Standardwerke wie »Siege« von James Mason und »The Turner

Diaries« von William Pierce in diesem Zusammenhang betrachtet und interpretiert. Terrorgruppen wie die »Atomwaffen Division« aus den USA beziehen sich regelmäßig auf die Theorie des Akzelerationismus. Sie dient ihnen und anderen Anhängern als weitere ideologische Grundlage für die Rechtfertigung rechtsterroristischer Gewalt. Für die »Atomwaffen Division« gilt »Siege« als Pflichtlektüre. In dem Buch wird unter anderem zur Gründung dezentraler Terrorzellen aufgerufen.

Einsame Wölfe?

Heutige Rechtsterroristen werden oftmals als »Einsame Wölfe« bezeichnet. Sie entsprechen nicht den gängigen Kategorien, die Sicherheitsbehörden bis heute verwenden, um organisierte, gewaltbereite Extremisten zu definieren. Die meisten Täter der jüngeren Zeit sind nicht Teil einer Gruppierung oder einer Terrorzelle. Es gibt keine formale Hierarchie und die Tat wird allein nach Planung und Willen des Täters verübt. Ihr Ziel geht über die Tötung möglichst vieler Menschen hinaus und soll Angst innerhalb der von ihnen angegriffenen Gruppe auslösen. Der Name ist dennoch irreführend. Einsam sind sie nicht. Zumindest nicht online. Dort schließen sie sich mit Gleichgesinnten zusammen und werden stets und ständig in ihrem Weltbild bestätigt. Damit ist eine der wichtigsten Funktionen einer rechtsradikalen Gruppierung erfüllt. In diesen Räumen werden rechte Terroristen im Kollektiv verehrt. Man bestärkt einander und ruft zu weiteren Morden auf.

In ihren Biografien unterscheiden sich die Täter. Anders Breivik war einst Mitglied der norwegischen rechtskonservativen Partei Fremskrittspartiet und bekleidete auch Ämter in deren Jugendorganisation. Danach wollte er einen norwegischen Ableger der rechtsradikalen English Defence League aufbauen. Der Australier Brenton Tarrant bereiste zur Festigung seiner Ideologie Asien und Europa. Nach seinen Reisen zog er nach Neuseeland und wurde dort u. a. Mitglied eines Waffenvereins. Beiden können nen aber beispielsweise einschlägige Posts in Foren und sozialen Medien nachgewiesen werden. Zur Radikalisierungsbiografie der Täter gehört das Internet ebenso wie analoge Kontakte zu anderen Rechtsradikalen.

Auch David Sonboly war viel im Netz unterwegs. Bei seinem Anschlag auf dem Gelände des Münchner Olympia-Einkaufszentrums kamen neun Menschen ums Leben. Die Tat verübte er am 22. Juli 2016, genau fünf Jahre nach Breiviks Anschlag in Norwegen. Seine Opfer wählte er offenbar nach ihrem Erscheinungsbild aus. Sein Hass galt muslimischen Menschen. Eine hinterlassene Textdatei deutet an, dass er türkeistämmige Menschen töten wollte. Die Diskussionen um die Einordnung des Anschlags zeigen, dass man in den Sicherheitsbehörden noch immer der Zeit hinterherhängt. Das mag zu einem Teil daran liegen, dass die Familie des Täters aus dem Iran stammt und damit nicht sofort alle Klischees eines rechtsextremen Deutschen erfüllte. Sonboly, der zuvor Ali hieß, änderte an seinem 18. Geburtstag seinen Namen. Seinem Vater zufolge habe er angegeben, er sei »Deutscher und wolle daher auch einen deutschen Namen führen.«[7] Er soll sich auch während der Tat als Deutscher bezeichnet haben, islamfeindliche Äußerungen gemacht, aber auch auf Mobbingerfahrungen verwiesen haben. Letztere wurden vom bayerischen Verfassungsschutz zunächst zum Tatmotiv erklärt, auch wenn seine rassistische Einstellung anerkannt wurde. Erst drei Jahre nach dem Anschlag, nachdem auch mehrere Gutachter ihre Einschätzung zum Tatmotiv abgegeben hatten, erkannte das bayerische Innenministerium die Tat schließlich als rechtsextrem an.[8] Zuvor wurde auch immer wieder auf eine psychische Erkrankung des Täters verwiesen. Diese allein reicht aber als Erklärung nicht aus, sondern ist nur ein Teilstück. Sonboly soll sich abwertend gegenüber Bosniern, Aleviten, Juden, Geflüchteten und anderen Minderheiten geäußert haben. Immer wieder erwähnte er die AfD positiv, erzählte seinem Vater, er sei bei einer Parteiveranstaltung in Erfurt gewesen. Er bezog sich online auf den Amokläufer von Winnenden, vor allem aber auf Anders Breivik. In der Betrachtung der Tat und des Täters nehmen die Gutachter und Behörden immer wieder Bezug auf Sonbolys Aktivitäten im Netz. Die Rolle, die das Internet für seinen Radikalisierungsprozess aber einnahm, wird nicht immer ausreichend thematisiert.

Erst später wurde bekannt, dass Sonboly über die Spieleplattform Steam einen engen Austausch mit William Atchinson, einem Rechtsex-

Wie sich rechte Terroristen im Netz radikalisieren

tremen, pflegte, der im Dezember 2017 an einer Schule in den USA zwei hispanoamerikanische Jugendliche erschoss. Die beiden gründeten auf Steam eine rassistische Gruppe mit dem Titel »Anti-Refugee Club«. Nach dem Anschlag in München widmete Atchinson seinem Freund einen Eintrag in der Encyclopedia Dramatica. Diese dient als eine Art Nachschlagewerk für Menschen, die besonders gern auf Plattformen wie 8chan verkehren, und wird bei Wikipedia als »Satirewiki« geführt. Hier kann allerdings wieder nur auf das »irony poisoning« verwiesen werden. In der Encyclopedia Dramatica huldigt man Rechtsterroristen und frauenfeindlichen Mördern und verbreitet auch immer wieder Aufnahmen ihrer Opfer. Über Atchinson sagte ein Freund später, seine Inhalte der Steam-Gruppe seien nur »satirisch gemeint« gewesen. Er habe viele Dinge gesagt, um zu schockieren, aber die Tat habe er ihm nicht zugetraut. Dass die ständige Wiederholung von Hass, der als Witz verkleidet daherkommt, sich zur Ideologie verfestigte, wollte der Freund offenbar nicht wahrhaben.[9] Bei einer Befragung durch das FBI im Jahr 2016 erzählte Atchinson, er würde gern im Internet trollen.

Die Polizei Erfurt wurde wenige Tage nach dem Anschlag in München durch einen Zeugen auf die Existenz der Steam-Gruppe aufmerksam gemacht. Die Behörden aus München gingen den Hinweisen allerdings nicht nach. Der Öffentlichkeit wurde die Verbindung zwischen den beiden jungen Männern, die aus rassistischen Motiven töteten, erst durch einen Bericht aus den USA bekannt. Der Politologe Florian Hartleb, der auch ein Gutachten über David Sonboly für die Stadt München verfasst hatte, stieß später auf die Verbindung.[10] Sie zeigt, wie wichtig die Analyse der Online-Präsenz von Tätern in Hinsicht auf ihre Radikalisierung und bestehender internationaler Netzwerke inzwischen ist. Die Netzwerke liefern Hinweise auf die Gewaltbereitschaft rechter Terroristen, selbst wenn diese nicht polizeibekannt oder Mitglieder in einer einschlägigen Gruppierung sind. Auch Brenton Tarrant pflegte vor dem Anschlag in Christchurch Verbindungen zu internationalen rechtsradikalen Gruppierungen, spendete etwa an den österreichischen Ableger der Identitären Bewegung und tauschte Nachrichten mit IB-Chef Martin Sellner aus.

VORBEREITUNG UND INSZENIERUNG DER TAT

Viele rechte Terroristen planen und inszenieren ihre Anschläge über Wochen, Monate oder sogar Jahre. Wie beschrieben, vernetzen sie sich in der Regel zuvor mit Gleichgesinnten, die rechte Mörder, Terroristen oder auch Amokläufer verehren. In einigen Fällen äußern sie im Netz wiederholt ihren Wunsch, eine Gewalttat zu verüben. Seit einigen Jahren hinterlassen viele Täter außerdem eine Ankündigung ihres Vorhabens. Diese wurden zum Beispiel auf 8chan, Gab.ai oder Endchan gepostet. Die Plattformen ändern sich, aber das Publikum, das angesprochen werden soll, bleibt ähnlich. Weitgehend handelt es sich um Foren oder Social-Media-Seiten, in denen Gewalt kein Tabu darstellt und Terroristen sogar für ihre Taten Ehre erwiesen wird.

Robert Bowers, der im Oktober 2018 in einer Synagoge in Pittsburgh elf Menschen tötete, kündigte seine Morde auf Gab.ai, dem Twitter-Klon der Rechtsradikalen an. In seiner Nachricht machte er Juden für die Steuerung globaler Migrations- und Fluchtbewegungen verantwortlich. Außerdem nahm er Bezug auf die Vertreter der Alt-Light, die sich größerenteils von Gewalt und Antisemitismus distanzieren. Von Rechtsradikalen (oder der Alt-Right) werden sie oft belächelt, sie sehen dahinter nur deren Sorge um die Anschlussfähigkeit und das Erscheinungsbild, die »optics«. Die Alt-Light war gemeint, als Bowers seinen Post mit »Vergesst eure Optik, ich gehe rein.« (»Screw your optics, I'm going in.«) beendete.[11]

Viele Täter hinterlassen neben der Ankündigung auch ein Dokument, das sie gern aufwertend als »Manifest« bezeichnen. Traurigerweise wird dieser Begriff immer wieder auch von etablierten Medien verwendet, obwohl schon die Begriffswahl ein Teil der Inszenierung ist. Diese Pamphlete unterscheiden sich in Umfang und Ausarbeitung erheblich. In der Regel wird aber in irgendeiner Form auf den Mythos des »großen Austauschs« Bezug genommen. Zugleich sind sie ein Appell an Gleichgesinnte, ihre Taten nachzuahmen. Ihr gemeinsames Ziel ist die Errichtung homogener, weißer, antiliberaler Gesellschaften. Ihre Angriffe gelten oft

Muslimen, Juden und Latinos, aber auch Vertretern einer liberalen Asyl- und Einwanderungspolitik.

Anders Breivik verschickte vor seiner Tat ein Dokument an mehr als 1000 Empfänger, vor allem rechtsradikale Gruppierungen in Europa und in den USA. In Deutschland erhielt unter anderem die NPD Mails mit dem Dokument von Breivik auf mehreren Adressen. Es umfasst mehr als 1500 Seiten und ist eine Mischung aus Tagebucheinträgen und Artikeln nationalistischer und islamfeindlicher Autoren. In seinen Schriften finden sich eine Menge Belege dafür, dass Breivik an eine »Islamisierung« und eine Unterdrückung von Nationalisten in Westeuropa glaubt. Sein Hass gilt Muslimen und denen, die für liberale Werte einstehen. Über Jahre hatte Breivik auch Kommentare in nationalistischen und islamfeindlichen Blogs hinterlassen. Viele Rechtsterroristen der 2010er-Jahre berufen sich in ihren Erklärungen auf die Schriften Breiviks. Der wiederum hatte ganze Abschnitte aus einem 1995 verbreiteten Dokument kopiert und abgeändert. Urheber der Schrift war der »Unabomber« Theodore »Ted« Kaczinsky, der über Jahre hinweg Briefbomben an Empfänger in den USA verschickte und dabei drei Menschen tötete und mehr als 20 verletzte. In Breiviks Dokument wurde beispielsweise der Begriff »leftist« durch »cultural Marxist« ersetzt. Den Großteil der Texte, die Breivik zitierte, hatte er aus dem Internet zusammengestellt. Sein Pamphlet hatte er bereits vor seinem terroristischen Anschlag immer wieder angekündigt.

Bei Breivik endete die Inszenierung nicht mit seiner Festnahme. Auch danach posierte er, zeigte für Fotos den Hitlergruß und benutzte auch den Gerichtsprozess als Bühne für seine Propaganda. Während des Prozesses bezeichnete er seine Tat als »Buchvorstellung«.[12] Er wollte möglichst viele Menschen mit seiner Ideologie und seinen Verschwörungsmythen bekanntmachen. Breivik hatte geplant, seinen Anschlag live auf YouTube zu übertragen, was allerdings scheiterte.

Bevor Brenton Tarrant seinen Angriff auf die Menschen in zwei Moscheen in Christchurch begann, postete er sein Pamphlet auf 8chan und Twitter und verschickte es in E-Mails, die unter anderem in Nachrichtenredaktionen und dem Büro der neuseeländischen Premierministerin

Jacinta Ardern eingingen. Das Dokument ist kein »Manifest«, sondern eine Aneinanderreihung von Antworten auf Fragen der Öffentlichkeit, die er als Reaktion auf seine Tat antizipierte. Er bezieht sich auf andere Rechtsterroristen, vor allem auf Anders Breivik, und legt sein ideologisches Fundament dar. Entsprechend nannte er das Dokument auch »The Great Replacement« (»Der große Austausch«). Es geht auch daraus hervor, dass er die weiße Bevölkerung Neuseelands und Australiens als Europäer begriff. Immer wieder spielte er aber auch auf Insiderwitze und Memes an, die nahelegen, dass er sich in den digitalen Gefilden rechtsradikaler Trolle zu Hause fühlte. Angesichts der Tat erscheint seine Tonalität besonders grotesk, eine Form des Gewalt gewordenen »irony poisoning«. Diese Referenzen auf Witze und Codes werden in solchen Pamphleten immer wieder gemacht. Sie dienen einerseits als Kontaktaufnahme zu Gleichgesinnten. Andererseits sollen sie zum Teil auch Journalisten in die Irre führen, die sich mit den rechtsradikalen digitalen Milieus, in denen die Täter unterwegs waren, nicht auseinandergesetzt haben.

Tarrant hatte für die Inszenierung seines Terrors neben der Ankündigung auch Fotos seiner Waffen gepostet, die er mit 8chan-Bezügen und Referenzen auf historische Ereignisse beschriftet hatte. Seinen Anschlag übertrug er, wie zuvor auf 8chan und Twitter angekündigt, live auf Facebook. Er hatte die Kamera am Helm befestigt und ließ seine Anhänger in Echtzeit aus seiner Perspektive mitschauen. Nach den Morden von El Paso wurde bekannt, dass auch hier Ankündigung und Pamphlet auf 8chan hinterlassen worden waren. 8chan-Gründer Frederick Brennan, der die Seite längere Zeit zuvor an einen anderen Betreiber aus der 8chan-Community abgegeben und sich dann insgesamt zurückgezogen hatte, rief auf Twitter dazu auf, 8chan zu schließen. Wenig später ging die Seite tatsächlich vom Netz. Aber nicht, weil die Betreiber den Stecker gezogen hätten, sondern weil mehrere Servicedienstleister der Seite schlussendlich doch die Zusammenarbeit verweigerten. Im Anschluss wurden immer wieder Versuche unternommen, 8chan wieder ans Netz zu bringen. Bis Ende November 2019 waren die Versuche allerdings immer nur kurzzeitig von Erfolg gekrönt.

Vorbereitung und Inszenierung der Tat

Der Täter von Bærum, bei dessen Anschlag durch das Eingreifen von Moscheebesuchern Tote verhindert wurden, wich auf ein anderes Forum namens Endchan aus. Es gibt unzählige Orte dieser Art im Netz (siehe Kapitel IV). Sie haben gemeinsam, dass ihre Nutzerschaft weltanschaulich sehr homogen ist. Die Rechtsradikalen wollen aber auch immer wieder ihre Ideologie und ihre Aktionen aus diesen Plattformen heraus in den gesellschaftlichen Mainstream tragen. Verliert eine Plattform an Bedeutung oder wird vom Netz genommen, sind garantiert weitere Optionen vorhanden. Das bedeutet kurzfristig immer wieder einen Verlust der aufgebauten Gemeinschaft. Allerdings ist es einigermaßen einfach, zu erfahren, welche neue Plattform dann alternativ von den meisten präferiert wird. Führende rechtsradikale Akteure kommunizieren den Umzug problemlos über ihre Kanäle auf den großen Social-Media-Plattformen. In einem bloßen Hinweis dieser Art besteht noch kein Verstoß gegen die Nutzungsbedingungen bei Facebook, Twitter und Co. Die Abschaltung von Plattformen, deren Nutzer Terroristen verehren und zu Morden aufrufen, ist zwar sinnvoll, aber höchstens eine kurzfristige Lösung im Kampf gegen die digitalen Nährböden rechtsextremer Gewalt.

Alle Terroristen hoffen darauf, Anhänger und Verehrer zu finden. Diese erfüllen zudem die Funktion der Multiplikatoren: Sie sollen die Propaganda der Täter online weiterverbreiten. Schon Breivik hatte 2011 auf den ersten Seiten seines Pamphlets einen Link zu einem Video gesetzt und rief dazu auf, es herunterzuladen. Außerdem bat er darum, seine Schriften an möglichst viele andere Menschen weiterzuleiten. Dafür sind sogar entsprechende Anleitungen für technisch Unbedarfte enthalten. Die Live-Übertragung des Anschlags von Christchurch wurde nach Angaben von Facebook weniger als 200 Mal angesehen.[13] Während dieser Zeit wurde das Video auch nicht gemeldet. Erst Minuten nach dem Terroranschlag ging eine erste Meldung bei Facebook ein. Zu dem Zeitpunkt wurde das Video jedoch schon mehrfach heruntergeladen. In den ersten 24 Stunden nach der Tat wurde es allein auf Facebook von 1,5 Millionen Nutzern wieder hochgeladen. Durch eine automatisierte Erkennung wurde der Upload in 1,2 Millionen Fällen blockiert. Die Verbreiter der Terrorpropaganda wussten allerdings auch diese technischen

Kniffe der Social-Media-Plattformen zu umgehen. Um ein Video automatisiert erkennen zu können, wird ein sogenannter Hash-Wert generiert, der individuell für ein Video steht. Wird das Video in irgendeiner Form aber augenscheinlich erkennbar verändert, kann dieser Hash-Wert dem Video nicht mehr zugeordnet werden. Das passiert zum Beispiel, indem man ein Logo einfügt, das das Video spiegelt oder zuschneidet. Mehr als 800 solcher Variationen entstanden aus dem Livestream von Brenton Tarrant. Auch der Livestream des Terroranschlags von Halle verbreitete sich nach der Tat im Netz. Stephan Balliet hatte ihn auf Twitch übertragen. Wahrscheinlich auch, weil Facebook, YouTube und Twitter mit neuen, strengeren Regeln für Videos und Liveübertragungen auf den Anschlag von Christchurch reagiert hatten. Da das Video der Tat zur Inszenierung des Terrors gehört, kann man hier durchaus von einem Terrorismus-Crowdsourcing sprechen, bei dem die Anhänger zu Multiplikatoren der Propaganda werden. Die Pamphlete und Videos der Terroristen sind noch immer im Netz auffindbar.

REAKTIONEN IM RECHTEN SPEKTRUM

Mit ihren Taten verfolgen Terroristen zwei Ziele: Sie wollen auf der einen Seite ihre Ideologie an ihre Anhänger verbreiten und mögliche Nachahmer erreichen und auf der anderen Seite Angst und Schrecken in den Reihen derer auslösen, denen die Anschläge gelten, und in den liberalen Demokratien als ganzen. Als Voraussetzung dafür sind möglichst wohlwollende Reaktionen in rechtsradikalen Kreisen und eine möglichst ausführliche, unvorsichtige Berichterstattung im Sinne des Täters nötig. Etwa indem die Videos der Täter, ganze Ausschnitte aus ihren Pamphleten sowie unverpixelte Bilder ihrer Gesichter gezeigt werden.

In rechtsradikalen Kreisen haben sich vier mögliche Reaktionen auf rechte Terroranschläge etabliert: Distanzierung, Umdeutung, Normalisierung und Glorifizierung. Hinzu kommt, dass rechte bis rechtsextreme Social-Media-User inzwischen unmittelbar nach nahezu jedem Gewaltakt über ein islamistisches Tatmotiv spekulieren. Oft passiert das schon lange bevor die Polizei ein erstes, umfassenderes Statement abgibt.

Gerade aus den Reihen rechter und rechtsradikaler Parteien werden nach Anschlägen Distanzierungen verlautbart. Das gilt auch für viele »Alternativmedien« und islamfeindliche Blogs. Es wäre falsch, zu behaupten, dass die Vielzahl dieser Rechten alle Gewalt zur Durchsetzung ihrer Ziele begrüßen oder selbst anwenden würde. Dennoch sind sie daran beteiligt, den ideologischen Nährboden auch für Gewalt zu schaffen, etwa durch die ständige Wiederholung der Verschwörungsmythen von der »Islamisierung« und des »Großen Austauschs«.

Bereits kurz nach einem Anschlag werden schon erste Versuche einer Umdeutung unternommen. Fast immer wird in rechten Kreisen über eine mögliche psychische Erkrankung der Täter spekuliert. Auf diese Weise soll von einem möglichen politischen Motiv abgelenkt werden. Richtig ist, dass rechtsterroristische Anschläge auch von Tätern mit einer psychischen Erkrankung begangen werden. Bei der Mehrheit der Täter ist das jedoch nicht der Fall und eine solche Diagnose allein ist ohnehin noch keine hinreichende Erklärung für einen Terroranschlag.

Nach dem Terroranschlag in Christchurch versuchten Rechtsradikale, die Tat umzuetikettieren: Ein »GRÜNER ÖKOTERRORIST« (Lutz Bachmann) sei verantwortlich gewesen oder sogar die »Linksextremen« (*PI-News*).[14] Tarrant hatte in seinem Pamphlet auch über »Naturschutz« geschrieben und sich selbst als »Ökofaschist« betitelt. An der Stelle verschweigen die Umdeuter aus dem rechten Spektrum oft, dass ökologische Initiativen innerhalb der Szene bei Weitem keine Neuheit sind. Zudem verknüpfte Tarrant seinen »Naturschutz« mit seinem antimuslimischen Vernichtungswunsch. Diese Erzählung hat schon fast Tradition.

Immer wieder versuchen sich Rechte auch in revisionistischen Erklärungen zum Nationalsozialismus und behaupten, die Nazis seien in Wirklichkeit Linke gewesen. Die ehemalige AfD-Vorsitzende Frauke Petry twitterte unter anderem: »Noch etwas: die Nazis waren Sozialisten, also nationalistische Linke!«[15] Erika Steinbach, enge Verbundene der AfD, twitterte noch während ihrer Zeit als CDU-Bundestagsabgeordnete: »Die NAZIS waren eine linke Partei«.[16] Sie wiederholte diese Behauptung später mehrfach.[17] In der Jungen Freiheit hieß es: »Zur Vortäuschung struktureller Verbindungen legte er Spuren.«[18] Damit war gemeint, dass Tarrant die Begriffe der Rechten benutzte, Geld an die Identitäre Bewegung überwiesen und Kontakt zu Martin Sellner hatte. Ein sehr angestrengter Versuch, eine Distanz zwischen der Ideologie der Rechtsradikalen und der von Terroristen zu schaffen. Wer nach Beweisen sucht, wird sie in diesen Statements vermissen.

Von dort aus ist der Schritt zu einer voll ausgewachsenen Verschwörungserzählung auch nicht mehr weit. Wer ein wenig sucht, wird im Netz zu fast jedem Anschlag eine »False Flag«-Theorie finden. Das betrifft rechtsextreme ebenso wie islamistische Anschläge, aber beispielsweise auch Amokläufe in Schulen. Im Grunde folgen diese Geschichten immer denselben Eckpunkten. Nämlich, dass diese Anschläge gar nicht wirklich stattgefunden hätten, sondern aus politischen Motiven inszeniert worden seien. Dahinter wird immer irgendeine konspirativ handelnde Elite vermutet, die sowohl hinter den Anschlägen des 11. September 2001 als auch anderen terroristischen Taten stecken soll. Auch antisemitische Komponenten spielen hier eine Rolle. Teilweise werden Juden nämlich als Drahtzieher solcher vorgetäuschten Anschläge vermutet.

In anderen Fällen wird die Verantwortung für den rechten Terror dem politischen Gegner zugeschoben. Nach der Festnahme von Stephan Ernst, der als verdächtig gilt, den hessischen Regierungspräsidenten Walter Lübcke erschossen zu haben, gab der AfD-Bundestagsabgeordnete Martin Hohmann, der einst für die CDU im Bundestag saß, eine Pressemitteilung heraus. Er schrieb: »Hätte es die illegale Grenzöffnung durch Kanzlerin Angela Merkel ... mit dem unkontrollierten und bis heute andauernden Massenzustrom an Migranten nicht gegeben, würde Walter Lübcke noch leben.«[19] Damit macht er das Opfer zum Täter: Die Angriffe und Drohungen gegen Walter Lübcke bezogen sich immer wieder auf dessen Statement zur Aufnahme von Asylsuchenden während einer Einwohnerversammlung in Lohfelden, mit dem er sich an Störer der Veranstaltung richtete. Zudem wiederholt Hohmann in seiner Pressemeldung erneut die Behauptung, Angela Merkel hätte im Sommer 2015 die

Grenzen geöffnet, und verschweigt vorsätzlich, dass die Grenzen zuvor gar nicht geschlossen waren. Mit der Täter-Opfer-Umkehr ist Hohmann nicht allein. Ein Pegida-Teilnehmer in Dresden erklärt auf Nachfrage des *ARD*-Politikmagazins »Kontraste« etwa wenige Wochen nach der Tat: »Da müssen Sie sich bei Frau Merkel bedanken wegen Lübcke hier.«[20]

Als dritte mögliche Reaktion auf einen Terroranschlag erfolgt unter Rechtsradikalen eine Normalisierung oder Relativierung des Terrors. Beispielsweise wird die Tat dann entweder zu einem normalen Vorgang, zu einem Teil des Laufs der Dinge erklärt. Bei Pegida erklärte ein Demonstrant vor laufender Kamera etwa: »Im Vergleich zur linksextremen Gefahr ist ein Mord, was weiß ich, alle zwei, drei Jahre aus irgendwelchen Hassgründen relativ normal.«[21] Ein beliebter rhetorischer Zug. Indem rechte Gewalt gegenüber anderen Formen politisch motivierter Gewalt verharmlost und zu einer geringeren Gefahr erklärt wird, kann man sie indirekt zu einer Maßnahme der Selbstverteidigung umdeuten. Angesichts eines Überfalls von 250 Neonazis auf das alternative Stadtviertel Connewitz in Leipzig 2016 twitterte die damalige CDU-Bundestagsabgeordnete Bettina Kudla beispielsweise: »Bitte objektiv sein! Es sind die #Linksradikalen!«[22] Damals wurde ein ganzer Straßenzug stark zerstört und Menschen verletzt.

Auch im Fall von Walter Lübcke setze die Normalisierungsphase ein. Ein Pegida-Teilnehmer sagte über den tödlichen Schuss auf Lübcke: »Das ist ja bald eine menschliche Reaktion.«[23] Bei Pegida selbst wurde mehrfach gegen Walter Lübcke gehetzt, seit im Jahr 2015 das Video von der Lohfeldener Einwohnerversammlung auftauchte. Auch der AfD-Bundestagsabgeordnete Jens Maier, ein Richter aus Dresden, soll sich laut Berichten zweier Journalisten über einen rechten Terroristen verständnisvoll geäußert haben. Im April 2017 sprach er bei einer Veranstaltung des *Compact-Magazins*. Dabei soll folgender Satz gefallen sein: »Breivik ist aus Verzweiflung heraus zum Massenmörder geworden.« Zuvor hatte Maier berichtet, ein Buch des Bloggers Fjordman sei Auslöser für seine eigene politische Betätigung gewesen. Der wiederum ist der meistzitierte Autor im Pamphlet Anders Breiviks. Auch Martin Semlitsch, der unter dem Pseudonym Martin Lichtmesz für die rechte Zeitschrift *Sezession* schreibt, war als Redner auf der Veranstaltung des *Compact-Magazins*. Er distanzierte sich in seinem Redebeitrag direkt von der Aussage Maiers.[24] Konsequenzen gab es aber nicht, im Gegenteil, Maier zog einige Monate später für die AfD in den Bundestag ein. Seine Rede wurde damals im Livestream des *Compact-Magazins* übertragen, den mehrere Journalisten verfolgten und übereinstimmend zitierten. Maier selbst sagt, er habe die Taten Breiviks weder entschuldigt noch verharmlost. Gegen die Medienberichte ging er allerdings nie juristisch vor. Und das Video, das den Sachverhalt aufklären könnte, wurde kurz nach der Veranstaltung gelöscht. Weder das *Compact-Magazin* noch der Kameramann gaben den Mitschnitt auf Nachfrage heraus. Selbst die sächsische AfD soll sich über Monate erfolglos bemüht haben, das Video sichten zu können.[25]

In der Glorifizierung der Tat und der Erklärung der Täter zu Helden geht die Strategie der Terroristen schließlich vollends auf. Das beginnt bereits mit der Verbreitung der Pamphlete und, wie bei Brenton Tarrant, dem Bearbeiten und hunderttausendfachen Hochladen des Videos, das seine Taten zeigt. Aber dort endet es nicht. Auf zahlreichen Plattformen werden Videos, Memes, Bildcollagen und Songs veröffentlicht, in denen den Terroristen gehuldigt wird. Immer wieder dient das Video aus Christchurch als Material, aber auch Aufnahmen vom Prozess gegen Anders Breivik. Nach Dylann Roof, der 2015 neun schwarze Kirchenbesucher ermordete, wurde ein Neonazi-Podcast benannt, dessen Betreiber Roofs Pamphlet verbreitete. Sie verkauften kurze Zeit auch Roof-Fanartikel. Dabei hat sich dessen Topfschnittfrisur zu einer ständigen Referenz entwickelt. Nach der Frisur ist auch der Podcast benannt. Er trägt den Titel »Bowlcast«. Die Podcaster beziehen sich darin auch immer wieder positiv auf die Neonazi-Terrorgruppe »Atomwaffen Division«, die in den USA mindestens fünf Morde begangen haben soll. Auf 8chan gab jemand nach dem Anschlag von El Paso bewundernd Tipps, wie man möglichst viele Menschen töten könnte. Darunter war auch die Empfehlung, zur Ankündigung von Anschlägen nicht 8chan zu nutzen, sondern andere Plattformen, wie das Forum der Encyclopedia Dramatica. Beliebt sind auch die Diskussionen über den »High Score«. In Anlehnung an Games sind hier die Opferzahlen der Terroristen gemeint. Oft wird in

Reaktionen im rechten Spektrum

diesem Zusammenhang die Aufforderung geäußert, diesen »High Score« zu übertreffen, also mehr Morde zu begehen. Der amerikanische Investigativjournalist Robert Evans bezeichnete dies als die »Gamifizierung des Terrors«, weil das Töten in diesen Kreisen zum Sport erklärt werde.[26] Unermüdlich wird erklärt, es sei alles nur ironisch gemeint. Allerdings bezieht sich auch der Täter von El Paso auf diese High-Score-Diskussionen und entschuldigt gegenüber potenziellen Anhängern den Umstand, dass sein Pamphlet ihren Maßstäben vielleicht nicht genügen könnte. Letztendlich betten, wie zuvor schon ausführlicher beschrieben, vor allem junge Rechtsradikale ihre Ideologie besonders häufig in eine dicke Schicht vermeintlicher Ironie und Insider-Witze ein. Nichtsdestotrotz vertreten viele ihrer Anhänger stramm menschenfeindliche Ansichten und schaffen ein Klima, in dem Gewalt zumindest toleriert, wenn nicht gar euphorisch gefeiert wird.

Das erklärte Ziel der Terroristen und ihrer Anbeter ist es, mehr Gewalt zu erzeugen. Und das funktioniert. Nach dem Anschlag in Christchurch waren zahlreiche gewaltsame Angriffe in der gesamten Welt zu verzeichnen, die von Rassisten, Islamfeinden und Antisemiten begangen wurden. Einer der Täter, der einen bulgarischen Jugendlichen in Großbritannien niedergestochen hatte, weil er nach eigenen Angaben Muslime töten wollte, gab vor Gericht an, den Livestream des Anschlags von Christchurch verfolgt zu haben. Auch er hatte Brenton Tarrant wohl glorifiziert. Die Anschläge des Jahres 2019 sind ein Beleg dafür, dass die Propaganda des Terrors wirkt und Nachahmer aktiviert.

VI.

WAS TUN?

Was tun?

Angesichts seiner Vereinnahmung durch Rechtsradikale scheint das Internet gar keine so gute Erfindung gewesen zu sein. Aber: Es hat auch seine Vorteile. Es verschafft Menschen Gehör, denen die Tür zu Politik und Medien oft genug verschlossen bleibt. Das Internet ist kein brauner Sumpf. Und trotzdem bedrohen der grassierende Hass und die Einschüchterungen die offene Gesellschaft. Beleidigungen und Drohungen führen dazu, dass Menschen sich aus der digitalen Öffentlichkeit zurückziehen. Das betrifft vor allem diejenigen, die ohnehin von struktureller Diskriminierung betroffen sind und besonders heftigen Angriffen ausgesetzt sind. Die Meinungsfreiheit im Netz ist durch dieses Ungleichgewicht in der Tat bedroht. Aber nicht so, wie es Rechtsradikale gern darstellen. Nein, die Forderung, keine rassistischen oder antiziganistischen Beschimpfungen zu benutzen, ist keine Zensur, sondern ein Aufruf zu einem anständigen, respektvollen Umgang miteinander. Bitte und Danke zu sagen ist ja auch keine linke Indoktrination.

Drohungen und Beleidigungen sind zwar nicht auf den virtuellen Raum beschränkt, aber auch dort bedeuten Hasskampagnen und Einschüchterungsversuche meist eine reale Einschränkung für die Betroffenen – und führen zudem nicht selten zu Gewalt. Die schlechtesten Ratschläge der Welt sind in diesem Zusammenhang im Übrigen: »Schalt doch mal das Handy aus« oder »Lösch doch deinen Account«. Natürlich kann das für einige, die von digitaler Gewalt betroffen sind, eine Lösung darstellen. Aber dies kann nicht für alle gelten. Junge Politikerinnen, Aktivistinnen und Journalistinnen, aber auch Männer, die als Juden, Muslime oder Andersdenkende vom rechten Hass betroffen sind, können nicht einfach eine ihrer Kommunikationsplattformen abschalten und sich eine neue suchen. Damit alles etwas besser wird, müssen Viele Verantwortung übernehmen. Politik, Medien, die Plattformbetreiber und die Gesellschaft – sie alle können und müssen ihren Beitrag dazu leisten, dass Hass und Hetze nicht immer mehr zum Normalfall werden oder gar glorifiziert werden. Daher folgt an dieser Stelle eine wenn auch unvollständige Liste mit Ideen und Vorschlägen für ein erträglicheres Internet. Und der Aufruf, sich gemeinsam um die Verteidigung unserer Demokratie zu kümmern.

POLITIK UND JUSTIZ

Auch wenn es schön wäre: Einfache Lösungsansätze sind ebenso wenig möglich, wie simple Erklärungsansätze für das Erstarken des Rechtsradikalismus zielführend sind. Die Geschichte vom ostdeutschen Wirtschaftsverlierer, der sich den Parteien rechts der Union zuwendet, erklärt weder die Wahlergebnisse in Westdeutschland noch den sinkenden Wähleranteil im bürgerlichen Lager. Sie ist höchstens ein Teil der Wahrheit. Zur Erklärung gehört auch, dass antisemitischen und rassistischen Parolen im Wählerlager der AfD deutlich häufiger zugestimmt wird als unter den Anhängern der anderen Parteien. Das zeigen Studien. Ökonomische Erklärungsansätze sind demnach nicht ausreichend. Der Soziologe Matthias Quent meint dazu: »Wichtiger als wirtschaftliche Kenndaten sind demnach die Zukunftsängste, die Ablehnung von Einwanderung, Geflüchteten und Muslimen, autoritäres Denken und die Frage, wie ›normal‹ rechtsradikale Positionen wahrgenommen werden.«[1]

Das Netzwerkdurchsetzungsgesetz, das seit dem 1. Januar 2018 in Kraft ist, hat kaum Verbesserungen gebracht. Es zielt darauf ab, Hass und Hetze in sozialen Medien wirksam zu bekämpfen, und verpflichtet soziale Netzwerke, bestimmte strafbare Inhalte zu löschen oder zu sperren, sobald ein Nutzer das Netzwerk mit einer Beschwerde auf den Inhalt hingewiesen hat. Lediglich die Tatsache, dass die Social-Media-Plattformen einen Zustellungsbevollmächtigten in Deutschland benennen und quartalsweise über einen Teil der Moderationsentscheidungen Bericht erstatten müssen, sind als positiv zu bewerten. Das befürchtete massenhafte »Overblocking« hat es allerdings auch nicht gegeben, auch wenn die Moderationsteams der Plattformen immer wieder Fehlentscheidungen treffen.

Aus den Parteien kommen immer wieder Vorstöße, die bestenfalls noch als gut gemeint einzuordnen sind. Dazu gehört die ewige Forderung nach der Klarnamenpflicht ebenso wie die Kennzeichnungspflicht für Social Bots.

Eine Klarnamenpflicht führt nicht dazu, dass Menschen im Internet keinen Hass mehr verbreiten. Die seitenlangen, vor Wut triefenden

Was tun?

E-Mails in meinem eigenen Postfach, in denen die Absender häufiger auch ihre Anschrift und Fax-Nummer hinterlassen, sind ein Indiz dafür. Viele andere, die von Hass im Netz betroffen sind, berichten ebenso immer wieder, dass die Attacken gegen sie von Menschen geführt werden, die sehr wohl ihre Klarnamen angeben. Eine Studie der Universität Zürich bestätigt den Eindruck: Eine Auswertung von über 500.000 Kommentaren auf einer deutschen Petitionsplattform zeigte, dass Hasskommentare mehrheitlich unter Klarnamen verfasst wurden.[2] Dass Menschen in Deutschland, aber auch in vielen anderen Ländern auf der Welt, anonym im Internet agieren können, ist ein hohes Gut. Die Anonymität schützt Menschen, die sich zu bestimmten Themen in ihrer unmittelbaren Umgebung nicht offen äußern können. Manche von ihnen sind homosexuell und in einer homofeindlichen Familie aufgewachsen. Andere sind gerade Eltern geworden und wissen sich im Umgang mit ihrem Nachwuchs nicht zu helfen. Wieder andere haben eine Krankheit, über die sie aus Angst vor Stigmatisierung nicht offen reden wollen. Die Gründe sind vielfältig, und wir sollten sie respektieren. Notwendiger als die verpflichtende Angabe eines Klarnamens sind eine schnelle und effektive Strafverfolgung bei Verstößen und die gleichzeitige Kooperation der Plattformen, von denen eine Auskunft verlangt wird. Angesichts der Überlastung vieler deutscher Gerichte sind hier allerdings noch einige Probleme zu lösen.

Die Forderung nach einer Kennzeichnungspflicht für die sogenannten Social Bots wiederum ist die mit Abstand einfachste aller Lösungen im Umgang mit Desinformation und orchestrierten Manipulationsversuchen. Mit Ausnahme der Entscheidung, einfach gar nichts zu tun, vielleicht. Unter dem Begriff Social Bots werden im Allgemeinen Social-Media-Accounts verstanden, die automatisiert gesteuert werden, also Beiträge liken, verbreiten oder auf Inhalte anderer Nutzer antworten. Aber: Zum einen sind die wissenschaftlichen Erkenntnisse zur Existenz, Verbreitung und dem Einfluss von Social Bots enorm umstritten. Die meisten Bots werden heute eingesetzt, um Inhalte künstlich populärer erscheinen zu lassen, als sie eigentlich sind. Zum anderen verhindert die Diskussion um die Kennzeichnungspflicht eine Reihe von Debatten, die in diesem Zusammenhang wichtiger sind, etwa die Rolle der Social-Media-Plattformen bei der Widerlegung viraler Falschmeldungen. Die Diskussion über Social Bots und Desinformation wird zudem beschränkt auf die mögliche Beeinflussung von Wahlen. Das ist unterkomplex und unzureichend. Vielfach werden Falschmeldungen völlig unabhängig von einer bevorstehenden Wahl verbreitet. Gerade aber anlassbezogene Falschmeldungen bei Katastrophen oder als Reaktion auf Gewalt und Terror, die quasi im Rudel auftreten, also von mehreren Nutzern auf unterschiedlichen Plattformen verbreitet werden, sind ein Problem. Dazu zählen auch Fakes, die von etablierten Medien unkritisch übernommen werden. Falschmeldungen funktionieren in Zeiten von Verunsicherung und Emotionalisierung noch viel besser, als sie es in Wahlkampfzeiten vermögen, in denen allenfalls unter den Kandidaten ein andauernder Zustand der Emotionalisiertheit herrscht.

Nötig wären auch und vor allem Investitionen in gute Medienbildung, die nicht nur derzeitige Schülerinnen und Schüler erreicht, sondern auch diejenigen, die nicht schon von Kindesbeinen an mit dem Internet zu tun hatten. Auch entsprechende Weiterbildungsmaßnahmen in Polizeien, Gerichten, Behörden und Ämtern wären wichtig. Sie sind es, die immer wieder auch im Mittelpunkt von Falschmeldungen stehen und nicht immer sonderlich professionell reagieren, wenn sie mit einer solchen konfrontiert sind. Das gilt für den Umgang mit Internettechnologien insgesamt. Im Jahr 2017 scheiterte der syrische Geflüchtete Anas Modamani mit einer Klage gegen Facebook. Sein Selfie mit Angela Merkel wurde immer wieder benutzt, um ihn mit Terroranschlägen und Gewalttaten in Verbindung zu bringen. Vor Gericht wollte er erwirken, dass Facebook diese Falschbehauptungen proaktiv löschen muss. Man muss das Anliegen Modamanis nicht befürworten, um von einem Detail aus dem Prozess irritiert zu sein: Weder der Richter noch seine Beisitzer hatten ein Facebook-Konto oder waren mit der Funktion der Plattform vertraut.[3] Inwiefern sie die Dynamiken einer viralen Falschmeldung in sozialen Medien sowie technische Details also ausreichend einschätzen konnten, ist fraglich. Immer wieder berichten Betroffene, dass sie nicht ernst genug genommen werden, wenn sie Vorfälle von Hassattacken und Drohungen bei der Polizei anzeigen. Eine entsprechende Sensibilisierung ist nicht nur angebracht, sondern entscheidend. Außerdem gilt es, Anlässe für gezielte Stimmungsmache recht-

Was tun?

zeitig zu erkennen und entsprechend zu antizipieren. Das zeigt auch der mehr oder minder verzweifelte Umgang mit der Stimmungsmache vor der Verabschiedung des UN-Migrationspaktes. Informationen müssen leicht auffindbar und zugänglich sein. Ein Dutzende Seiten langes PDF, das sein tristes Dasein in einer versteckten Website einer Bundesbehörde fristet, reicht nicht aus. Das liegt nicht daran, dass die Bürger nicht schlau genug sind. Es entspricht nur einfach nicht den Nutzungsgewohnheiten der meisten, sich über ihr Smartphone durch eine solche Abhandlung zu wälzen, um an die entsprechende Information zu gelangen. Zielführender und relativ leicht umzusetzen wäre beispielsweise eine Übersicht häufig gestellter Fragen und Antworten zu bestimmten Themen. Einfach auf den Webseiten der Ministerien und anderer Behörden zu finden und laufend aktualisiert und ergänzt.

Immer wieder werden auch die polizeilichen Kriminalstatistiken (PKS) von Bund und Ländern zur Stimmungsmache genutzt, weil darin eine Reihe irreführender Zahlen enthalten sind. Irreführend deshalb, weil sie durch andere Zählweisen oder neue gesetzliche Regelungen sehr hoch ausfallen können. Das passierte in den vergangenen Jahren beispielsweise im Zusammenhang mit einem in rechten Kreisen immer wieder vermeldeten massiven Anstieg sexueller Übergriffe durch Zuwanderer. Diese Zahlen werden auch in der PKS festgehalten. Tatsächlich ist die Zahl der sogenannten »Straftaten gegen die sexuelle Selbstbestimmung« nach 2017 in der Statistik massiv angestiegen.[4] Die Zahlen sind allerdings nicht miteinander vergleichbar: Das Sexualstrafrecht wurde im Jahr 2016 verschärft. Damit wurden Straftatbestände geändert und neue Straftatbestände eingeführt. Das schlägt sich in den Zahlen nieder. Abhelfen würden die entsprechenden Erläuterungen in den Statistiken selbst sowie die Zusammenstellung der Informationen auf den Internetpräsenzen der Sicherheitsbehörden. Auch Kriminologen und der Bund Deutscher Kriminalbeamter weisen immer wieder auf die Schwächen der Polizeilichen Kriminalstatistik hin.[5]

»Das Internet ist kein rechtsfreier Raum.« Diesen Satz hat vermutlich schon fast jeder (Digital-)Politiker in Deutschland schon einmal im Fernsehen oder Radio gesagt. Ein alter Hut: Schon im Februar 1996 erklärte ein Sprecher des bayerischen Justizministeriums im Hinblick auf Pornografie und rechtsradikale Inhalte im Netz, »Datenautobahnen« könnten kein rechtsfreier Raum sein.⁶ Seitdem ist dieser Satz tausendfach in Interviews und Kommentaren gefallen. Dieser Satz muss weiter mit Inhalt gefüllt werden! Der Aufbau von spezialisierten Einrichtungen wie dem Sonderdezernat »Hate Speech« in Nordrhein-Westfalen und weiteren Stellen, etwa in Hessen, sind ein guter Schritt. Auch Bundesinnenminister Seehofer äußerte im September 2019 im Bundestag schließlich, der Rechtsextremismus sei eine ebenso große Bedrohung wie der Islamismus, und kündigte die Schaffung neuer Stellen an.⁷ Im Oktober kündigte die Bundesregierung schließlich ein neues »Maßnahmenpaket gegen Rechtsextremismus und Hasskriminalität« an. Geplant sind eine Erweiterung des Netzwerkdurchsetzungsgesetzes, eine Erweiterung des Strafgesetzbuches, eine Verschärfung des Waffenrechts und unter anderem auch eine Fortsetzung des Demokratieförderungsprogramms »Demokratie leben!«.⁸

Lösungsansätze für die überlasteten Gerichte sind nötig. Dahinter dürfen aber die nachhaltige Förderung der digitalen Zivilgesellschaft und Initiativen für die Unterstützung der von Hass und Drohungen betroffenen Menschen nicht zurückstehen. Nicht alle hasserfüllten und drohenden Äußerungen sind justiziabel und können von Gerichten geahndet werden. Sie verfehlen ihre Wirkung bei den Betroffenen allerdings nicht.

INTERNETKONZERNE

Blickt man noch einmal zurück auf die vergleichsweise kurze Geschichte der sozialen Medien, lässt sich relativ schnell feststellen, dass in der Vergangenheit nie großartige Verbesserungen eingetreten wären, wenn es nicht zuvor einigen öffentlichen Druck gegeben hätte. Das betrifft den Ausbau der Moderationsteams bei Facebook und Co. ebenso wie die Einführung neuer, verbindlicher Regelungen, etwa für den Umgang mit rechtsradikalen Gruppierungen.

Die Frage, wie sich globale Konzerne im Umgang mit nationaler Gesetzgebung, etwa in autoritär geführten Staaten, zu verhalten haben, ist nicht abschließend geklärt. Die Terrorismus-Definition in einem Land wie der Türkei weicht durchaus von der unseren ab, wenn es beispielsweise um unbequeme Journalisten geht. Das darf allerdings nicht zur Ausrede werden. Erst nach dem Terroranschlag in Christchurch entschied man sich bei Facebook, nicht nur diejenigen zu verbannen, die an eine Überlegenheit der Weißen glauben, sondern auch weißen Nationalismus und weißen Separatismus zu unerwünschten Ideologien zu erklären.[9]

Immer wieder fallen die Plattformen auch durch undurchdachte, inkonsequente und verwirrende Entscheidungen auf. Dazu gehört beispielsweise die Regelung von Twitter, Falschmeldungen über Wahlen nicht zu erlauben. Twitter unternimmt in der Regel wenig bis nichts gegen Falschmeldungen, die insbesondere nach Katastrophen auf ihrer Plattform kursieren. Das eigene Moderationsteam mit der Aufgabe zu betrauen, in kürzester Zeit zu entscheiden, ob es sich bei einem Tweet um eine Falschmeldung handelt, war das, was selbst der gewöhnliche Internetnutzer als einen epischen Fail, also einen Totalausfall, nennen würde. Das trifft aber auch auf Einzelentscheidungen im Umgang mit rechtsradikalen Influencern zu. Im Spätsommer 2019 wurde einer der YouTube-Kanäle von Martin Sellner (er betreibt mehrere) und auch der eines britischen rechtsradikalen YouTubers gesperrt. Nur wenige Stunden darauf wurden die Konten wiederhergestellt. Sellner triumphierte. Aus dem Unternehmen hieß es nur, man habe eine falsche Entscheidung getroffen und die Videos der beiden hätten nach genauerer Prüfung nicht gegen die YouTube-Gemeinschaftsrichtlinien verstoßen.[10] Weitere Erklärungen gab es nicht. Auch nicht, warum die Videos nicht vor der Sperrung eingehend geprüft wurden. Sellner hatte über seinen Anwalt eine Frist zur Entsperrung setzen lassen, die das Unternehmen einhielt. Ohnehin war er in der Zwischenzeit einfach auf einen weiteren YouTube-Kanal ausgewichen, den er seit längerem betreibt. Beide YouTuber reproduzieren in ihren Videos immer wieder den Verschwörungsmythos vom »Großen Austausch«, es ist die Kernideologie von Sellners Identitärer Bewegung. Es fehlt in diesem Zusammenhang an konsequentem Handeln vonseiten YouTubes und offenbar auch an ausreichend und gut geschulten Moderatoren. Über die genauen Gründe lässt sich nur spekulieren, weil zu wenig über die Moderationspraktiken und internen Regelwerke bekannt ist. Das gilt allerdings nicht allein für YouTube.

Noch weniger einheitlich ist der plattformübergreifende Umgang mit den Influencern des rechten Spektrums. Sellner ist beispielsweise schon seit geraumer Zeit auf Facebook und Instagram gesperrt, nicht aber auf Twitter und YouTube. Noch deutlicher wird das bei Alex Jones. Über seine Infowars-Kanäle verbreitete er längere Zeit die Behauptung, den Amoklauf in der Sandy Hook Elementary School 2012 habe es nicht gegeben. Bei dem Anschlag wurden 28 Menschen, darunter vor allem Grundschüler, getötet. Millionen Menschen sahen Videos, in denen Jones den Amoklauf leugnete. Diese krude Erzählung ist nur eine von mehreren, in denen immer wieder behauptet wird, eine schreckliche Gewalttat sei pure Fiktion. Es gibt sie über Amokläufe an Schulen, rechtsterroristische Anschläge oder auch Giftgasangriffe in Syrien. In der Regel werden diese »Theorien« von den immer gleichen Akteuren verbreitet. Jones profitiert ungemein von den Verschwörungsgläubigen dieser Erde. Seine Inhalte werden weit über die Grenzen der USA hinaus konsumiert. Im Sommer 2018 schmiss als erstes iTunes den Podcast von Jones aus dem Programm. Dann folgten Spotify, Facebook und YouTube mit Sperrungen. Nur eine Plattform ließ auf sich warten: Twitter. Twitter-CEO Jack Dorsey äußerste sich zur Kritik dahingehend, Jones und sein Verschwörungsunternehmen Infowars hätten nicht gegen die Gemeinschaftsregeln der Plattform verstoßen und man dürfe sich nicht einem öffentlichen Druck beugen. Dadurch würde man nur neue Verschwörungstheorien füttern und zu einer Plattform werden, die durch persönliche Einstellungen gepflegt wird. Zum Umgang mit unbelegten Gerüchten riet er, Journalisten sollten diese überprüfen und richtigstellen.[11] Sein Unternehmen hat bislang kaum etwas unternommen, um vertrauenswürdige Inhalte auf Twitter sichtbarer zu machen. Einen Monat später wurden die Konten von Jones und Infowars dann schließlich auch dort wegen wiederholter Regelverstöße gesperrt. Einen konsequenten, nachvollziehbaren und transparenten Umgang mit Sperrungen, Nichtsperrungen und Entsperrungen lassen die allermeisten großen Social-Media-Plattformen vermissen. Es ist auch unwahrscheinlich, dass sie diesen Schritt ohne eine entsprechende gesetzliche Regulierung unternehmen werden.

Was tun?

Damit sich die Lage verbessern kann, müssen den Plattformnutzern entsprechende Werkzeuge an die Hand gegeben werden. Ein Positivbeispiel: Vor den Bundestagswahlen 2017 informierte Facebook seine Nutzer über Möglichkeiten, Falschmeldungen zu erkennen. Solche Maßnahmen wären durchaus auch in anderen Fällen und vor allem auch auf anderen Plattformen denkbar. Den wenigsten Facebook-Nutzern ist beispielsweise bekannt, dass man Inhalte auf Facebook als Falschmeldungen markieren kann. Oder dass dieses Meldeverfahren das einzige ist, das nicht nur von Facebooks Content-Moderatoren bearbeitet wird. Falschmeldungen, die bei Facebook gemeldet werden, werden inzwischen in über 50 Ländern der Welt von zertifizierten Faktencheckern überprüft und gekennzeichnet. In Deutschland sind das beispielsweise das Non-Profit-Journalismus-Rechercheburo *Correctiv* und die Nachrichtenagentur *dpa*.

Fast die Hälfte aller befragten EU-Bürger gab 2018 an, nicht zu wissen, was ein Algorithmus ist.[12] Dementsprechend ist das Wissen über den Einfluss von Algorithmen auf das, was jeder Einzelne von uns zum Beispiel auf YouTube, Facebook und in den Suchergebnissen auf Google zu sehen bekommt, noch relativ gering ausgeprägt. Es ist die Aufgabe der Medien, durch entsprechende Informationen darüber aufzuklären. Das heißt aber nicht, dass die Plattformen auch in dieser Hinsicht nicht deutlich stärker in die Pflicht genommen werden sollten.

MEDIEN

Im Umgang mit Rechtsradikalen gibt es Verbesserungspotenzial auch in vielen Medienhäusern. Wer über die Rechten berichtet, dem muss bewusst sein, dass Provokation und Manipulation zu ihrer Methodensammlung gehören. Es reicht nicht, sich darauf zu verlassen, dass kritische Fragen ausreichen, um einen souveränen Umgang mit menschenfeindlichem Gedankengut und Verschwörungserzählungen zu finden. Zumindest das Wissen darum, dass beispielsweise einige Vertreter der AfD immer wieder zur anekdotischen Evidenz greifen, um ihre steilen

Thesen zu belegen, sollte endlich verinnerlicht werden – und wäre immerhin ein Anfang. Rechtsradikale haben nicht die besseren Argumente, aber sie haben immer irgendeines zur Hand.

Generell gilt: Eine Falschbehauptung oder eine aus dem Zusammenhang gerissene Information sollte nicht ohne Kontextualisierung stehen bleiben. Das gilt auch und insbesondere, wenn es sich um den US-Präsidenten handelt, der es bekanntlich bei öffentlichen Auftritten und auf seiner Stammplattform Twitter nicht so genau nimmt mit der Wahrheit. Wird eine seiner Falschmeldungen dann auch noch durch eines der großen Medien aufgegriffen, findet sie eine noch größere Verbreitung. Schließlich benutzen nicht alle Internetuser Twitter, und selbst Twitternutzer verfolgen nicht alle Tweets von Trump. Viele Nachrichtensendungen verfügen nach wie vor noch über eine größere Reichweite als der US-Präsident.

Am besten lässt sich das Problem an Live-Sendungen ablesen: Zum Handwerk gut geschulter Aktivisten und Politiker des rechten Spektrums gehört es, ihr Gegenüber mit einer Reihe von Behauptungen zu überhäufen. Auch die erfahrenste Journalistin hat nicht in jedem Fall alle Zahlen und Fakten parat, um eine Falschbehauptung zu widerlegen. Um für dementsprechende Behauptungen gewappnet zu sein, gehört also das hartnäckige Rückfragen nach einem Beleg unbedingt zum journalistischen Repertoire. Oder es hilft auch schon, sich regelmäßig mit den Themen auseinanderzusetzen, die gerade digital unter den Rechten diskutiert werden. Es wird immer wieder darüber gestritten, ob man Vertreter der Rechten zu Diskussionsrunden einladen sollte. Unabhängig davon, ob man sich mit den Rechten an einen Tisch setzen will oder nicht: Lädt man einen Vertreter rechtsradikaler Thesen ein, führt das in der Regel dazu, dass ein erheblicher Anteil der Zeit dafür aufgebracht werden muss, zu ihren Thesen Position zu beziehen. Eine Runde im Hinblick auf eine möglichst kontroverse Diskussion zu besetzen, raubt aber den Spielraum für einen konstruktiven Austausch, den so viele vermissen.

Es ist wichtig, dass Journalisten ein möglichst breites Spektrum an Meinungen abbilden. Dazu gehört aber nicht, entmenschlichende und faktenfreie Agitation zu einer gleichberechtigten Meinung zu erklären, über die auf Augenhöhe diskutiert werden müsse. Damit würden die Medien nur

Was tun?

einen Beitrag zur Normalisierung dieser menschen- und faktenfeindlichen Ideologien leisten. Man räumt ja auch in einem Beitrag über Weltreisen nicht noch einem Vertreter der Flache-Erde-Bewegung einen Platz ein, um seine Bedenken über Flugrouten zu berücksichtigen.

Ohnehin reicht ein Blick auf die Schriften der Rechten, um zur Erkenntnis zu gelangen, dass es eher nicht darum geht, einfach mal offen Argumente auszutauschen. Einer der Vordenker der neuen Rechten, dessen hausgemachter Ziegenkäse in der Berichterstattung über ihn irritierend viel Raum einnimmt, Götz Kubitschek, schrieb 2006: »Unser Ziel ist nicht die Beteiligung am Diskurs, sondern sein Ende als Konsensform, nicht ein Mitreden, sondern eine andere Sprache, nicht der Stehplatz im Salon, sondern die Beendigung der Party.«[13]

Verbesserungspotenzial gibt es auch im Umgang mit rechtem Terrorismus. Eine Berichterstattung sollte immer vor dem Hintergrund erfolgen, dass Terroristen heute vor ihrer Tat nicht nur ihre Propaganda aufschreiben, sondern in der Vorbereitung auch eine Medienstrategie entwickeln, die eines der wichtigsten Mittel zur globalen Verbreitung des Schreckens ist. Reproduziert man ihre Pamphlete und die Bilder, die sie zur Verfügung stellen, geht ihre Strategie auf. Viele Medien zeigen noch heute ein Bild Breiviks vor Gericht, der den Hitlergruß zeigt. Der Prozess liegt einige Jahre zurück. Dieses Bild noch immer zu nutzen, ist überhaupt nicht notwendig, um sachlich und informativ zu berichten. Es steht zudem außer Frage, ob Medien die Pamphlete der Täter in Gänze hochladen sollten. Die Antwort darauf lautet in jedem Fall: Nein. Es ist durchaus möglich, diese Schriften zu analysieren, ohne dass man sie ganz oder in großen Passagen zitiert.

Zum Umgang mit den Pamphleten der Täter gibt es jedoch unterschiedliche Positionen. Die Soziologin Zeynep Tufekci plädiert dafür, die Begriffe der Terroristen nicht zu benutzen. Sie bezieht sich dabei explizit auf den Begriff des »Großen Austauschs«. In Deutschland gehört der Begriff in rechtsradikalen Kreisen längst zum Standardvokabular und auch Mitglieder des Bundestags beziehen sich darauf. Tufekci widerspricht damit auch den Medienwissenschaftlern Michael Golebiewski und danah boyd (Eigenschreibweise), die argumentieren, dass Rechtsradikale ausnutzen, dass einige ihrer Begriffe und Phrasen bei einer Suche auf Google und Co. nur einschlägige Ergebnisse zutage bringen. Den Begriff in der Berichterstattung zu benutzen, würde also, eine vernünftige Einordnung vorausgesetzt, eher zu einer Diversifizierung der Suchergebnisse beitragen.

In anderen Fällen steckt hinter der Verwendung von Begriffen aber auch das Ziel, neue Anhänger mit rechtsradikalen Ideen bekanntzumachen. Das Pamphlet des Terroristen von Christchurch ist gespickt mit solchen Referenzen. Sie zu wiederholen wäre gleichbedeutend damit, diesen Ideen wie einem Feuer durch Sauerstoff zur Ausbreitung zu verhelfen. Es gilt also in jedem Fall, die Wortwahl für die Berichterstattung gründlich abzuwägen. Der schlimmste Fall wäre eine wortgetreue Wiedergabe der Schriften der Täter ohne jede Einordnung. Nach dem Anschlag von Christchurch luden einige Medien das Dokument in Gänze hoch und machten sich damit selbst zu Multiplikatoren des Terrors.

Eine Diskussion darüber, ob man ein Video von Morden, das aus der Perspektive des Mörders aufgenommen wurde, zeigen darf, sollte eigentlich gar nicht geführt werden. Dank *Bild* und ihres Chefredakteurs Julian Reichelt wurde sie nach dem Anschlag von Christchurch in Deutschland trotzdem geführt. Und das, obwohl Reichelts Begründung, man dürfe die Einordnung nicht anderen überlassen, schon einer ersten Gegenüberstellung mit entsprechenden wissenschaftlichen Erkenntnissen nicht standhält. Wer die Bilder zeigt, verbreitet die Propaganda des Terrors und macht sie potenziellen Nachahmern auf seinen eigenen Plattformen zugänglich. Der Soziologe Matthias Quent rät: »Medien sollten durch Versachlichung dazu beitragen, dass die Saat der Angst nicht aufgeht. Das heißt auch, beispielsweise auf schockierende Bilder zu verzichten.«

ZIVILGESELLSCHAFT

Das Facebook-Video von Brenton Tarrant, der seine Morde filmte, wurde während der Live-Übertragung von weniger als 200 Menschen gesehen. Die erste Meldung an Facebook ging erst einige Minuten nach dem Ende der Übertragung raus. Insgesamt wurde es etwa 4000 Mal angese-

Was tun?

hen, bevor es schließlich entfernt wurde. Es ist nicht unwahrscheinlich, dass bis dahin vor allem Menschen zugesehen haben, die den Link auf 8chan gefunden hatten und den islamfeindlichen Anschlag begrüßten oder zumindest in irgendeiner Form vom Schrecken der Bilder fasziniert waren. In anderen Fällen ist es aber durchaus so, dass Social-Media-Nutzer beispielsweise Hasskommentare wahrnehmen und sich davon gestört fühlen, diese aber nicht melden oder anzeigen. Dahinter steckt auch ein digitaler Bystander-Effekt.

Herkömmlicherweise beschreibt dieser Begriff das Phänomen, dass weniger Menschen bereit sind, angesichts eines Unfalls, einer Straftat oder auch eines rassistischen oder antisemitischen Übergriffs Hilfe zu leisten, je mehr Personen anwesend sind. Das Gleiche passiert online. Zu viele Menschen gehen davon aus, dass jemand anderes einen Kommentar melden oder den Angegriffenen zu Hilfe kommen wird. Oder sie sind der Meinung, es gehe sie nichts an. Das ist falsch. Denn es liegt an allen Internetnutzern, zumindest auf justiziable oder hasserfüllte Inhalte aufmerksam zu machen und sie den Plattformen oder Behörden auf dem einen oder anderen Weg zu melden. Das ist auch dann möglich, wenn man selbst Angst hat, zum Ziel von Anfeindungen zu werden, weil man sich mit Angegriffenen solidarisch erklärt. Trotzdem muss man Betroffenen von Hass und digitaler Gewalt zur Seite stehen und sie fragen, wie diese Hilfe aussehen kann. Einige wollen auf das Ausmaß solcher Kampagnen aufmerksam machen, andere wollen das nicht, weil sich der Hass in der Regel dadurch noch einmal verstärkt. Sich gegen islamfeindliche, antisemitische, antiziganistische, frauenfeindliche und rassistische Ausfälle zu wehren ist nicht allein Aufgabe von Muslimen, Juden, Roma und Sinti, Frauen oder People of Color. Es ist vor allem auch Aufgabe von Menschen, die gesellschaftlich oder politisch in Machtpositionen sind, zu widersprechen und den Betroffenen zuzuhören. Es liegt aber auch an jedem einzelnen Nutzer, das Internet ein bisschen besser zu machen. Nicht allein. Aber ohne digitale Zivilcourage wird es nicht gehen.

DANK

So ein Buch schreibt sich weder allein noch von allein. Daher danke ich dem Verlag Herder und vor allem Katrin Pommer für all die Unterstützung und das Vertrauen. Das Buch entstand in einem Jahr, in dem der rechte Terror weltweit so sichtbar war wie lange nicht. Es ist ein großes Privileg, mich in solcher Tiefe mit diesem Thema auseinandersetzen zu können. Ich bedanke mich auch bei denen, die mir immer den Rücken gestärkt, mich wachsen lassen und mir in Zeiten des Zweifelns versichert haben, dass ich im Journalismus richtig aufgehoben bin.

Mein größter Dank gilt Felix Huesmann, der unzählige Seiten und Formulierungen zu unmöglichsten Uhrzeiten gelesen und mir über die Monate des Schreibens den Rücken freigehalten hat. Ann-Kathrin Büüsker, Miro Dittrich und Sarah Shiferaw danke ich für ihren kritischen Blick und ihre Expertise ebenso wie für ihre bestärkenden Worte.

Meiner Familie danke ich für ihre kompromisslose Unterstützung. Insbesondere gilt mein Dank meiner Mutter und meiner Großmutter, den stärksten Frauen und ersten und wichtigsten Vorbildern in meinem Leben.

Ich danke all den Kolleginnen und Kollegen, die oft unter ständigen Drohungen und auch gewaltsamen Übergriffen sehr wichtige Arbeit leisten. Und ich danke allen, die sich nicht einschüchtern lassen.

ANMERKUNGEN

Alle Links wurden zuletzt im November 2019 aufgerufen.

I. Geschichte des Rechtsradikalismus im Internet

1. Zitiert in: Busch, Christoph: »Rechtsradikale Vernetzung im Internet«, WeltTrends, 2005, https://publishup.uni-potsdam.de/opus4-ubp/frontdoor/deliver/index/docId/891/file/48_sp_busch.pdf
2. Ebd.
3. Zimmer-Amrhein, Florian: »Verfassungsschützer mit Gedächtnislücken«, Bundestag.de, 20.1.2017, https://www.bundestag.de/dokumente/textarchiv/2017/kw03-pa-3ua-nsu-488208
4. Ritsch, Thomas: »Der deutsche Gruß im Computer von Haus zu Haus. Rechtsextremisten tarnen ihre Informationen in elektronischen Datennetzen«, *Tagesspiegel*, 16.11.1993.
5. Szymanski, Mike: »Das staatliche Neonazi-Netz«, *Süddeutsche Zeitung*, 15.11.2012, https://www.sueddeutsche.de/bayern/nsu-ausschuss-im-bayerischen-landtag-das-staatliche-neonazi-netz-1.1523498
6. Löer, Wigbert: »Rechter als Gauland – dieser Soldat könnte die AfD übernehmen«, *Stern*, 14.6.2018, https://www.stern.de/politik/deutschland/afd-parteivorsitz--der-rechte-netzwerker-andreas-kalbitz-steht-bereit-8124794.html
7. Schröder, Burkard: »Virenattacke auf linke Mailbox«, *TAZ*, 4.8.1995.
8. Zitiert in: Busch, Christoph und Markus Birzer: »Strategien der Rechtsextremisten im Internet«, *Sicherheit und Frieden (S + F) / Security and Peace*, Vol. 21, No. 2, Themenschwerpunkt: Rüstungskontrolle I (2003), S. 99–104, http://www.jstor.org/stable/24230896
9. Kleim, Milton: »On Tactics and Strategy for USENET«, 1995, https://www.burks.de/tactic.html
10. Kleffner, Heike: »Was das LKA mit Fotosammlungen der Neonazis anfängt«, *Frankfurter Rundschau*, 27.4.2000.
11. https://nrw.vvn-bda.de/2018/07/24/nach-dem-nsu-urteil-und-der-freilassung-des-verbrechers-wohlleben/
12. Worch, Christian: »Die Schale des Zorns«, »Horst-Wessel-Verlag«, 1986.
13. Rath, Christian: »Hassportal mit Ziel ›Volksverhetzung‹«, *TAZ*, 9.2.2018, https://taz.de/Entscheidung-im-Fall-Altermedia/!5480892/
14. Fromm, Rainer und Gabriele Kraiker: »Hass und Propaganda – Rechtsextreme im Internet«, *ZDF*, 2000.
15. netzspeicher24.de, Archivversion unter http://web.archive.org/web/20060202110531/http://netzspeicher24.de:80/

Anmerkungen

16 Glaser, Stefan: »Rechtsextremismus im Internet – Trends und Gegenstrategien aus der Jugendschutzperspektive«, in: Busch, Christoph (Hrsg.): Rechtsradikalismus im Internet, Siegen: Universitätsverlag, 2010.
17 Mascher, Marc: »Tipps für Kameraden«, *Berliner Zeitung*, 3.8.2000 (abgerufen über die Genios-Pressedatenbank).
18 Parker, Klaus: »Rechtsextremismus im Internet«, in: Grumke, Thomas/Wagner, Bernd (Hrsg.): Handbuch Rechtsradikalismus. Personen, Organisationen, Netzwerke vom Neonazismus bis in die Mitte der Gesellschaft, Wiesbaden: VS Verlag für Sozialwissenschaften, 2002, S. 131.
19 Mascher, Marc: »Tipps für Kameraden«, *Berliner Zeitung*, 3.8.2000.
20 Zitiert in: Nagel, Lars-Marten: »Rechts im Netz: So kämpfen Betreiber gegen Extreme«, *Hamburger Abendblatt*, 25.2.2011, https://www.abendblatt.de/politik/deutschland/article107960535/Rechts-im-Netz-So-kaempfen-Betreiber-gegen-Extreme.html
21 Markus Pohl, »NPD-Wahlkämpfer ›outen‹ sich in sozialen Netzwerken«, NPD Unterbezirk Heide-Wendland, 5.5.2010, http://www.npd-lueneburg.de/index.php/menue/24/thema/69/id/1831/anzeigemonat/05/akat/1/anzeigejahr/2010/infotext/NPD_Wahlkaempfer_outen_sich_in_sozialen_Netzwerken/Bundesweite_Nachrichten.html
22 Ebd.
23 Pham, Khuê: »StudiVZ-Mitglieder treiben Extremisten in die Flucht«, *Spiegel Online*, 5.9.2007, https://www.spiegel.de/netzwelt/web/netz-plattform-studivz-mitglieder-treiben-extremisten-in-die-flucht-a-503637.html
24 Radke, Johannes: »Flashmobs gegen die Demokratie«, *Zeit Online*, 21.3.2012, https://www.zeit.de/gesellschaft/zeitgeschehen/2012-03/unsterbliche-flashmobs-neonazis-bautzen/komplettansicht#infobox-neue-deutsche-nazis-3-tab
25 »Das Ende der Nazi-Masken-Show«, *Zeit Online* Störungsmelder, 19.6.2012, https://blog.zeit.de/stoerungsmelder/2012/06/19/das-ende-der-nazi-masken-show_8923?sort=asc&comments_page=4
26 Wolf, Ulrich, Hanna Buiting und Franziska Klemenz: »Sachsen sagt am meisten ›Nein zum Heim‹«, *Sächsische Zeitung*, 17.3.2015, https://www.saechsische.de/sachsen-sagt-nein-zum-heim-wie-kein-anderes-bundesland-3059607.html
27 Rafael, Simone: »Rechtsextreme Bürgerinitiativen«, *Belltower News* (vormals no-nazi.net), 6.1.2014, https://www.belltower.news/strategie-rechtsextreme-buergerinitiativen-36908/

II. Die Akteure

1 Gensing, Patrick: »Infokrieg mit allen Mitteln«, *tagesschau.de*, 13.2.2018, https://www.tagesschau.de/faktenfinder/inland/organisierte-trolle-101.html
2 Staud, Toralf: »PodCast als Volksempfänger«, *Süddeutsche Zeitung*, 5.10.2006.
3 Bundesverband FDP: 149.763 Likes (https://www.facebook.com/FDP/) und Bundesverband NPD: 160.385 Likes (https://www.facebook.com/npd.de/), Stand: 25.11.2019, 00:10 Uhr.
4 Brodnig, Ingrid: »AfD und FPÖ: Empörungsmaschinen«, *Brodnigs Blog*, 20.3.2018, https://www.brodnig.org/2018/03/20/afd-und-fpo-emporungsmaschinen/
5 Speit, Andreas: »Das Netzwerk der Identitären«, Berlin: Ch. Links Verlag, 2018.
6 Mausch, Julia: »Grapsch-Attacken: Rockergruppe verbreitet ›Fakenews‹ in Lingen«, *Neue Osnabrücker Zeitung*, 10.1.2017, https://www.noz.de/lokales/lingen/artikel/833137/grapsch-attacken-rockergruppe-verbreitet-fakenews-in-lingen-2
7 Trilling, Daniel: »Tommy Robinson and the far right's new playbook«, *The Guardian*, 25.10.2018, https://www.theguardian.com/world/2018/oct/25/tommy-robinson-and-the-far-rights-new-playbook

III. Angst, Hass und Untergang nach Anleitung

1 Gensing, Patrick und Thomas Leif: »Provokation statt Problemlösung«, *tagesschau.de*, 23.01.2017, https://www.tagesschau.de/inland/afd-strategiepapier-101.html
2 »Alle Parteien gewinnen – nur nicht die Union«, *Spiegel Online*, 29.12.2017, https://www.spiegel.de/politik/deutschland/unionsparteien-verlieren-als-einzige-mitglieder-a-1185418.html
3 »AfD – Manifest 2017«. Die Strategie der AfD für das Wahljahr 2017, Alternative für Deutschland – Strategie 2017. Bundesvorstand GP/Re 2016-12-22.
4 https://www.faz.net/aktuell/politik/wahl-in-thueringen/afd-vorsitzender-gauland-sieht-hoecke-in-der-mitte-der-partei-16455512.html
5 Hohmann, Martin: »Hohmann: Ein missbrauchter politischer Mord«, afdbundestag.de, 25.6.2019, https://www.afdbundestag.de/hohmann-ein-missbrauchter-politischer-mord/
6 Siemens, Ansgar: »AfD-Rechtsaußen muss Noah Becker Schmerzensgeld zahlen«, *Spiegel Online*, 15.1.2019, https://www.spiegel.de/panorama/justiz/noah-becker-gericht-verurteilt-jens-maier-zur-schmerzensgeld-a-1248132.html
7 Zimmermann, Frank: »AfD-Politiker und Rechtsanwalt Dubravko Mandic verurteilt«, *Badische Zeitung*, 27.4.2018, https://www.badische-zeitung.de/freiburg/afd-politiker-und-rechtsanwalt-dubravko-mandic-verurteilt--152040069.html
8 https://twitter.com/Mohrenpost/status/1177141889218334720
9 Schaible, Jonas: »Herrin über die eigenen Bilder«, *t-online*, 13.3.2019, https://www.t-online.de/nachrichten/deutschland/parteien/id_85398468/herrin-ueber-die-bilder-kramp-karrenbauer-plant-neuen-cdu-newsroom.html
10 Preppner, Kathi: »Newsrooms: notwendig oder nicht?«, *politik & kommunikation*, 24.9.2019, https://www.politik-kommunikation.de/ressorts/artikel/newsrooms-notwendig-oder-nicht-1227969550
11 Fiedler, Maria: »Gauland will Integrationsbeauftragte Özoguz ‚in Anatolien entsorgen'«, *Tagesspiegel*, 28.8.2017, https://www.tagesspiegel.de/politik/afd-spitzenkandidat-gauland-will-integrationsbeauftragte-oezoguz-in-anatolien-entsorgen/20244934.html
12 Lipp, Sebastian: »Interne Strategiepapiere der Identitären Bewegung geleakt«, *Zeit Online* Störungsmelder, 28.7.2019, https://blog.zeit.de/stoerungsmelder/2017/02/28/identitaere-bewegung-leak-straff-organisiert23168_23168
13 »Zusammenfassung der aktuellen Beschlusslage zu PEGIDA, -GIDA, IB und FPA (Stand 15.5.2017)«, *AfD Kompakt*, 15.5.2017, https://afdkompakt.de/2017/05/15/zusammenfassung-der-beschlusslage/
14 Jakobi, Lydia: »Haus der ‚Identitären' in Halle bleibt bestehen«, *MDR Aktuell*, 13.7.2019, https://www.mdr.de/nachrichten/politik/regional/identitaere-bewegung-rechtsextrem-halle-hausprojekt-100.html
15 Staib, Julian: »Nur mal so reingeschnuppert«, *FAZ*, 16.7.2019, https://www.faz.net/aktuell/politik/inland/was-identitaere-bewegung-und-afd-in-hessen-verbindet-16286275.html?premium
16 Majic, Danijel: »AfD-Landtagsreferent war Regionalleiter der Identitären«, *Hessenschau*, 14.7.2019, https://www.hessenschau.de/politik/rechtsextremismus-afd-landtagsreferent-war-regionalleiter-der-identitaeren-,afd-landtagsreferent-mit-identitaerer-vergangenheit-100.html
17 Ebd.
18 Johannes Hillje auf Twitter: https://twitter.com/JHillje/status/1177633458388123650
19 Mangare, Melitta: »Maximilian Krah stellt französischen antisemitischen IB-Mitbegründer ein«, *Belltower News*, 31.7.2019, https://www.belltower.news/europaparlament-offenbar-stellt-maximillian-krah-franzoesischen-antisemitischen-ib-mitbegruender-ein-88761/

Anmerkungen

20 D-Generation, http://d-gen.de
21 Gensing, Patrick und Karolin Schwarz: »Fake-Account schürt gezielt Hass«, *tagesschau.de*, 31.7.2019, https://www.tagesschau.de/faktenfinder/frankfurt-fake-accounts-101.html
22 Huesmann, Felix: »AfD-Politiker verbreiten nach den Wahlen Troll-Tweets, um gegen Linke zu hetzen«, *Watson*, 2.9.2019, https://www.watson.de/deutschland/landtagswahl/303444312-afd-politiker-hetzen-nach-landtagswahl-mit-vermeintlichem-linken-tweet
23 Planet News Network, https://planet-news.net/
24 Kizer Media, http://kizermedia.de/
25 Hankes, Keegan: »Eye of the Stormer«, Southern Poverty Law Center, 9.2.2017, https://www.splcenter.org/fighting-hate/intelligence-report/2017/eye-stormer
26 Feinberg, Ashley: »This Is The Daily Stormer's Playbook«, *Huffington Post*, 13.12.2017, https://www.huffpost.com/entry/daily-stormer-nazi-style-guide_n_5a2ece19e4b0ce3b344492f2
27 Tesler, Michael: »Republicans don't think Trump's tweets are racist. That fits a long American history of denying racism.«, *The Washington Post*, 30.7.2019, https://www.washingtonpost.com/politics/2019/07/30/republicans-reactions-trumps-tweets-are-part-long-american-history-denying-racism/
28 Mettler, Katie und Avi Selk: »GoDaddy – then Google – ban neo-Nazi site Daily Stormer for disparaging Charlottesville victim«, *The Washington Post*, 14.8.2019, https://www.washingtonpost.com/news/morning-mix/wp/2017/08/14/godaddy-bans-neo-nazi-site-daily-stormer-for-disparaging-woman-killed-at-charlottesville-rally/
29 Schlagnitweit, Lilly: »Kritische Kompetenzüberschreitung«, *TAZ*, 12.7.2019, https://taz.de/Empoerung-ueber-ICE-Durchsage/!5606686/
30 Kraetzer, Ulrich und Martin Nejezchleba: »Wie Herr Lindemann zum ›Helden des Antifaschismus‹ wurde«, *Berliner Morgenpost*, 11.8.2019, https://www.morgenpost.de/berlin/article226739617/Gunnar-Lindemann-Wie-ein-AfD-Abgeordneter-zum-Helden-des-Antifaschismus-wurde.html
31 »Es ging um den Zweiten Weltkrieg – Hamburgerin löst nach ICE-Durchsage Shitstorm aus«, *Hamburger Morgenpost*, 11.7.2019, https://www.mopo.de/news/panorama/es-ging-um-den-zweiten-weltkrieg-hamburgerin-loest-nach-ice-durchsage-shitstorm-aus--32842896
32 »Nach fragwürdiger Bahn-Durchsage: Frau erntet rechten Shitstorm«, *Tag24.de*, 12.7.2019, https://www.tag24.de/nachrichten/frankfurt-hamburg-deutsche-bahn-verspaetung-durchsage-julietta-f-shitstorm-facebook-1132820
33 Collins, Ben: »The first picture of a black hole made Katie Bouman an overnight celebrity. Then internet trolls descended.«, *NBC News*,12.4.2019, https://www.nbcnews.com/tech/tech-news/first-picture-black-hole-made-katie-bouman-overnight-celebrity-then-n994081?fbclid=IwAR110tOcU5qeB1uN3olDWl-XGerM-GNL9KBx3Wqgdf-EeJyeVtpSFi3ylpo
34 Kaufmann, Marion: »Brandenburgs AfD-Chef Kalbitz wirft Schüler ›Verblendung‹ vor«, *Der Tagesspiegel*, 19.8.2019, https://www.tagesspiegel.de/berlin/polizei-justiz/bei-schuelerdebatte-in-potsdam-brandenburgs-afd-chef-kalbitz-wirft-schueler-verblendung-vor/24919722.html
35 Tweet von Frank Hansel, 17.3.2019, https://twitter.com/FrankHansel/status/1107234371612872707
36 Tweet von Arron Banks, 14.8.2019, https://twitter.com/Arron_banks/status/1161747086616010752
37 Löwenstein, Stephan und Jochen Stahnke: »Wer als Letzter lacht«, *FAZ*, 12.7.2017, https://www.faz.net/aktuell/politik/kritik-an-kampagne-gegen-soros-wegen-antisemitismus-15100204.html

Anmerkungen

38 Tweet von Aaron Rupar, 31.10.2018, https://twitter.com/atrupar/status/1057742231937912833
39 https://www.facebook.com/aliceweidel/photos/a.1063313067013261/1504305872913976/?type=3&theater
40 Kramer, Henri: »Potsdamer AfD-Fraktionschef lässt antisemitische Karikatur löschen«, *Potsdamer Neueste Nachrichten*, 20.9.2019, https://www.pnn.de/potsdam/oberbuergermeisterwahl-in-potsdam-potsdamer-afd-fraktionschef-laesst-antisemitische-karikatur-loeschen/23094798.html; als Screenshot bei RIAS: https://twitter.com/Report_Antisem/status/1042676451974291456
41 Zum Beispiel: https://twitter.com/StBrandner/status/956604893728518147
42 Litschko, Konrad: »Drohungen im Netz, Kleber an der Tür«, *TAZ*, 25.4.2016, https://taz.de/Einschuechterung-durch-Rechte/!5295141/
43 Flade, Florian: »Namenslisten, Pistole und Granaten – und doch kein Terrorist?«, *Die Welt*, 9.7.2018, https://www.welt.de/politik/deutschland/article178893150/Der-Fall-Franco-A-Namenslisten-Pistole-und-Granaten-und-doch-kein-Terrorist.html
44 »NPD-Jugend verantwortlich für Cyber-Angriff auf Punk-Shop?«, *shz.de*, 27.1.2015, https://www.shz.de/regionales/schleswig-holstein/panorama/npd-jugend-verantwortlich-fuer-cyber-angriff-auf-punk-shop-id8802286.html
45 Ebbers, Timo: »Rechtsradikale bedrohen Mutter aus Oldenburg«, *Nordwest-Zeitung*, 24.1.2015, https://www.nwzonline.de/blaulicht/rechtsradikale-bedrohen-mutter-aus-oldenburg_a_23,0,543389877.html
46 Köpke, Jörg: »,Todeslisten', Leichensäcke, Ätzkalk: Nazi-Gruppe bereitete weitere Angriffe vor«, *Redaktionsnetzwerk Deutschland/Wolfsburger Allgemeine*, 28.6.2019, https://www.waz-online.de/Nachrichten/Politik/Deutschland-Welt/Verfassungsschutz-warnte-Bundestag-Namenslisten-Leichensaecke-Aetzkalk-Nazi-Gruppe-bereitete-weitere-Angriffe-auf-Fluechtlingsfreunde-vor
47 Kummer, Silja: »AfD-Abgeordneter Heiner Merz verbreitete geklaute Adressen«, *Heidenheimer Zeitung*, 14.3.2018, https://www.hz.de/meinort/heidenheim/merz-verbreitete-geklaute-adressen-31284866.html
48 Speit, Andreas: »Sorglose Behörde«, *TAZ*, 8.8.2019, https://taz.de/Feindesliste-der-rechten-Szene/!5614177/
49 Fengler, Denis: »,Feindesliste' entpuppt sich als Kundendatei«, *Welt*, 23.8.2019, https://www.welt.de/regionales/hamburg/article199065399/Rechtsextreme-Hacker-Feindesliste-entpuppt-sich-als-Kundendatei.html
50 Maier, Sascha: »LKA richtet Hotline ein – für Politiker und Promis«, *Stuttgarter Nachrichten*, 3.8.2019, https://www.stuttgarter-nachrichten.de/inhalt.rechtsextremismus-in-baden-wuerttemberg-lka-richtet-hotline-ein-fuer-politiker-und-promis.642fec08-84c8-481d-8a4a-b66b8496e85f.html
51 »Feindesliste: Polizei räumt Fehler ein«, *Welt kompakt*, 7.2.2012.
52 Heil, Georg, Karolin Schwarz und Lisa Wandt: »So fanden die Ermittler ›0rbit‹«, *tagesschau.de*, 11.1.2019, https://www.tagesschau.de/inland/hacker-datendiebstahl-101.html; Knobbe, Martin, Marcel Rosenbach und Sven Röbel: »Staatsanwälte ermittelten schon dreimal gegen Tatverdächtigen«, *Spiegel Online*, 11.1.2019, https://www.spiegel.de/netzwelt/web/daten-leak-staatsanwaelte-ermittelten-schon-dreimal-gegen-tatverdaechtigen-a-1247544.html
53 Laufer, Daniel: »,Minecraft' und rechte Youtuber: So tickt die Szene hinter dem Datenleak«, *Badische Zeitung*, 11.1.2019, https://www.badische-zeitung.de/nachrichten/deutschland/minecraft-und-rechte-youtuber-so-tickt-die-szene-hinter-dem-datenleak
54 Pomerantsev, Peter: This is not Propaganda: Adventures in the War Against Reality, London: PublicAffairs, 2019.

Anmerkungen

55 »Toxic Twitter – A Tocix Place for Women«, *Amnesty International*, 2018, https://www.amnesty.org/en/latest/research/2018/03/online-violence-against-women-chapter-1/
56 »#Hass im Netz – Wahrnehmung, Betroffenheit und Folgen von Hate Speech im Internet aus Sicht der Thüringer Bevölkerung«, *Institut für Demokratie und Zivilgesellschaft*, 19.11.2019, https://www.idz-jena.de/fileadmin/user_upload/IDZ_Sonderheft_Hate_Speech_WEB.pdf
57 »Amnesty reveals alarming impact of online abuse against women«, *Amnesty International*, 20.11.2017, https://www.amnesty.org/en/latest/news/2017/11/amnesty-reveals-alarming-impact-of-online-abuse-against-women/
58 Tweet von Decathlon, 26.2.2019, https://twitter.com/DecathlonDE/status/1100501146437853185
59 Hern, Alex: »Gamergate hits new low with attempts to send Swat teams to critics«, *The Guardian*, 13.1.2015, https://www.theguardian.com/technology/2015/jan/13/gamergate-hits-new-low-with-attempts-to-send-swat-teams-to-critics; Speed, Barbara: »,Swatting' is UK trolls' newest intimidation and harassment tool, and police need to take it seriously«, *New Statesman*, 22.8.2015, https://www.newstatesman.com/sci-tech/2015/08/swatting-uk-trolls-newest-intimidation-and-harassment-tool-and-police-need-take-it
60 »,Drachenlord': Polizei zieht Bilanz der Hass-Demo«, *nordbayern*, 21.8.2018, https://www.nordbayern.de/region/neustadt-aisch/drachenlord-polizei-zieht-bilanz-der-hass-demo-1.7974640
61 Brodnig, Ingrid: Hass im Netz, Wien: Brandstätter, 2016.
62 »Kein Maulwurf: AfD-Politiker Naulin hat Merkel die Frage gestellt«, *dpa*-Faktencheck, 19.8.2019, https://www.presseportal.de/pm/133833/4352196
63 Niggemeier, Stefan: »Kein Kampf: Roland Tichy macht sich zum Opfer«, *Übermedien*, 8.2.2019.
64 Stubert, Joel: »,Bunt statt blau' – AfD schießt Eigentor mit harscher Kritik an Schulprojekt«, *Mitteldeutsche Zeitung*, 21.5.2019, https://www.mz-web.de/sangerhausen/-bunt-statt-blau--afd-schiesst-eigentor-mit-harscher-kritik-an-schulprojekt-32577054
65 http://web.archive.org/web/20190803225345/; https://wende2019.de/
66 Tweet des Nutzers »Kreuz Acht«, 27.9.2016, https://twitter.com/KreuzAcht/status/780845494113304580
67 »AfD-Kreisverband vergleicht sich mit Juden im Dritten Reich«, *Süddeutsche Zeitung*, 15.3.2016, https://www.sueddeutsche.de/politik/rechte-partei-afd-kreisverband-vergleicht-sich-mit-juden-im-dritten-reich-1.2907910
68 Tweet der AfD Berlin, 8.5.2018, https://twitter.com/AfDBerlin/status/993883170738262022
69 Facebook-Post von Jörg Meuthen, 29.9.2018, https://www.facebook.com/Prof.Dr.Joerg.Meuthen/posts/1144150219067015/
70 Tweet von Erika Steinbach, 15.12.2018, https://twitter.com/SteinbachErika/status/1073862299528650753
71 Vieth-Entus, Susanne: »Kind von AfD-Politiker abgelehnt – Berliner Waldorfschule in der Kritik«, *Der Tagesspiegel*, 18.12.2018, https://www.tagesspiegel.de/berlin/schulen-in-berlin-kind-von-afd-politiker-abgelehnt-berliner-waldorfschule-in-der-kritik/23771486.html
72 https://politaufkleber.de/produkt/wieder-soweit-dieselfahrer-davidstern/
73 Würzer, Julian: »Auf AfD-Parteitag Holocaust verharmlost: Politiker verurteilt«, *Augsburger Allgemeine*, 23.8.2019, https://www.augsburger-allgemeine.de/augsburg/Auf-AfD-Parteitag-Holocaust-verharmlost-Politiker-verurteilt-id55243466.html
74 Schulz, Martin: »Heimat, Flucht und Identität in Zeiten der Globalisierung«, Vortrag von Martin Schulz im Rahmen der Heidelberger Hochschulreden, 9.6.2016, http://www.hfjs.eu/md/hfjs/aktuell/2016-06-09_heidelberger_hochschulrede_redetext.pdf

Anmerkungen

75 Gathmann, Florian: »Das ist Pack«, *Spiegel Online*, 24.8.2015, https://www.spiegel.de/politik/deutschland/heidenau-sigmar-gabriel-besucht-fluechtlingsunterkunft-a-1049582.html

76 Biermann, Kai und Frida Thurm: »Angestachelt zur Gewalt«, *Die Zeit*, 18.6.2019, https://www.zeit.de/gesellschaft/zeitgeschehen/2019-06/walter-luebcke-hass-hetze-bedrohungen-drohbriefe-rechtsextremismus/komplettansicht

77 Wienand, Lars: »Echtheit bestätigt: Das Video aus Chemnitz im Faktencheck«, *t-online*, 8.9.2018, https://www.t-online.de/nachrichten/deutschland/gesellschaft/id_84411108/maassen-bezweifelt-hetzjagd-in-chemnitz-t-online-prueft-echtheit-des-videos.html

78 Ginzel, Arndt, Jörg Göbel und Christiane Hübscher: »Vermummt und mit Steinen bewaffnet«, *Frontal 21*, 11.9.2018, https://www.zdf.de/politik/frontal-21/pressemitteilung-interner-polizeibericht-chemnitz-100.html

79 Kampf, Lena, Sebastian Pittelkow und Katja Riedel: »Chatprotokolle zeigen Verabredung zu Hetzjagden in Chemnitz«, *Süddeutsche Zeitung*, 26.8.2019, https://www.sueddeutsche.de/politik/chemnitz-rechtsextremismus-hetzjagden-maassen-1.4577009

80 Tweet von Hans-Georg Maaßen, 9.7.2019, https://twitter.com/HGMaassen/status/1148654208398319622

81 Niggemeier, Stefan: »Mit dem ›Westfernsehen‹ sieht man schlechter«, *Übermedien*, 10.7.2019, https://uebermedien.de/39948/mit-dem-westfernsehen-sieht-man-schlechter/

82 Khamis, Sammy: »Fremd im eigenen Land«, *Deutschlandfunk Kultur*, 30.6.2019, https://www.deutschlandfunkkultur.de/popmusik-spezial-5-5-fremd-im-eigenen-land.3691.de.html?dram:article_id=448122

83 Reinhard, Oliver: »Fakten gegen Gerüchte«, *Sächsische Zeitung*, 3.7.2016, https://www.saechsische.de/fakten-gegen-geruechte-3434300.html

84 https://www.sueddeutsche.de/medien/muelheim-vergewaltigung-nationalitaet-presse-1.4519283

85 Scharf, Christoph: »Fake-News um Messerangriff«, *Sächsische Zeitung*, 27.8.2019, https://www.saechsische.de/fake-news-um-messerangriff-sorgt-fuer-aufregung-5111304.html

86 Tweet von @Hartes_Geld, 19.11.2019, https://twitter.com/Hartes_Geld/status/1196914386025271296

87 Wienand, Lars: »Wieso die Hände des Angreifers in einer Tüte steckten«, *t-online*, 21.11.2019, https://www.t-online.de/nachrichten/panorama/kriminalitaet/id_86848322/fritz-von-weizsaecker-wieso-die-haende-des-angreifers-in-einer-tuete-steckten.html

88 https://vk.com/wall-102596442_723; https://t.me/lutzbachmann/371

89 Becker, Kristin: »Fake? Egal! ›Es geht um die Message‹«, *tagesschau.de*, ARD-Faktenfinder, 20.7.2017, https://web.archive.org/web/20180308041327/https://faktenfinder.tagesschau.de/inland/falsches-antifa-foto-101.html

90 Rosenbach, Marcel: »Erfundenes Zitat auf Facebook – Künast stellt Strafanzeige«, *Spiegel Online*, 1.12.2016, https://www.spiegel.de/netzwelt/netzpolitik/renate-kuenast-strafanzeige-nach-erfundenem-freiburg-zitat-auf-facebook-a-1125240.html

91 Post von Renate Künast auf Facebook, 5.12.2016, https://www.facebook.com/renate.kuenast/photos/a.452421454050/10154360061254051/?type=3&theater

92 Bender, Melanie: »Roth mahnt Steinbach ab«, *tagesschau.de*, 27.6.2017, https://www.tagesschau.de/faktenfinder/inland/falsche-zitate-social-media-101.html

93 Wonnemann, Inga: »Von Christen und Muslimen«, 12.9.2017, *Correctiv*, https://correctiv.org/faktencheck/2017/09/12/von-christen-und-muslimen

94 Tweets der Polizei im Landkreis Harburg, 12.7.2019, https://twitter.com/Polizei_WL/status/1149629760810577920

Anmerkungen

95 Echtermann, Alice: »Nein, dieses Foto zeigt keinen Flüchtling von der ›Sea-Watch 3‹«, *Correctiv*, 16.7.2019, https://correctiv.org/faktencheck/migration/2019/07/16/nein-dieses-foto-zeigt-keinen-fluechtling-von-der-sea-watch-3
96 Schwarz, Karolin und Patrick Gensing: »Russische Trolle für und gegen Merkel«, *ARD-Faktenfinder*, 9.8.2018, http://web.archive.org/web/20190803002743/https://www.tagesschau.de/faktenfinder/inland/trolle-btw17-ira-twitter-101.html
97 Fuchs, Daniel: »Vier Jahre nach der Flüchtlingskrise: Wie das Merkel-Selfie ein Leben total veränderte«, *Watson.ch*, 31.8.2019, https://www.watson.ch/international/deutschland/426021462-fluechtlinge-wie-das-merkel-selfie-ein-leben-total-veraenderte
98 »Rechtsmediziner: ›Wir lassen uns durch nichts beeinflussen‹«, *MDR*, 13.9.2018, https://www.mdr.de/sachsen-anhalt/halle/halle/interview-koethen-obduktion-rechtsmedizin-100.html
99 Tweet von Udo Hemmelgarn, 11.9.2018, https://twitter.com/UdoHemmelgarn/status/1039603247185575936
100 Hoyer, Doreen: »Brennende Autos in Köthen. Polizei bestätigt: Technischer Defekt löste das Feuer aus«, *Mitteldeutsche Zeitung*, 13.9.2018, https://www.mz-web.de/koethen/brennende-autos-in-koethen-polizei-bestaetigt--technischer-defekt-loeste-das-feuer-aus-31261128
101 Schwarz, Karolin: »Die Hilfssheriffs von Hamburg«, *Correctiv*, 10.7.2017, https://correctiv.org/faktencheck/2017/07/10/die-hilfssheriffs-von-hamburg/
102 Ayyadi, Kira: »Angriffe auf Roma in Frankreich und Italien«, *Belltower News*, 5.4.2019, https://www.belltower.news/antiziganistische-gewalt-in-europa-angriffe-auf-roma-in-frankreich-und-italien-83623/
103 »Vermummte skandieren ›Ausländer raus‹ vor Herberge«, *rbb24*, 11.4.2019, https://www.rbb24.de/studiocottbus/panorama/2019/04/polizeieinsatz-landfriedensbruch-vergewaltigung-bagenz.html
104 »Kasseler Regierungspräsident legt Deutschen nahe, das Land zu verlassen«, *PI-News*, 15.10.2015, http://www.pi-news.net/2015/10/p486739/
105 *Deutschland-Kurier*, https://www.deutschland-kurier.org/redaktion/
106 »Die ›Antifa‹ sieht sich im finalen Endkampf gegen die AfD«, *Deutschland-Kurier*, 20.3.2019, https://www.deutschland-kurier.org/interview-mit-antifa-experte-christian-jung-die-antifa-sieht-sich-im-finalen-endkampf-gegen-die-afd/
107 Fuchs, Christian und Paul Middelhoff: Das Netzwerk der Neuen Rechten, Reinbek bei Hamburg: Rowohlt, 2019.
108 »Michael Stürzenberger und Umfeld«, Bayerischer Verfassungsschutz, https://www.verfassungsschutz.bayern.de/weitere_aufgaben/islamfeindlichkeit/situation/index.html
109 »Explosive Video: Milo Yiannopoulos And White Supremacists At Karaoke«, *Buzzfeed News* auf YouTube, 5.10.2017, https://www.youtube.com/watch?v=XLNLPIRS62g
110 Tweet von Roman Möseneder, 11.5.2019, https://twitter.com/dieserRoman/status/1127256136053415941
111 Bernstein, Joseph: »Here's How Breitbart And Milo Smuggled White Nationalism Into The Mainstream«, *Buzzfeed News*, 5.10.2019, https://www.buzzfeednews.com/article/josephbernstein/heres-how-breitbart-and-milo-smuggled-white-nationalism
112 Godefridi, Drieu: »Europe: The Great White Death?«, *Gatestone Institute*, 24.9.2017, https://www.gatestoneinstitute.org/11044/europe-white-death
113 Przybyla, Heidi: »John Bolton presided over anti-Muslim think tank«, *NBC*, 23.4.2018, https://www.nbcnews.com/politics/white-house/john-bolton-chaired-anti-muslim-think-tank-n868171?cid=sm_npd_nn_fb_ma
114 *News Front*, https://de.news-front.info/uber-uns/

Anmerkungen

115 »Deutscher Chemnitzer Protest gegen Migranten«, *News Front*, 26.8.2019, https://de.newsfront.info/2019/08/26/deutscher-chemnitzer-protest-gegen-migranten/ Auf Russisch: https://news-front.info/2019/08/26/v-nemetskom-hemnitse-proshel-protest-protiv-migrantov/
116 Ginzel, Arndt und Marcus Weller: »Das Propaganda-Medium ›NewsFront‹«, *ARD* »FAKT«, 19.7.2017, https://www.youtube.com/watch?v=sZj51j6oQqc
117 YouTube-Kanal von Oliver Janich, https://www.youtube.com/user/OliverJanich/videos
118 Zadrozny, Brandy und Ben Collins: »Trump, QAnon and an impending judgment day: Behind the Facebook-fueled rise of The Epoch Times«, *NBC*, 20.8.2019, https://www.nbcnews.com/tech/tech-news/trump-qanon-impending-judgment-day-behind-facebook-fueled-rise-epoch-n1044121#anchor-Behindthetimes

IV. Technik

1   Nachricht im Telegram-Kanal vom 12.7.2017
2   Boeschoten, Thomas und Coen van de Ven: »Je gaat me toch niet als genuanceerd wegzetten hè?«, 28.8.2019, *De Groene Amsterdammer*, https://www.groene.nl/artikel/je-gaat-me-toch-niet-als-genuanceerd-wegzetten-he?fbclid=IwAR0u4iXvOdPTfPQqanSQF0sXC9jPsbSKXWJ7gTzB4A06koSj81zQcsmhw0I
3   Peterandl, Sonja: »Das Doppelleben der Macho-Trolle von ›Ligue du LOL‹«, *Spiegel Online*, 13.2.2019, https://www.spiegel.de/netzwelt/web/ligue-du-lol-das-doppelleben-der-macho-trolle-a-1252909.html
4   »Antisemitismus im ›freiheitlichen Forum‹ gegen Oskar Deutsch, Präsident der IKG«, *FPÖ Fails*, 23.8.2019, https://fpoefails.org/2019/08/23/antisemitismus-im-freiheitlichen-forum-gegen-oskar-deutsch-praesident-der-ikg/
5   Zum Beispiel: Sample, Ian: »Study blames YouTube for rise in number of Flat Earthers«, *The Guardian*, 17.2.2019, https://www.theguardian.com/science/2019/feb/17/study-blames-youtube-for-rise-in-number-of-flat-earthers; BBC Trending auf Twitter, 19.7.2019, https://twitter.com/BBCtrending/status/1152215098188021762
6   Fisher, Max und Amanda Taub: »How YouTube Radicalized Brazil«, *The New York Times*, 11.8.2019, https://www.nytimes.com/2019/08/11/world/americas/youtube-brazil.html
7   Rauchfleisch, Adrian und Jonas Kaiser: »YouTubes Algorithmen sorgen dafür, dass AfD-Fans unter sich bleiben«, *Vice*, 22.9.2017, https://www.vice.com/de/article/59d98n/youtubes-algorithmen-sorgen-dafur-dass-afd-fans-unter-sich-bleiben
8   Schwarz, Karolin: »Die YouTube Trends boten Verschwörungstheorien über Münster tagelang eine Plattform«, *Vice*, 13.4.2018, https://www.vice.com/de/article/paxx9z/die-youtube-trends-boten-verschworungstheorien-uber-munster-tagelang-eine-plattform
9   Newman, Nic, Reuters Institute Digital News Report 2019, 2019, https://reutersinstitute.politics.ox.ac.uk/sites/default/files/inline-files/DNR_2019_FINAL_27_08_2019.pdf
10 Fisher, Max und Katrin Bennhold: »As Germans Seek News, YouTube Delivers Far-Right Tirades«, *The New York Times*, 7.9.2018, https://www.nytimes.com/2018/09/07/world/europe/youtube-far-right-extremism.html
11 »YouTube used to be a haven for misinformation. That might now be changing«, *Washington Post*, 4.3.2019, https://www.washingtonpost.com/opinions/youtube-used-to-be-a-haven-for-misinformation-that-might-now-be-changing/2019/03/03/58f040d6-3ad4-11e9-aaae-69364b2ed137_story.html
12 Murdoch, Simon: »The Far Right Targets the UN Migration Pact«, *Hope Not Hate*, 7.12.2018, https://www.hopenothate.org.uk/2018/12/07/far-right-target-un-migration-pact/

Anmerkungen

13 Tweet von Saskia Esken, 15.5.2019, https://twitter.com/EskenSaskia/status/1128676609412804608
14 Uberti, David: »Milo Yiannopoulos Says He's Broke«, *Vice*, 9.9.2019, https://www.vice.com/en_us/article/59n99q/milo-yiannopoulos-says-hes-broke
15 Koebler, Jason: »Deplatforming Works«, *Vice*, 10.8.2018, https://www.vice.com/en_us/article/bjbp9d/do-social-media-bans-work; Nicas, Jack: »Alex Jones Said Bans Would Strengthen Him. He Was Wrong«, *The New York Times*, 4.9.2018, https://www.nytimes.com/2018/09/04/technology/alex-jones-infowars-bans-traffic.html; Selk, Avi: »How deplatforming became a rallying cry for right-wing media stars«, *Washington Post*, 11.7.2019, https://www.washingtonpost.com/lifestyle/style/how-deplatforming-became-a-rallying-cry-for-right-wing-media-stars/2019/07/10/f2f37a72-a348-11e9-bd56-eac6bb02d01d_story.html?noredirect=on
16 Chandrasekharan, Eshwar, Umashanthi Pavalanathan, Anirudh Srinivasan, Adam Glynn, Jacob Eisenstein und Eric Gilbert: »You Can't Stay Here: The Efficacy of Reddit's 2015 Ban Examined Through Hate Speech«, *Proceedings of the ACM on Human-Computer Interaction*, Vol. 1, No. 2, Article 31, November 2017, https://dl.acm.org/citation.cfm?doid=3171581.3134666
17 Yglesias, Matthew: »Video games don't cause violent crime«, *Vox*, 5.8.2019, https://www.vox.com/2019/8/5/20754769/trump-video-games-mass-shooting-el-paso-toledo
18 »Gewaltforschung anhand von Bildschirmspielen«, *Klicksafe*, https://www.klicksafe.de/themen/digitale-spiele/digitale-spiele/gewalt/gewaltforschung-anhand-von-bildschirmspielen/
19 Feinberg, Ayal, Regina Branton und Valerie Martinez-Ebers: »The Trump Effect: How 2016 Campaign Rallies Explain Spikes in Hate«, 2019, http://lmas.unt.edu/sites/lmas.unt.edu/files/lmas/Hate%20Incidents%20Spike_0.pdf; zur weiteren Einordnung: https://www.politifact.com/truth-o-meter/statements/2019/aug/12/bernie-sanders/did-counties-hosting-trump-rally-2016-see-226-spik/
20 Davey, Jacob und Julia Ebner: »The Fringe Insurgency«, London: Institute for Strategic Dialogue, Oktober 2017, http://www.isdglobal.org/wp-content/uploads/2017/10/The-Fringe-Insurgency-221017_2.pdf
21 Picciolini, Christian: »I am Christian Picciolini, a former white supremacist leader turned peace advocate, hate breaker, and author. Is America succumbing to hate again? Here, unfiltered, to answer your questions. AMA!«, *Reddit*, 28.6.2018, https://www.reddit.com/r/IAmA/comments/8umemf/i_am_christian_picciolini_a_former_white/
22 Twitter-Thread von Nutzerin LuLuLemew, 18.8.2019, https://twitter.com/LuluLemew/status/1163174956659855362
23 Green, Joshua: Devil's Bargain, New York: Penquin Press, 2017.
24 »Chief Censor bans two terrorist publications, including video game based on Christchurch terrorist attack«, *1 News*, 31.10.2019, https://www.tvnz.co.nz/one-news/new-zealand/chief-censor-bans-two-terrorist-publications-including-video-game-based-christchurch-attacks
25 Wofford, Taylor: »Is Gamergate About Media Ethics or Harassing Women? Harassment, the Data Shows«, *Newsweek*, 25.10.2014, https://www.newsweek.com/gamergate-about-media-ethics-or-harassing-women-harassment-data-show-279736
26 Warzel, Charlie: »How an Online Mob Created a Playbook for a Culture War«, *The New York Times*, 15.8.2019, https://www.nytimes.com/interactive/2019/08/15/opinion/what-is-gamergate.html
27 Ebd.
28 Green, Joshua: Devil's Bargain, New York: Penquin Press, 2017.

Anmerkungen

29 Tweet von Patrick Kammerer, 3.12.2018, https://twitter.com/patrickkammerer/status/1069545444253073410
30 Warzel, Charlie: »How an Online Mob Created a Playbook for a Culture War«, *The New York Times*, 15.8.2019, https://www.nytimes.com/interactive/2019/08/15/opinion/what-is-gamergate.html
31 Cohrs, Peter: »Sparkasse darf Identitären Bankkonto nicht kündigen«, *WDR*, 7.8.2019, https://www1.wdr.de/nachrichten/westfalen-lippe/sparkasse-kuendigt-konto-identitaere-bewegung-100.html
32 Abad-Santos, Alexander: »George Zimmerman Spent His Trayvon Kickstarter, So His Lawyers Want You to Pay Them«, *The Atlantic*, 28.5.2013, https://www.theatlantic.com/national/archive/2013/05/george-zimmerman-defense-fund/314785/
33 Robb, Amanda: »Zimmerman Family Values«, *GQ*, 29.9.2014, https://www.gq.com/story/george-zimmerman-family-values
34 Owen, Tess: It Looks Like George Zimmerman Sold the Gun That Killed Trayvon Martin for $138,900«, *Vice News*, 18.5.2016, https://news.vice.com/en_us/article/neyy5q/george-zimmerman-auction-sold-gun-that-killed-trayvon-martin
35 Coscarelli, Joe: »George Zimmerman Can't Even Paint Without Getting in Trouble«, *New York Magazine*, 24.1.2014, http://nymag.com/intelligencer/2014/01/george-zimmerman-painting-ap-ceast-desist.html?mid=google&gtm=top
36 Auktionsbeschreibung von George Zimmerman, United Gun Group Auction, 12.5.2016, Archivversion: http://web.archive.org/web/20160513041330/https://unitedgungroup.com/auction/detail/auction/9/slug/george-zimmerman-s-gun-used-2-26-12
37 Gilbert, David: »Crowdfunding site Patreon is purging far-right figures«, *Vice News*, 7.12.2019, https://news.vice.com/en_us/article/qvqeev/crowdfunding-site-patreon-is-purging-far-right-figures
38 https://www.subscribestar.com/martin-sellner
39 YouTube-Video von Martin Sellner, 14.2.2017, https://www.youtube.com/watch?v=88Ryh9Z1a4c
40 YouTube-Video von Martin Sellner, 29.1.2017, youtube.com/watch?v=Q5hfyN9IJhw
41 Broderick, Ryan: »Far-Right Activists Are Stealing Tricks From YouTubers And It's Going To Get People Hurt«, *Buzzfeed News*, 22.6.2017, https://www.buzzfeednews.com/article/ryanhatesthis/the-far-right-influencer-playbook
42 Welsh, Teresa: »American white nationalists fund European ship to catch Muslims in the Mediterranean«, *Pittsburgh Post-Gazette*, 30.7.2017, https://www.post-gazette.com/news/world/2017/07/30/American-white-nationalists-fund-European-ship-to-catch-Muslims-in-the-Mediterranean/stories/201707300147
43 Eberhard, Fabian: »Das Schiff der Schande«, *Blick*, 12.9.2018, https://www.blick.ch/news/rechtsextreme-auf-dem-mittelmeer-schweizer-koordiniert-aktion-gegen-bootsfluechtlinge-id7034669.html
44 Gnos, Lea und Cinzia Venafro: »Er flog wegen Nazi-Vergangenheit aus der Armee«, *Blick*, 4.10.2018, https://www.blick.ch/news/politik/schweizer-koordiniert-aktion-gegen-bootsfluechtlinge-er-flog-wegen-nazi-vergangenheit-aus-der-armee-id7036887.html
45 YouTube-Video von »Defend Europe«, 19.8.2017, https://www.youtube.com/watch?v=iswqv0CLXds
46 Rohwedder, Wulf: »Lebensretter oder Schlepperkomplizen?«, *tagesschau.de*, 11.7.2019, https://www.tagesschau.de/faktenfinder/hintergrund/ngo-fluechtlinge-mittelmeer-109.html
47 Warzel, Charlie: »We Sent Alex Jones' Infowars Supplements To A Lab. Here's What's In Them.«, 9.7.2017, *Buzzfeed News*, https://www.buzzfeednews.com/article/charliewarzel/we-sent-alex-jones-infowars-supplements-to-a-lab-heres

Anmerkungen

48 Emerson, Sarah: »Alex Jones's ‚InfoWars Life' Products Are Still For Sale on Amazon«, *Vice*, 7.8.2018, https://www.vice.com/en_us/article/594kq5/alex-joness-infowars-life-products-are-still-for-sale-on-amazon
49 Morling, Ulf: »Haftstrafe für rechtsextremen ‚Migrantenschreck'«, *rbb24*, https://www.rbb24.de/politik/beitrag/2018/12/berlin-migrantenschreck-urteil-haftstrafe-waffenhandel.html; Quelle für die Preise: Archivierte Version des Shop-Seite: http://web.archive.org/web/20160713004109/http://www.migrantenschreck.ru/
50 Tweet von Richard Spencer, Archivversion: http://archive.is/CniLR
51 Neonazi BTC Tracker, Twitter, https://twitter.com/NeonaziWallets
52 https://twitter.com/NeonaziWallets
53 Kellerhoff, Sven Felix: »AfD-Politiker hält antisemitisches Machwerk für echt«, *Welt*, 20.6.2016, https://www.welt.de/geschichte/article156377227/AfD-Politiker-haelt-antisemitisches-Machwerk-fuer-echt.html
54 Tweet von Miro Dittrich, 31.10.2018, https://twitter.com/DittrichMiro/status/1057624783247020033
55 Sellner, Martin: »Rechte Volksvernetzung! Vernetzt euch mit lokalen Telegram-Gruppen«, *YouTube*, 6.8.2019, https://www.youtube.com/watch?v=DKYufYzmETU
56 Hayden, Michael Edison: »Far-Right Extremists Are Calling for Terrorism on the Messaging App Telegram«, *Southern Poverty Law Center*, 27.6.2019, https://www.splcenter.org/hatewatch/2019/06/27/far-right-extremists-are-calling-terrorism-messaging-app-telegram
57 »Wir hatten Sorge, dass sie völlig durchdrehen«, *Zeit Online*, 7.5.2015, https://www.zeit.de/gesellschaft/zeitgeschehen/2015-05/rechtsextremismus-oldschool-society-kontakte
58 »Wir hatten Sorge, dass sie völlig durchdrehen«, *Zeit Online*, 7.5.2015, https://www.zeit.de/gesellschaft/zeitgeschehen/2015-05/rechtsextremismus-oldschool-society-kontakte
59 »A Chat with Ray Vahey, CEO of Bitchute (Censorship, Alt Tech, etc.) 10 am est«, Styxhexenhammer666 auf *Bitchute*, 13.6.2019, https://www.bitchute.com/video/6m5HLqXhMo0/
60 Tweet von Miro Dittrich, 6.9.2019, https://twitter.com/DittrichMiro/status/1170036198192160769
61 Hampton, Rachelle: »The Black Feminists Who Saw the Alt-Right Threat Coming«, *Slate*, 23.4.2019, https://slate.com/technology/2019/04/black-feminists-alt-right-twitter-gamergate.html
62 Imam, Jareen: »4chan trolls impersonate Jewish people on social media to spread hate«, *NBC News*, 3.9.2019, https://www.nbcnews.com/tech/tech-news/4chan-trolls-impersonate-jewish-people-social-media-spread-hate-n1049326
63 Kumpfmüller, Konstantin: »Unter falscher Flagge«, *ARD-Faktenfinder*, 1.8.2019, https://www.tagesschau.de/faktenfinder/inland/fake-seiten-101.html

V. Terror

1 Jansen, Frank: »Stephan E. erschoss Lübcke aus Hass auf dessen Flüchtlingspolitik«, *Tagesspiegel*, 26.6.2019, https://www.tagesspiegel.de/politik/rechtsextremist-gesteht-mord-stephan-e-erschoss-luebcke-aus-hass-auf-dessen-fluechtlingspolitik/24496132.html
2 The Consequences of Right-Wing Extremism on the Internet, Anti-Defamation League, http://web.archive.org/web/20011109063321/http://adl.org/internet/extremism_rw/inspiring.asp
3 Ebd.
4 YouGov, 2018, S. 33, https://d25d2506sfb94s.cloudfront.net/cumulus_uploads/document/qp3q1bqyva/YGC%20Conspiracy%20Theories%20(Germany).pdf

Anmerkungen

5 Munn, Luke: »Alt-right pipeline: Individual journeys into extremism online«, *First Monday*, 3.6.2019, https://firstmonday.org/ojs/index.php/fm/article/view/10108/7920?fbclid=IwAR3itfAdVMBMO_aXsvFO84jyYLqeIScHJwihs6O0pZUWX0wUYUJgXEhnSYI#1

6 »White Supremacists Embrace »Accelerationism'«, *ADL*, 16.4.2019, https://www.adl.org/blog/white-supremacists-embrace-accelerationism

7 Zitiert nach Quent, Matthias: »Ist die Mehrfachtötung am OEZ München ein Hassverbrechen? – Gutachten über die Mehrfachtötung am 22. Juli 2016 im Auftrag der Landeshauptstadt München«, 4.10.2017, https://www.idz-jena.de/pubdet/ist-die-mehrfachtoetung-am-oez-muenchen-ein-hassverbrechen/

8 Fuchs, Ingrid und Kassian Stroh: »OEZ-Anschlag war rechte Gewalt«, *Süddeutsche Zeitung*, 26.10.2019, https://www.sueddeutsche.de/muenchen/anschlag-muenchen-2016-rechtsextremismus-polizei-neubewertung-1.4655637

9 Zadrozny, Brandy und Ben Collins: »New Mexico School Shooter Had Secret Life on Pro-Trump White-Supremacy Sites«, *Daily Beast*, 15.12.2017, https://www.thedailybeast.com/new-mexico-school-shooter-had-secret-life-on-pro-trump-white-supremacy-sites

10 Hartleb, Florian: Einsame Wölfe, Hamburg: Hoffmann und Campe, 2018.

11 Turkewitz, Julie und Kevin Roose: »Who Is Robert Bowers, the Suspect in the Pittsburgh Synagogue Shooting?«, *The New York Times*, 27.10.2018, https://www.nytimes.com/2018/10/27/us/robert-bowers-pittsburgh-synagogue-shooter.html

12 Seierstad, Åsne: »The Anatomy of White Terror«, *The New York Times*, 18.3.2019, https://www.nytimes.com/2019/03/18/opinion/new-zealand-tarrant-white-supremacist-terror.html

13 Sonderby, Chris: »Update on New Zealand«, *Facebook Newsroom*, 18.3.2019, https://newsroom.fb.com/news/2019/03/update-on-new-zealand/

14 »Neuseeland: 49 Tote bei Moschee-Angriff durch ›Umweltaktivist‹«, *PI-News*, 15.3.2019, http://www.pi-news.net/2019/03/australien-49-tote-bei-moschee-angriff-durch-umweltaktivist/

15 Tweet von Frauke Petry, 12.9.2018, https://twitter.com/FraukePetry/status/1039864673095622656

16 Tweet von Erika Steinbach, 1.2.2012, https://twitter.com/SteinbachErika/status/164744469378371584

17 Tweet von Erika Steinbach, 23.1.2019, https://twitter.com/SteinbachErika/status/1088177850291752961; Tweet von Erika Steinbach, 23.4.2019, https://twitter.com/SteinbachErika/status/1120720506070683648

18 Hinz, Thorsten: »Journalistenkanaille gegen die Identitären«, *Junge Freiheit*, 10.4.2019, https://jungefreiheit.de/debatte/kommentar/2019/journalistenkanaille-gegen-die-identitaeren/

19 Hohmann, Martin: »Hohmann: Ein missbrauchter politischer Mord«, AfD-Fraktion im Deutschen Bundestag, 25.6.2019, https://www.afdbundestag.de/hohmann-ein-missbrauchter-politischer-mord/

20 Walter, Caroline: »Pegida und der Mord an Walter Lübcke«, *ARD* »Kontraste«, 4.7.2019, https://www.rbb-online.de/kontraste/archiv/kontraste-vom-04-07-2019/pegida-und-luebcke.html

21 Ebd.

22 Dokumentiert in einem Tweet von René Loch, 12.1.2016, https://twitter.com/reneloch/status/686853352764895232

23 Ebd.

24 Kiesel, Robert: »AfD-Politiker Jens Maier: Breivik handelte aus Verzweiflung«, *Vorwärts*, 20.4.2017, https://www.vorwaerts.de/artikel/afd-politiker-jens-maier-breivik-handelte-

Anmerkungen

verzweiflung; Kiesel, Robert: »Jens Maier zu Morden von Anders Breivik: Kein Video, nirgends«, *Vorwärts*, 25.1.2018, https://www.vorwaerts.de/artikel/jens-maier-morden-anders-breivik-kein-video-nirgends; Tweet von Tilman Steffen, 19.4.2017, https://twitter.com/tilsteff/status/854756700905189377

25 Ebd.
26 Evans, Robert: »The El Paso Shooting and the Gamification of Terror«, *Bellingcat*, 4.8.2019, https://www.bellingcat.com/news/americas/2019/08/04/the-el-paso-shooting-and-the-gamification-of-terror/

VI. Was tun?

1 Quent, Matthias: Deutschland rechts außen, München: Piper Verlag, 2019.
2 Rost, Katja, Lea Stahel und Bruno S. Frey: »Digital Social Norm Enforcement: Online Firestorms in Social Media«, *PLOS ONE*, 17.6.2016, https://journals.plos.org/plosone/article/file?id=10.1371/journal.pone.0155923&type=printable
3 Reinbold, Fabian: »Das Merkel-Selfie und die Wundermaschine«, *Spiegel Online*, 6.2.2017, https://www.spiegel.de/netzwelt/netzpolitik/facebook-vor-gericht-das-angela-merkel-selfie-und-die-wundermaschine-a-1133398.html
4 Gensing, Patrick und Andrej Reisin: »‚Studie‘ mit Fehlern«, *tagesschau.de*, 18.11.2019, https://www.tagesschau.de/faktenfinder/afd-studie-101.html
5 Reisin, Andrej: »PKS – mit Erwartungen überfrachtet?«, *tagesschau.de*, 8.5.2018, https://web.archive.org/web/20191114102931/https://www.tagesschau.de/faktenfinder/inland/pks-kriminalitaet-dunkelfeld-101.html
6 Berth, Felix: »‚Netzpolizei‘ für die Eltern«, *TAZ*, 17.2.1996
7 Wiedmann-Schmidt, Wolf: »Bundesregierung will Verfassungsschutz massiv aufstocken«, *Spiegel Online*, 24.9.2019, https://www.spiegel.de/politik/deutschland/horst-seehofer-will-verfassungsschutz-massiv-aufstocken-regierungsplaene-a-1288364.html
8 Bundesministerium für Justiz und Verbraucherschutz, Oktober 2019, https://www.bmjv.de/SharedDocs/Artikel/DE/2019/103019_Ma%C3%9Fnahmenpaket_Kabinett.html
9 »Standing Against Hate«, *Facebook Newsroom*, 27.3.2019, https://newsroom.fb.com/news/2019/03/standing-against-hate/
10 Di Stefano, Mark: »YouTube Reinstated A Prominent European White Nationalist After He Appealed His Removal«, *Buzzfeed News*, 29.8.2019, https://www.buzzfeed.com/markdistefano/youtube-martin-sellner-ban-reinstated
11 Roy, Eleanor Ainge: »Twitter CEO Jack Dorsey defends failure to ban Alex Jones«, *The Guardian*, 8.8.2018, https://www.theguardian.com/technology/2018/aug/08/jack-dorsey-defends-failure-to-ban-alex-jones-from-twitter
12 »Was Europa über Algorithmen weiß und denkt«, Bertelsmann-Stiftung, 2019, https://www.bertelsmann-stiftung.de/de/publikationen/publikation/did/was-europa-ueber-algorithmen-weiss-und-denkt/
13 Kubitschek, Götz: »Provokation!«, *Sezession*, 1.1.2006, https://sezession.de/6174/provokation

GLOSSAR

Anime	Zeichentrickgenre aus Japan mit riesiger Fangemeinde auf der ganzen Welt
Anti-Defamation League ADL	Zivilgesellschaftliche Organisation, die sich dem Kampf gegen Antisemitismus, Extremismus und Terrorismus verschrieben hat.
»Alternativmedien«	Publikationen, die sich selbst zur Gegenöffentlichkeit gegen etablierte Medien erklären, oftmals aber journalistische Standards vermissen lassen.
Alt-Light	Lose definierte politische Strömung in den USA und darüber hinaus, die sich als gemäßigtere Rechte in Abgrenzung zur Alt-Right, aber auch zum etablierten Konservatismus versteht. In einigen Fällen ist diese Abgrenzung zur extremeren Rechten nur theoretischer Natur.
Alt-Right	Sammelbecken für extrem rechte Bewegungen mit Ursprung in den USA, denen offener Rassismus, Antisemitismus, Antifeminismus, Islamfeindlichkeit und die Ablehnung des Konservatismus vieler Republikaner gemein sind.
Alt-Tech-Plattformen	Digitale Infrastrukturen, die ein rechtes bis rechtsextremes Publikum adressieren. Meist wird mit »Meinungsfreiheit« geworben. Gemeint ist aber eher, dass offener Hass erlaubt ist.
Bernd	Standard-Benutzername für User auf anonymen Plattformen wie Krautchan (inzwischen offline) und Kohlchan.
Bitcoin	Eine der beliebtesten der sogenannten Kryptowährungen. Eine Digitalwährung, die auf der Blockchaintechnologie basiert.
Bitchute	Videoplattform aus dem Alt-Tech-Spektrum
Chans (4chan, 8chan, Endchan, Krautchan, Kohlchan)	Anonyme Forenplattformen, deren Unterforen für Hass, koordinierte Angriffe auf ihre Gegner und die Glorifizierung von Terroristen bekannt geworden sind.

Glossar

Chatbot	Chatprogramm, das automatisiert auf Nachrichten reagieren kann.
Crowdfunding	Finanzierungsmöglichkeit für Produkte, Plattformen oder Publizisten, die über Spenden von Einzelpersonen statt herkömmlichen Investments funktioniert.
Daily Stormer	Extrem rechtes »Alternativmedium« aus den USA
Dark Social	Marketingbegriff für Messenger und andere Plattformen, auf denen die Verbreitung von Inhalten wenig bis gar nicht gemessen werden kann.
Deepfakes	Durch Software künstlich generierte Bilder, Soundfiles und Videos, die echte Personen täuschend echt nachahmen können.
Deplatforming	Sperrung von Akteuren auf einer Plattform, meist einem sozialen Netzwerk
Discord	Chatplattform, die ursprünglich aufgebaut wurde, um Gamer per Sprach- oder Textnachrichten zu vernetzen.
Doxing	Veröffentlichung von Daten einer Person, etwa Privatanschrift und Telefonnummer. Oftmals folgen danach Drohungen und auch Gewalt gegenüber der betroffenen Person.
Edgy	Provozierendes, oft aber auch grenzverletzendes Verhalten, auch im Kontext von als »Humor« bezeichneten diskriminierenden Äußerungen.
Encyclopedia Dramatica	Nachschlagewerk nach Art der Wikipedia, das als »Parodie«-Wiki bezeichnet wird, aber auch Angriffe auf Einzelpersonen und teilweise auch Verherrlichung von Gewalt und Terror beinhaltet.
Fake	Fälschung oder Falschmeldung
False Flag	Fälschung von Inhalten oder Social-Media-Konten, oft um den politischen Gegner zu diffamieren.
freihochdrei	Videoplattform des sächsischen, rechtsradikalen Aktivisten Hagen Grell, das unter anderem über ein Crowdfunding finanziert wurde.
Gab/Gab.ai	Alt-Tech-Plattform, die in Aufbau und Funktionsweise an Twitter erinnert.
Gamergate	Online-Kampagne aus dem Gaming-Spektrum, getragen von zahlreichen Antifeministen und Rechtsradikalen.
Gore	Aufnahmen von kranken, verletzten oder toten Menschen, manchmal auch Tieren. Meist sehr blutig.

Glossar

»Großer Austausch«	Verschwörungsideologie, die propagiert, es gäbe einen Plan, die weiße Bevölkerung in den Ländern Europas, den USA oder anderswo durch Zuwanderer (meist Muslime) zu ersetzen. Oftmals werden auch antisemitische Verschwörungsideologien bedient, etwa weil Juden angeblich die Migrations- und Fluchtbewegungen der Welt steuern.
Hatreon	Crowdfunding-Plattform aus dem Alt-Tech-Spektrum, die beispielsweise rechtsradikalen YouTubern Finanzierungsmöglichkeiten bot. Seit 2018 nicht mehr am Netz.
Imageboards	Siehe Chans
Incels	Kurz für »involuntary celibate«, also »unfreiwilliges Zölibat«. Loser, in erster Linie digitaler Zusammenschluss von meist jungen Männern, die keinen Geschlechtsverkehr haben. Ihre daraus resultierende Unzufriedenheit kanalisieren sie in unverhohlenem Hass auf Frauen, die ihnen das selbst verbriefte »Recht« auf Sex verwehren.
Internet Relay Chat (IRC)	Einst beliebte Chatoberfläche, die den heute beliebten Plattformen Discord und Slack ähnelt.
Irony Poisoning	»Ironievergiftung«, teils extrem menschenfeindliche Inhalte werden auf eine Weise formuliert, dass der Betrachter nicht auf den ersten Blick entscheiden kann, ob es sich eine um ernst oder witzig gemeinte Bemerkung handelt. Strategie zur Normalisierung von offener Diskriminierung und Hass.
LOL	»laughing out loud«, Internetabkürzung der ersten Stunde
Mailbox	Frühe Form der digitalen Kommunikation, meist über ein privat betriebenes Rechnernetzwerk
Meme	Digitales Kulturgut, oft ein Bild, Video, aber auch ein einzelner Satz, das eine Aussage vermitteln soll. Teilweise auch Insiderwitze verschiedener Online-Subkulturen.
Nationale Infotelefone	Kommunikationsmittel von Rechtsextremen in den 1990er-Jahren. Nachrichten, Aktionen oder Aufrufe wurden auf einem Anrufbeantworter eingesprochen und konnten anschließend per Telefon abgerufen werden.
Non-Player Character (NPC)	Begriff aus der Welt der Games, der Figuren in Spielen bezeichnet, die nicht Protagonisten sind und damit nicht frei gesteuert werden können. Unter Rechtsradikalen als Begriff für politische Gegner verwendet, denen sie unterstellen, fremdgesteuert zu sein.

Glossar

Optics	Begriff im rechtsradikalen Spektrum, der Bemühungen bezeichnet, in der Öffentlichkeit aus Gründen der »Optik« nicht allzu radikal aufzutreten, um außerhalb des Spektrums anschlussfähig zu sein.
Othering	Jemanden zum »Anderen« machen, in Abgrenzung der einen gegenüber einer anderen Gruppe, die als anders und damit nicht zugehörig gekennzeichnet wird. Beispielsweise wegen der Hautfarbe, Religion, sexuellen Orientierung oder aus anderen Gründen.
Patreon	Plattform für die Schwarmfinanzierung von Projekten, Blogs, YouTube-Kanälen oder anderen, meist publizistischen, Produkten
People of Color	Personen, die als nicht-weiß wahrgenommen werden. Der Begriff dient auch zur Beschreibung verschiedener Gruppen, die von Rassismus betroffen sind.
Prepper	Menschen, die sich auf den Untergang der Zivilisation, etwa durch Naturkatastrophen oder aus menschengemachten Gründen, vorbereiten. Unter Preppern gibt es auch rechtsradikale Gruppierungen.
pr0gramm.com (das pr0)	Deutschsprachiges Imageboard, das unter anderem auch von Trollen und rechtsradikalen Nutzern frequentiert wird.
Profortis (ehem. Prometheus)	Videoplattform, die vom Rechtsaußen-Influencer und Rocker Tim Kellner gegründet wurde.
raid	Begriff aus dem Gaming, im politischen Kontext wird damit ein koordinierter Angriff auf einen Hashtag, eine Plattform, eine Person oder Organisation bezeichnet.
Reddit	Großes Forum mit unzähligen Unterforen, die selbsternannte »Startseite des Internets« und eine der populärsten Websites der Welt.
redpill/redpilling (auch blackpill)	Begriff entlehnt aus dem Film Matrix, zunächst aus dem antifeministischen/frauenfeindlichen Spektrum als Begriff für das Erkennen der angeblichen Wahrheit genutzt. Redpilling bezeichnet die schrittweise Übernahme rechtsradikaler Einstellungen. Damit verwandt ist der Begriff blackpill, der unter Incels die Ideologie bezeichnet, nachdem der sexuelle Erfolg eines Menschen qua Geburt festgelegt wird.
Slack	Chatplattform, die extrem gern von Startups eingesetzt wird.

Glossar

Social Bots	Automatisch, per Software gesteuerte Social-Media-Konten, die vorgeben, von einer echten Person geführt worden zu sein. Heutzutage vor allem Konten, die automatisch Inhalte liken oder weiterverbreiten.
»Social Justice Warriors«	Abschätziger Begriff aus dem rechten Spektrum, mit dem zum Beispiel Feministinnen oder linke Aktivisten bezeichnet werden.
Sockenpuppen	Fake-Accounts in sozialen Medien wie Twitter und Facebook, die oftmals einer erfundenen Person zugeordnet werden.
Steam	Gaming-Plattform, auf der unter anderem Spiele erworben werden können. Zusätzlich können Nutzer ausführliche Profile anlegen und in Foren diskutieren.
Subreddit	Unterforum bei Reddit, das einem bestimmten Thema gewidmet ist.
Subscribestar	Crowdfunding-Plattform
Swatting	Fehlalarm, der in den USA zur Mobilisierung der bewaffneten Spezialeinheit Swat führt. Wird im Bereich des Gaming gegenüber Mitspielern als »Scherz« eingesetzt, aber auch gegen politische Gegner von Rechtsradikalen. In einem Fall hatte eine solche Aktion in den USA tödliche Folgen.
Telegram	Messenger-Plattform, über die politische Akteure über unverschlüsselte Gruppen-Chats und Kanäle oder wahlweise verschlüsselte Privatchats in Kontakt treten. Beliebt zunächst bei Vertretern islamistischer terroristischer Gruppierungen, inzwischen aber auch von unterschiedlichsten rechtsradikalen Akteuren und Terroranhänger aus den Reihen der Rechtsextremen genutzt.
Terrorwave	Elektronische Nischenmusikrichtung für Rechtsextreme und Terrorsympathisanten.
Trends/in den Trends landen	Beliebtheitsliste auf Plattformen wie Twitter und YouTube, die zu einem gegebenen Zeitpunkt besonders populäre Inhalte oder Hashtags sichtbar machen sollen.
Troll	Internetnutzer, der seine Zeit damit verbringt, andere Menschen zu provozieren, um eine irgendwie geartete Reaktion auszulösen. Zum Teil auch durch politische Motive getrieben.
Trollnetzwerk	Zusammenschluss von Trollen

Glossar

Usenet	Bis heute bestehendes Online-Netzwerk, das vor dem sogenannten World Wide Web entstand. Kommunikation erfolgt in Textform über Newsgroups, die oft bestimmten Themen gewidmet sind.
voat	Alt-Tech-Plattform, das nach Vorbild von Reddit aufgebaut wurde.
Webring	Zusammenschluss von Websites in Linklisten, die einem konkreten Thema gewidmet sind.
WeSearchr	Alt-Tech-Crowdfunding-Plattform, auf der unter anderem für Anwaltskosten für den rechtsextremen Betreiber des Daily Stormer, Andrew Anglin, gesammelt wurde.
1984	»Alternativmedium« sowie alternative Videoplattform, gegründet von »Männerrechtler« Oliver Flesch.
88tube	Frühe Videoplattform für rechtsradikale und neonazistische Inhalte
4chan	Eines der ersten Imageboards, gegründet im Jahr 2003. Bietet zahlreichen Unterforen und Subkulturen ein digitales Zuhause, ist aber auch Ursprung verschiedener Kampagnen von Trollen und Rechtsradikalen.
8chan	Imageboard, das sich gern als noch radikaleres Pendant zu 4chan darstellt und im Zuge der Gamergate-Kampagne an Popularität gewann. Im Jahr 2019 veröffentlichten mehrere rechte Terroristen ihre Propaganda vor und während ihrer Anschläge auf der Plattform.
/pol/-Forum	Wenn über die Chans gesprochen wird, ist meist das Unterforum /pol/ gemeint, das je nach Plattform für »politically incorrect« oder »political« steht, aber auf zahlreichen Imageboards vorhanden ist. Offener Antisemitismus, Islamfeindlichkeit, Rassismus, Frauenhass und andere Formen gruppenbezogener Diskriminierung gehören hier zum allgemeinen Ton. Die /pol/-Unterforen auf Imageboards für 4chan und 8chan dienten in der Vergangenheit zur Koordination gezielter Angriffe auf politische Gegner ebenso wie der offenen Verherrlichung rechter Terroranschläge und insbesondere von Terroristen.